私たちの物語

日越をつないだ
ベトナム元大臣
の回想録

ヴォー・ホン・フック 著

Chuyện của Chúng tôi

Võ Hồng Phúc

Parade Books

まえがき

　定年退職してから、時間が経つのが早くなった。引退記念パーティーの日からもう一一年の月日が経つ。今年、私も八〇歳近くになり、これから時間はますます早く流れていくだろう。

　二〇二一年八月の中秋節、盂蘭盆節の時期は、ＣＯＶＩＤ‐19感染症パンデミックが緊迫し、ハノイの至るところがロックダウンされていたことが思い出される。街はがらんとし、日中もまるで夜中のようだった。西湖沿いから安泰《ヤンタイ》、鎮武《チャンヴー》に続く道には人影ひとつなかった。あたりは静まりかえっていた。夜が深まると、西湖府から、鎮国寺から、鎮武観廟から響きわたる鐘の音がはっきりと聞こえた。鐘の音がまるで私の記憶を次々に呼び覚ますかのように、私は昔の話を懐かしく思い出した。昔の話をＦａｃｅｂｏｏｋに投稿した。友人たちはそれを読んで面白いと褒めてくれ、多くの人たちが気に入り、コメントしてくれた。昔の話をもっと書くようにと言う人も多かった。彼らはさらに、私の物語は彼らの物語、一つの時代の物語、ひとつの世代の人々の物語でもあるとも言った。皆に背中を押され、私はさらに執筆した。私のなかに一筋の記憶が流れ込んできた。私は昔の日々のすべての物語を思い出し、遥か昔のイメージが私の中に立ち現れた。家族や親戚、村の人々、青春期の学友たち、それから国内外を問わず、また存命か否かも問わず、ともに仕事をしてきた人々の姿。彼ら全員が遠い記憶、近い記憶として私の中に立ち現れてきたのだ。彼らはまるで、書かねばならない、彼らを忘却させないために書かねばならないと私の背中を押すかのようだった。私の書きたい気持ちはより高まり、さらにたくさん書いた。既に公開されている文章もあれば、家族や親しい友人に昔の話を伝えるために個人的に書いた文章もある。およそ四〇の文章を書いたところ、多くの人々が、それを整理して本として出版し、子や孫、家族、親しい人々に残した方がよいと言った。彼らが昔の人々、昔の時代を思い出せるように。記憶しておくべきことやどうしても忘れられない思い出が詰まったつらい時期のことを思い出せるように！　私は手探りで整理し、章・節を明記した。私はタイトルを『私たちの物語』とした。なぜならこれは私だけの物語ではなく、私の家族、私の親戚、私の故郷、私の学校、私の職場の物語だからだ。私がこれまでに会ったことや一緒に仕事をしたことがある、私が訪れたことのある、もしくはまだ訪れたことがない場所にいる国内外の友人たち全員の物語だからだ。

昔から、私は要請書や報告書の作成ばかりをしてきたので、文章表現はどうしても味気なく簡素なものになってしまうのだが、出来事や人間は事実である。読者の皆さんには、昔の時代と、それを生きた人々の物語を知っていただきたい。私の無味乾燥で簡素な表現についてはどうかお見逃しを！

＊＊＊

今は亡き先人の方々には、計り知れないほど懐かしく愛おしい故郷についての愛情に満ちた鮮やかな記憶を私に与えてくださり、謹んで感謝を申し上げます。同様に、親戚や村の人々にも感謝を申し上げます。

かつての先生たち、学友たちには、学生時代に私が夢を持つことを支えてくれ、忘れられない思い出を残してくださり、感謝を申し上げます。

国家計画委員会・計画投資省の職員、専門員から最高指導部まで、各世代の皆さんには、四三年にわたり私を育成し、私に協力し、苦しい年月を乗り越え、ともにこの思い出を築いてくださり、感謝を申し上げます。

国内、国外、世界各地の友人たちには、私たちとともにそれらの記憶をより濃密に、より美しくしてくださり、感謝申し上げます！

本書を完成させるにあたり、私を励まし、助けてくれた方々に感謝を申し上げます。

私が成功し、かつて経験してきた物語を書き起こせるように力を貸してくれた家族、頼りになる妻、そして子どもや孫たち、ありがとう！

二〇二二年六月

＊＊＊

日本の読者の皆さまへ

親愛なる友人たち！

まず、私の本に関心を持ち、手に取って読んでくださる友人たちに感謝を申し上げます。

私は、自身が成長する過程で幸運にも、日越関係のまさに初期の年月から、ほんのわずかながらその発展に関わることができた。一九七二年五月末から、私は当時の二国間の情勢ゆえに「特別経済専門家団」と呼ばれていた日本の友人たちと交流し、仕事をする機会に恵まれた。私がまだ二七歳の若者の時から、日本の友人たちから日本という国についての話を聞くことができた。そこで私は、戦後の奇跡的な発展について、日本の友人たちに感服したのである。政府の開発政策の策定機関で働く一員として、私たちの国についても今後そのようにしたい、戦争後に強力に発展できるようにしたいと願うようになった。それゆえに私はますます友人たちと近くなり、彼らとより多くの出来事を共有するようになった。すべてのことは、私がこの本で語った通り、読者の皆さんが読まれている通りである……。私が最初に会った日本の友人たちの中には、現双日グループの前身である日商岩井の人々がいた。双日からの友人たち、そしてそのほかの組織からベトナムにやってきた日本の友人たちと私との関係は、私の成長、日越関係の発展とともに一層固く結びつき、親密なものになっていった。

年月が流れるのは早く、私が最初に日本の友人たちに会ってから、今ではもう五〇年も経ってしまった。そして今は、両国が外交関係樹立五〇周年記念の準備をしている時でもある。私がこの本の文章を整理し始めた時、私は双日の友人たちにその話をし、草稿を見せた。すると皆が、日本語に翻訳すべきだと私に勧めた。日本人がベトナムについて理解を深められるように。日越関係の発展、および良好な関係のために両国の先輩たちが成し遂げてきた寄与についてより知ることができるように。特に外交関係樹立五〇周年に向けて準備を進めているこの機会に、私たちがともに力を合わせて日越関係を育んでいけるように。双日の友人たちは、その私の願いを実現できるように助けてくれた。

私の本を日本語に翻訳し、日本の読者たちに届けられるよう力を貸してくれた双日グループの友人たち、特に藤本社長、平井副社長に心より感謝を申し上げます。また、双日ベトナム会社の木ノ下社長、翻訳者の加納氏にも感謝を申し上げます。

日越友好議員連盟元会長の武部元大臣、服部元大使、山田大使、古田日越大学学長には、日本の読者に向けて本書に寄稿文を書いていただき、感謝を申し上げます。

本書を書くことを励まし、また、この本を手に取ってくださった私の親愛なる日本の友人たちすべてに感謝を申し上げます。

日越関係がますます発展し、末永く続きますように！

ヴォー・ホン・フック

ＯＤＡ再開と改革路線のエンジンであり土台石

日越友好議員連盟特別顧問・元農林水産大臣
武部　勤《つとむ》

私とベトナムとの関係は、元副総理、外務大臣であった渡辺美智雄先生との出会いなくして語ることはできない。

私は、一九八三年一二月の衆議院議員選挙で惜敗したが、翌日から渡辺美智雄先生の秘書を命ぜられ、選挙区の北海道と東京を往復しながら再挑戦に備えた。そして一九八六年七月の衆参同時選挙で初当選を果たし、第二議員会館の四二五号室に事務所を与えられ隣室四二六号室の渡辺美智雄先生の指導を受け、政治活動を開始した。そして日越友好議員連盟会長の渡辺先生から事務局長を指名され、ベトナムとの関係も始まったのである。ちなみに渡辺先生の後任会長になった小渕恵三元総理の会館事務所は四二四号室で、引き続き隣室の私が事務局長を継続することとなった。

渡辺先生は、食料もエネルギーも自給自足できない日本は、アジアの安定と日本の持続的成長のためにアジアの国々との共存共栄が大事だと力説、一九八六年八月、当選間もない新人議員の我々を連れてニュージーランド、オーストラリア、インドネシアなどの視察旅行に出た。旅行中、先生は「これからはアジア太平洋の時代になる。インドシナ半島が平和になり、安定し、成長すれば世界の平和と繁栄のために重要だ」と述べ、ベトナムがどう変わるか注目し勉強するようにすすめられた。

一九九一年にソ連が崩壊し、世界情勢は劇的に変化した。東側諸国は生きる術を見失っていた。ベトナムも困窮を極めていた。そんな折、当時外務大臣の渡辺美智雄先生はドイモイ政策の改革路線の緒についたばかりのベトナムを訪問し、グエン・ヴァン・リン前書記長、ドー・ムオイ書記長、グエン・コー・タック外務大臣、それにファン・ヴァン・カイ国家計画委員長など時の党や政府の要人と会って率直な議論を交わした。

ベトナムは日本のODA再開を強く求めたが日本の円借款は「債務延滞国には供与しない」というのが政府の基本的見解だった。しかし渡辺先生は、ベトナムが成長し、豊かになることがアジアの安定と平和を取り戻すために最も重要と考え、ベトナムの延滞債務をなんとかして返済させる方法をと動いた。当時私は、渡辺先生が信頼していたブレーンの一人、丸目三雄氏から、渡辺先生はファン・ヴァン・カイ国家計画委員長（当時）に越側の受け皿づくりを託し、カイ氏の腹心のヴォー・ホン・フック副委員長（当時）が、実務責任者として並々ならない困難と戦いながらＯＤＡ再開の条件整備に取り組んでいることを聞いた。日本政府は、①二三五億円の債務相当額をまずベトナムに貸し付け、その資金で、②延滞債務の返済を行わせ、政府間の債務がなくなった時点で、③円借款を実行するという方法をとることにした。このような異例ともいえる政府の決定により我が国のＯＤＡは、世界に先駆けて再開されることになった。特に、ベトナム政府に対し超短期（三日間）で二三五億円を融資するという、いわゆるつなぎ融資を日本政府から日本の都市銀行に要請し、実行されたことについては、渡辺先生の強力なバックアップがあってはじめてできたのである。

一九九四年一〇月、私は、当時渡辺先生の秘書だった元国会議員の渡辺喜美氏や小此木八郎氏らと共に渡辺先生に同行してベトナムを訪問した。ドー・ムオイ書記長、ノン・ドゥック・マイン国会議長やファン・ヴァン・カイ副首相らとの面談にも同席した。ミッチー節はベトナムでも絶好調で、ベトナム側と我々の距離をたちまちに近づけてくれた。

フック氏は万事、理解が速く、説得力に富んだとてもスマートな人で、常にキラキラ輝いていて、顔を曇らせたことを見たことがない。

ソ連・東欧の共産主義の強い影響を受けてきたベトナム社会主義共和国の南北統一の新時代構築への道程は並大抵ではなかったはずである。米国と同盟関係にある資本主義国家日本との関係においても強い警戒感があったに違いない。いわゆる改革派と保守派の葛藤の間でカイ氏の苦労ははかり知れないものがあっただろうと思う。

療養中のグエン・ヴァン・リン前党書記をご自宅に見舞った渡辺先生に、リン先生は面談を終えた別れ際に「ファン・ヴァン・カイを頼む」と頭を下げ、我々が見えなくなるまで手を振っていた。渡辺先生は目頭をおさえていた。

一九八六年グエン・ヴァン・リン書記長が、党大会で選ばれたことによってドイモイ推進派の政権が誕生した。しかし「ドイモイ政策」を公布し、日本のＯＤＡ再開などの目途がたったとみるやリン党書記長は病気を理由に政界を引退した。

しかしそれは、単なる病気療養を理由に退任したのではなく、党内融和を図ろうとした、ということをファン・ヴァン・カイ首相は尊敬の気持ちを込めて語っている。

自民党幹事長時代、私はカイ首相から国立疫学衛生研究所改築の要請を受けた。私は国会の代表質問で小泉首相に訴えた結果、日本政府は一〇億円の無償援助を供与した。後に私がカイ元首相の旭日大綬章の叙勲のお祝いを内輪でしたことがある。また二〇一八年三月ご逝去されたカイ先生の故郷タン・トン・ホイにお墓参りにも行った。思い出深い偉大な政治家であった。

渡辺美智雄先生とファン・ヴァン・カイ先生から全幅の信頼を得てヴォー・ホン・フック

氏は、円借款延滞債務の処理や再開への準備のために数多くの難題と取り組み、懸命に改革路線を貫いてくれた。フック氏はベトナムの今日をつくったエンジンであり、土台石であり、設計・施工までやり遂げたと言って過言でない。

ＯＤＡの実行によってベトナムの政治的、経済的安定とドイモイ政策の定着に貢献したばかりでなく、ベトナムの存在感をより世界にアピールさせることになった。まさにベトナムの今日の成長発展の原点であり、日越両国の相互信頼と友好関係の発展拡大につながっているのだ。

一九九二年一一月、日本は、四五五億円の円借款を供与するに至ったが、同年一二月に国家計画委員会副委員長に就任したフック氏は、日越政府間協議の越側議長として日本からのミッション団との協議を取りまとめた。プロジェクトに関する元年となった一九九三年度は、フーミー火力発電所、ファーライ火力発電所、ハムトアン・ダーミー水力発電所、国道五号線、国道一号線、南北統一鉄道、ハイフォン港を対象としているが、これらまさしく現在のベトナム経済の骨格となる最重要インフラである。

二〇〇二年、フック氏は計画投資大臣となり、ＯＤＡ事業の最高責任者となった。フック氏は、我が国のＯＤＡ案件の選定についても事業効果が高くＰＲ性の高い案件を抽出し、フック氏の働きかけによってベトナム国内での高い評価と我が国のベトナム貢献がベトナム国内で広く知られるように配慮することを忘れなかった。そして我が国のＯＤＡ（円借款）はフック氏の退官した二〇一一年度ではなんと二七〇〇億円の供与となった。

また、日本タイド条件の円借款について、フック氏は日本企業の能力を高く評価し、積極的に受け入れ、我が国企業と共に、ベトナム経済発展をめざした。

また、計画投資大臣のもう一つの柱である外国投資の受け入れについて、フック氏は「日越共同イニシアティブ」の設置・運営に協力した。この枠組みは、我が国企業の投資環境改善を行うため、我が国民間企業とベトナム政府の関係省庁とさまざまなテーマで議論を行うプラットフォームである。フック氏の指導により我が国企業の対越投資が促進され、多くの我が国企業の進出に貢献し、日本の対越投資は着実に増加している。

私は、渡辺美智雄元副総理、小渕恵三元総理、山崎拓元自民党副総裁の後を受けて日越友好議員連盟の会長を務め、二〇一二年一一月に政界を引退した。その後、二階俊博自民党元幹事長に会長を引き継いでからも二階元幹事長のご配慮で特別顧問として日本とベトナムの架け橋の役割を担っている。

私はフック氏が退官して間もないころ日越大学構想に関する助言を求めて、お会いした。

フック氏の話は、北海道の根室から秋刀魚を輸入することが本決まりになったとか、イオンのベトナム進出の話など多岐にわたっており、未来志向の話題が多かった。大いに刺激を受けた。その後私は、公益財団法人東亜総研を設立し、ベトナムをはじめアジアの若者たちの人材育成・保護・支援のために微力を尽くしている。

日越大学構想は二〇一四年三月、安倍晋三首相とチュオン・タン・サン国家主席の日越両国首脳による共同宣言に明記され、二〇一六年九月、ハノイ国家大学の七つ目の大学として大学院から開学した。現在、日本学プログラムをはじめ四学部を開設、盟友の元越日友好議連会長であったトー・フイ・ルア氏は理事・名誉学長になった。私は理事をしている。日越大学は日越両国共同の象徴的国家戦略プロジェクトであり、日本の円借款による新キャンパス建設も決まったので将来がとても楽しみだ。

二〇一四年三月、チュオン・タン・サン国家主席を国賓としてお迎えした際に、安倍晋三首相との間で「アジアの平和と繁栄のための広範なパートナーシップ」として日越新時代へのスタートを誓った。当時私はサン先生に「晴雨同舟」の色紙を贈った。その想いは、日越両国は晴れの日も雨の日も同じ船に乗り世界の平和とアジアの安定のために共に力を合わせて頑張ろうということである。

盟友ヴォー・ホン・フック元計画投資大臣の著書への寄稿文を依頼され、ベトナムの三〇年間を回顧する機会ともなり、まことに光栄なことであった。渡辺美智雄先生の好きな「温故知新」（古きをたずね、新しきを知る）を胸に感謝の誠を捧げ結びとする。

「わが友、ヴォー・ホン・フック」

元駐ベトナム日本国特命全権大使
服部則夫《のりお》

私の四三年に及ぶ外交官人生において、これほど深く、長くお付き合いをする国が有ろうとは思わなかった。私のベトナムとの出会いは一九九三年に遡る。外務省経済協力局審議官として、その前年の対ベトナムＯＤＡ再開の日本政府決定を受けて、実務レベルでの協議を行うため、日本政府関係省庁からなる調査団を率いての訪問であった。その際、ベトナム国家計画委員会（計画投資省の前身）副委員長がフックさんであった。長いそして濃密な交流の始まりだった。当時の私にとって、ベトナムは長い戦争と混乱の時期を乗り越えてきた不屈の人々が住む国、という程度のイメージ以外、全く未知の国であった。ソ連崩壊後の世界における数少ない社会主義国であることから来る多少の警戒心があったかもしれない。私は一九九六年に駐インドネシア日本大使館に転勤になってからも何故かベトナムの発展が気になっており、一九九七年だったと思うが、日本への休暇帰国の途次、ハノイに立ち寄りフック次官と食事を共にした。その際、私は彼に対しベトナムの発展のスピードが期待したより遅いのではないか、とハッパをかけたことを記憶している。そして私は二〇〇二年一一月、日本大使としてハノイに着任した。まさか、このような筋書きが有ろうとは‼　フックさんは同年八月に計画投資大臣に就任して私を待ってくれていた。私は着任に当たり、明確な目標を設定していた。経済面に限れば、我が国の対ベトナムODA倍増、及び我が国の対ベトナム民間投資の大幅な拡大のためのベトナム投資環境の飛躍的改善、であった。ODAは民間投資のためのインフラ等の整備のための施策であり、民間投資が進まなければ本当の経済発展は不可能である。私はフック大臣に「ベトナムの投資環境はタイ他近隣諸国に比し、極めて悪い、このままだと日本のみならず他の先進諸国の企業の投資意欲は高まらない、ベトナム政府は思い切った投資環境改善策を取らないとドイモイは成功しないのではないか。法律面、役所の組織面を始め幅広い分野での改革が必要であろう。賢明なベトナム政府関係者は分かっていても自らは、なかなか言い出しにくいだろうから、自分は友好国の大使として、敢えて善意の外圧の役を担ってもいい、改革のために資金的、技術的支援が必要な場合には日本はODAを使ってあらゆる協力をする用意がある、このような改革は当事者のベトナムがやる気にならなければ画にかいた餅、になる、貴大臣はどう考えるか？」等、述べた。フック大臣は「貴大使の意見に全面的に賛同する、ぜひ協力して欲しい」旨、応えた。このような思い切った試みには所謂それなりの〝陣立て〟と〝仕掛け〟が必要なので両国政府の関係省庁の他援助関係機関、そして何よりも日本の経済界の全面的参加が必須ということで経団連ベトナム委員会の宮原賢次委員長――当時住商社長――を担ぎ出した。さらにこのプロジェクトを首相間の合意事項にした。こうして実現したのが「日越共同イニシアティブ」である。約一年後約一〇〇項目の事項につき合意し、それから二年後までに実施することも合意した。しかしベトナム政府が合意事項を果たして実施するかどうか、私は半信半疑であったが、フック大臣の誠実で強力な指導力で合意事項の大半が実現した。これは一例に過ぎないが、このような事例を積み重ねていくにつれ、私のフックさんへの信頼は増していき、引いてはベトナム政府への信頼が増して行った。外交は行きつくところ個人と個人の関係である。首脳レベルから実務レベルまで、無論それぞれ国益をベースとはするものの人間関係次第でどうにでも転ぶ。もし、フックさんが担当大臣でなければ過去二〇年間の日越関係は別のプロセスを辿ったかも知れない。彼のような人物に巡り合えたことにより、私の大使としての任務遂行が可能となったのみならず人間同士の温かい友情を育むことが出来た。彼に感謝したい。

最後に司馬遼太郎がその著書「人間の集団について」の結びの一節を紹介して終わりたい。「ベトナムは懐かしい。一度そこに滞留した人は誰もが言う。私もこの稿を書き終えるにあたって、あふれるような感じで、それを思っている。それはちょうど、野末で、自分の知らなかった親類の家を見つけたような気持ちに似ている。いつかまた帰れるという、たとえそういう事が無いにせよ、その思いを持つだけで気持ちが救われるという、そんな人々がいる国である。」

日越関係発展の功労者

駐ベトナム日本国特命全権大使
山田滝雄《たきお》

この度は、『私たちの物語』を出版されましたこと、心よりお慶び申し上げます。

日越関係は二〇二三年で外交関係樹立五〇周年を迎えることとなりました。この五〇年間にわたって多大なる貢献をしてくれた方々の中でも、著者であるヴォー・ホン・フック元計画投資大臣は、特に重要な御功績を残された方の一人です。フック氏は、これまで積み重ねられてきた数々の対日功績により、二〇一二年に旭日重光章を受章されました。

改めまして、フック氏のこれまでのご貢献に対して敬意と感謝の意を表します。

フック氏の功績を改めて振り返るに当たって、まずは日本の対ベトナムＯＤＡへの同氏の貢献に触れなければならないでしょう。

一九九一年のカンボジア和平調印を受け、一九七九年度以降見合わせていた我が国の対べトナムODAは、世界に先駆けて、再開されることとなります。その中で、フック氏は、越側の実務者として、そして円借款延滞債務の処理や再開への準備の責任者として諸調整にあたるなど中心的な役割を果たされました。

一九九二年一二月、国家計画委員会副委員長に就任したフック氏は、日越政府間協議の越側議長として、我が国から派遣されたミッション団との協議をとりまとめられました。

二〇〇二年、フック氏は計画投資大臣となり、ODA事業の最高責任者に就任されました。フック氏は、我が国要人に対し、ベトナム経済の発展のためにODAが必要であることを、自ら強く訴えてこられました。また、我が国のODA案件の選定についても、事業効果が高くPR性の高い案件を抽出し、我が国のベトナム貢献がベトナム国内で広く認知されるよう配慮していただきました。フック氏の働きかけによるベトナム国内での高い評価と我が国要人の認知により、我が国のODA案件が更に活発なものになってきました。

計画投資大臣の業務のもう一つの柱は、外国投資の受け入れです。我が国企業の個別投資案件に対するフック氏の協力については、枚挙にいとまがありませんが、「日越共同イニシアティブ」の設置・運営は欠かすことはできないでしょう。

この枠組みは、我が国企業の投資環境改善を行うため、我が国民間企業とベトナム政府の関係省庁とが様々なテーマで議論を行うプラットホームです。今からちょうど二〇年前となる二〇〇三年四月の日越両国首脳間で合意されたこの枠組みは、当時のフック計画投資大臣により、計画投資大臣と駐ベトナム日本国特命全権大使及び日本経団連日越共同委員会委員長を共同議長として、同年一〇月から第一フェーズが開始されました。以降、現在の第八フェーズにいたるまで、継続的に取り組まれてきております。

フック氏は、外国投資法を廃止し内外資本共通の投資法を定めるなどの取り組みを行いましたが、これは、外国投資と国内資本による投資の環境格差撤廃等の我が国企業の要望に対し積極的に応えられたものであり、フック氏の我が国企業に係る投資環境改善への積極的な姿勢を象徴するものでありました。

この結果、フック氏の指導により我が国企業の対越投資が促進されました。その後、我が国企業のベトナムへの進出数は増加の一途をたどっており、今では、ベトナムにおける商工会登録企業数は二〇〇〇社を超え、中国に次いで世界第二位となっております。

こうした動きを支えているのが、二〇二三年で二〇周年を迎える日越共同イニシアティブです。今日まで続くこの官民合同での政策対話の枠組みを作られたフック氏の功績は大変大きなものであり、現在においても色褪せることはありません。

ここで紹介させて頂いたことは、フック氏のこれまでの五〇年にわたるご功績のほんの一部です。ここで紹介できていないことも含めたフック氏の日越関係全体に対する御貢献やこれまでの日越の歩みを垣間見ることができる本著作が、日越外交関係樹立五〇周年を迎えるこの時期に出版されることを大変嬉しく思います。

末筆ではございますが、フック氏の五〇年にわたる日越関係の発展・深化への貢献にあらためて敬意を表します。

※当該見解は個人の見解であり、所属組織の見解を示すものではございません。

ヴォー・ホン・フック氏の語る「国家計画」の転換点

ベトナム研究者、日越大学学長
古田元夫《もとお》

私は、フック氏と直接に話しをする機会は、これまであまりなかった。最初の出会いは、一九九三年に、私がＪＩＣＡのベトナム国別援助政策研究会に参加し、ベトナムを訪問した時で、フック氏は国家計画委員会の副委員長を務めておられた。その後、フック氏が参加されたベトナム政府のミッションとの会見の場に古田も参加しているようなことは何度かあったが、直接お話しをする機会としては、二〇二三年一月一二日にフック氏のハノイのご自宅を訪問させていただいたのが、三〇年ぶり、二回目の機会だった。フック氏は、玄関の前をウロウロしていた私にめざとく気が付かれ、「閣下にお会いするのは三〇年ぶりです」という私の挨拶を聴いて、「そうか、あの時あった若者か」と、私のことを思い出してくださった。

私は、一ベトナム研究者として、ベトナムの経済が、それまでのソ連型の中央集権的な計画経済から、市場経済へと大きく転換した時期に、国家計画委員会およびその後身の計画投資省の幹部をされていたフック氏が、ベトナム経済の転換にどのように関わられたのかを質問した。最初の質問は、国家計画委員会も計画投資省も、「計画」という言葉を使っているが、その意味は大きく変化したように思えるがどうかというものだった。

フック氏は、ファン・ヴァン・カイ氏が国家計画委員会の委員長になった、一九八九年から、「計画」概念の転換ははじまっていたが、まだ明確なものではなかった、一九九〇年になって一九九一年から九五年までの五か年計画の作成がはじまる中で、ソ連がそれまでのようにベトナム経済の拠り所としてはもはや期待できないという認識が広まるにともなって、「計画」概念の転換が本格的なものになった、ソ連に依拠できないということになれば、ベトナムとしては、西側諸国の開発援助（ODA）と、民間の直接投資（FDI）以外の資金源には、大きな期待を寄せられなくなる、こうした状況のもとで、「計画」概念の変化が進んでいった、官庁としては、国家計画委員会に並んで国家投資協力委員会が結成され、それが、一九九五年に計画投資省に統合されて、組織的にも、ソ連型の「計画」から、市場経済の中での「計画」への転換が完成をすることになった、という話をされた。

では、この中で、対外経済関係のあり方はどのように変化したのであろうか。この二つ目の質問に対するフック氏の回答は、ソ連を中心とする社会主義諸国との経済関係では、国家以外の主体はなかったのに対して、市場経済下での対外経済関係では、民間企業が主体として重要な役割を果たすようになった点が、最も重要な変化だったというものだった。

第三の質問は、西側諸国からのベトナムに対する経済援助が開始された、一九九〇年代の初頭には、ベトナム国内には、まだ西側諸国の援助に対する警戒的な認識が存在していたように思うが、どうだったのかというものだった。フック氏は、援助の供与が条件つきで行われた、世界銀行やIMFなどの援助については、それを「和平演変（ベトナムの社会主義体制の平和的転覆）の試み」と結びつけて見るような見方も、ベトナム国内には存在していたと思うが、日本からの援助に対しては、こうした警戒的認識は皆無に近かったと強調されていた。

日本からのベトナムに対する経済援助が再開された、一九九〇年代の初頭、ちょうどODA大綱を制定したばかりの日本の援助関係者の間には、日本からのベトナム援助に関しては、ぜひODA大綱を体現した日本の新しい開発援助にふさわしいものにしたいという思いが、広く共有されていたと思う。私は、当時は、まだベトナム研究者としての道を歩みはじめたばかりの若手研究者だったが、私なりの貢献がベトナム援助にできればという気持ちは強かったように思う。こうした日本側の思いを受け止めてくれる、ヴォー・ホン・フック氏のような優れた指導者が、ベトナム側のカウンターパートとして存在していたことが、この後のベトナムと日本の関係に堅固な礎石を築くことになったのだという思いを、改めて強くした、三〇年ぶりのフック氏との再会だった。

『私たちの物語』をめぐるいくつかの感想

元ＶＣＣＩ副委員長
ファム・チー・ラン

ヴォー・ホン・フック氏の『私たちの物語』のように私に特別な感情をもたらす本は、稀にしかない。これは単に、以前の多くの仕事で彼の傍にいたがために、彼が語る出来事、物語や人間をいくらか知っており、そのためにフック氏が先に読ませてくれたからこその喜び、と言うだけではない。ずっと大きいのは、この本が、半世紀にわたる悲喜こもごもの記憶のなかに私を連れていったためである。過去に起こった幾多ものことが、作者の限りなく聡明で寛容な視座のもと、そして穏やかながら奥深く、胸にしみる総括を伴って、誠実に、簡潔に、開かれた形で、今再び語り直されたことで、私にそれらを思い出させ、考えをめぐらせる機会を与えてくれたのである。

私がヴォー・ホン・フック氏と知り合ったのは、彼が国家計画委員会（英語の略称はＳＰＣ、後に計画投資省、略称ＭＰＩとなる）の工業副局長を務めていた一九八〇年代初頭だった。そのころ私は、ベトナム商工会議所（ＶＣＣＩ）の国際関係委員会の副委員長、その後は委員長を務めていた。

ＶＣＣＩは、社会主義陣営外の諸外国と我が国との間の貿易関係や投資協力を促進するという機能を有する機関として、ベトナムにやってくる各国の企業団が市場を理解し、ビジネスチャンスを開拓できるようにオーガナイズする橋渡し役を担っていた。外国の各企業団はやってくるとたいてい、彼らのビジネスに関係するベトナムの国策や規程について尋ねるために、関連省庁の官僚と会いたがった。私がフック氏と出会った縁はそこからであり、博識で、気さくで、親しみがあり、説得力があり信用を生み出す彼の人柄ゆえに、フック氏はたちまち、私たちの来客のほとんどが会いたがる人物となった。

当時は複雑な背景、特にアメリカの禁輸措置により、我が国に進出する西洋各国の企業数はとても少なかった。ＶＣＣＩの来客の多くは日本から来ていた。ベトナムがドイモイに着手し、特にアメリカが禁輸措置を解除してからは（一九九四年二月）、ベトナムにやってくる来客数はどっと増え、様々な国家、経済体制からやってくるようになったが、一番多かったのはやはり日本人だった。日本の小規模会社が次々に素早くベトナムに進出し、その中には日本で生活するベトナム人の会社が数社と、日本の総合商社がベトナムとビジネスをするために設立した会社が数社あった。「小さいが美しい」、それらの各企業の参画は、物資、設備、部品すべてが欠乏していたときに、私たちにとって、特にもともと西洋市場から供給されることに慣れていた南部にとって、実に貴重なものであった。北部では、これらの日本企業とのビジネス関係は新しい顧客源でもあり、かつ社会主義陣営の外の市場とのビジネスの最初の学びだった。

日本の各企業は至るところで迎えられ、活発に活動した。両者間の輸出入売上高は増加し、ベトナム市場とのビジネスの展望は日に日に明るくなっていった。この道を切り拓いた人々の努力があったために、越日間の貿易、投資関係の将来について、また、この関係が自身の戦略を策定してベトナム市場に徐々に進出することがもたらす利益について、日本の各企業が理解と確信を高められたのは明らかである。そしてまさに日本人が直接ベトナムに身を置いたことが、後に続いて次々に進出するよう西洋各国の企業を刺激したのだった。

当時の西洋の来客との業務はベトナム側の関係者たちにとって勇気を要するものであった。戦時中も戦後初期も、西洋の来客に対する猜疑心は深く、彼らの訪問や彼らとの交流の規制はかなり複雑だった。ゆえに来客が本当に必要とする人に面会できるように手配することだけで偉業と言えることも多かった。

ＶＣＣＩにいた私たちはとても幸運にも、ＳＰＣのヴォー・ホン・フック氏、工業省のグエン・スアン・チュアン氏、農業省のグエン・イック・チュオン氏、建設省のレー・ゾアン・ファック氏、郵便通信総局のマイ・リエム・チュック氏のような人々に接近できた。彼らは仕事を深く理解し、高い文化的基礎を持ち、仕事を遂行するための智・勇・心を有し、不運にも自身があの国やこの国と「親しい」と非難され苦しめられてもそれを受け入れた人たちだ。ヴォー・ホン・フック氏が本の中で振り返っていたように、彼自身（そして上記の人々）は常に、「付き合う相手は選べ！　言いたいことは言わせておけばいい。民にとって、国にとって良いことをやるのみだ！」という故ファン・ヴァン・カイ首相の精神をもって働く覚悟をしていた。そして彼らは早くに、我が国の対外経済関係の発展に大きく寄与する人物になったのである。

日商岩井（私たちはよくＮＩＣと略して呼んでいた）が非常に早いうちに、自社名義を用い、日本や世界の大企業に先駆けてベトナムに進出した話をはっきりと語るために、ヴォー・ホン・フック氏が本書の一節を割いたことは正しい。私自身、ＮＩＣ東南アジア地域所長の榊原氏が一九八五年頃のバンコクからハノイへの出張中に、ＶＣＣＩ会頭（ドアン・ゴック・ボン氏）、私や同僚に会い、日商岩井がベトナムに駐在員事務所を開設したいのだとはっきり言った際の驚きを忘れることはできない。

日商岩井の立場を理解し、アメリカの厳しい禁輸措置を知っていた私は、ＮＩＣのこの決定に心から驚いて感服し、同時に喜んで迎え入れた。我が国での手続きは本来ならば煩雑だが、ＮＩＣが早期に駐在員事務所開設の許可証を受け取れるように迅速に解決された。ＮＩ

Cが拠点を借りるというような難しいことも、政府官房が管理するグエンズー通り五八番の建物をNICに貸すことに政府官房自身が同意すると、大変進めやすくなった。

それから日商岩井・ベトナム合同委員会が形成された。それは、一つの民間企業と、正式にはVCCIという非政府組織ではあるものの政府の経済部門を担当するほとんどすべての省庁の次官、局長級の官僚がメンバーを成していたベトナム側との間にできた、我が国では前代未聞の委員会の形態だった。委員会は多方面において全力で効果的に活動し、NICとベトナムの間の経済関係の円滑化を助けることにとどまらず、フック氏が本の中で述べたように、他の日本企業やベトナムの他の諸関係をも助けたのであった。

経団連と日越共同イニシアティブもまた、ベトナム・日本経済関係の中で実に歴史的で独自性のあることだった。ヴォー・ホン・フック氏はこの話を明確に語っている。経団連との関係においては、フック氏とMPIが取り仕切っていたので、VCCIにいた私たちは部分的に参加したに過ぎない。私はここで、経団連とベトナムの間の特別なチャンネルが、我が国のビジネス環境の改善、日本やその他各国の多くのドナーが重要なプロジェクトを実行するための好条件の創出に多くの貢献をしたということのみを付記しておきたい。

日越共同イニシアティブと並んであったのは、我が国の政府と世界銀行が取りまとめるベトナムビジネスフォーラム（VBF）で、いつも対ベトナム支援国会合（CG会合）に先立ってビジネス環境の改善について話し合った。ＶＢＦには政府、各部門の代表、大使各位、ベトナムにおける国際機関の指導者たち、そしてベトナム企業と我が国で活動する各国企業のコミュニティの各代表組織が大勢参加していた。日越共同イニシアティブに具体的で筋道を立てて問題や建議を提起することで慎重に進められ、外国ドナーやホスト側に有益なベトナムのビジネス環境の整備を目指すという共通の努力のなかで、ＶＢＦを補完する大きな助けとなった。

私は『私たちの物語』を読んだことで、それらの年月を通して我が国の改革と発展の過程を助けてきた日本からの石川プロジェクトやＯＤＡについての話を、よりはっきり、深く理解するようにもなった。本のなかで語られる多くの大変興味深いエピソードを通して、私は日本の心についての理解を深めて感服し、日本の政府と人民がベトナムのためにしてくれたことへの尊敬と感謝の念をますます抱くようになった。私は著者の後悔を欠けるところなく共有する。もしも私たちが、日本が私たちに共有してくれた教訓をよりよく学び、日本の人々が私たちに割いてくれた税金をより効果的に使用し、私たちのために各日本企業が作ってくれた市場チャンスをより賢明に開拓できていたら……もしそうであれば、おそらく成し遂げられた成果はずっと大きなものだっただろうに。

本書はまた、各時代の接触ルートを通して日越関係を育むなかで、日本とベトナムの両サイドにおいて、幾多もの様々な人物が限りなく尊敬に値する寄与をしてきたことを私たちに教えてくれる。ベトナムや日本に住んでいる大変多くの人々にとって、今日のベトナムと日本の間の全面的で広範にわたる素晴らしい協力関係はおそらく自明となっているだろう。まさにそれゆえに、今日の各世代が、初期には少なからぬ苦難を伴った日越関係の五〇年という長い道のりの全貌を知り、より理解できるように、『私たちの物語』は時宜を得て世に出るのである。

各指導者や先代たち――中には既に他界した人々もいる――に感服と感謝の想いをもって、これからの半世紀、そして今後永久に、それぞれの国の発展とベトナム・日本両国間の新たなレベルでの緊密な協力関係のために、新たな歴史のページをともに書き続けられることを私たちは願っている。

私たちの物語

ヴォー・ホン・フック 著

Chuyện của Chúng tôi

Võ Hồng Phúc

もくじ

第六章　忘れられない話　342

第七章　愉快な話　424

本文中の〔　〕内、および傍注はすべて訳者による。

第一章　故郷

一、

私の故郷はハティン省ドゥックト県トゥンアイン社〔社：村落部の最末端行政単位〕だ。以前の呼称はヴィエットヤンハ社、通称ケーハといい、ラー川の向こう側にはケートゥオンがある。ケーハ側にはハ市場が、ケートゥオン側にはトゥオン市場があり、これらはこの地区一帯の大きな市場だ。

一九四五年以降、抗仏戦争の名士たちの故郷に彼らの名前をつける運動があり、私がいた社は、そのなかの村の一つであるドンタイ村を故郷とするファン・ディン・フン氏の雅号に由来して、チャウフォン社へと改称された。

土地改革が実施された一九五五年、社を分割して改称する運動があり、この社は二つに分割された。丘に近い集落はドゥックソンと呼ばれた。私たちがいた、低地にあるいくつかの集落は「チャウフォン」という名のうち「フォン」という文字を残してドゥックフォンと呼ばれた。当時のドゥックト県すべての社の頭文字は「ドゥック」だった。その後、二つの社は再び合併された。このとき、かつて社のなかの村の一つで、チャン・フー書記長〔一九〇四‐一九三一：インドシナ共産党初代書記長〕と、ファン・アイン〔一九一二‐一九九〇：法律家、政治家〕、ファン・ミー〔一九一四‐一九八一：知識人、政治家〕両氏の故郷であったトゥンアイン村にちなんで、トゥンアインへと改称されたのであった。

トゥンアインは「地霊人傑」な地区として有名だ。社には昔も今も名を揚げた人々がいる。かつてゲ地方（現在のハティン省とゲアン省の地域）には「裕福で高貴ならドンタイ、クインドイのようでなければならない」という言い回しがあった（クインドイとはゲアン省クインリュウ県にある村の一つである）。また、ハティンの人には「ドンタイの男、ヤンホーの女」という言い回しがある。ホアン・カオ・カイ氏〔一八五〇‐一九三三：阮朝成泰帝期の親仏派の作家、歴史家〕が『北圻経略史』を執筆していた時、彼は村の者数名とともにハノイに出て仕事や商売をしてクオントゥオン村の土地を購入するお金を寄付し、ハノイにタイハー村、つまりドンタイ村を作り、かつてのドンタイ村の名声を知らしめた！

社はラー川に沿って広がり、ラー川とガンサウ川に囲まれている。社の入り口にあるのはタムソア船着場である（タムソアとは「三本の絹布」を意味し、ガンサウ川とガンフォー川が合流してラー川となる地点を言い表している）。ここはかつて、ラー・ソン夫子とブイ・

ズオン・リック黄甲という二人の名士[1]がよく船で訪れて落ち合い、船着場に船をつないで将棋を指していた場所である。船着場には明に立ち向かった将軍ディン・レーを祀るリンカム亭があり、さらに奥に行くとダー寺（石洞寺）がある。ラー川には牛渚洲《グーチュウ》という中洲がある。というのも昔そこには水牛市があったからで、村人たちはソイ洲と呼んでいた。一九三〇年代の初めにラーザン堤が作られた時、川堤に沿って川に降りるための石段が建設された。夕方になると皆水浴や洗濯をして、とてもにぎやかだった。

社の真ん中には、川のすぐそばにハ市場があった。市場には、絹糸や布製品、小間物や食料を売る店が品物を陳列するためのハ市場亭《チョディン》と呼ばれる大きな建物があった。市場の四隅には四本の大きなガジュマルの木があった。堤に沿ってホウオウボクが植えられていて、夏には堤一帯が赤々と輝いた。市が立つ日（毎月一、三、五、八日）には、各地からやってきた船がラー川の船着場にぎゅうぎゅうに停泊した。市場の横には運動場があった。聞くところによれば、運動場は一九四〇年代初頭のスポーツ啓発運動に従って建設されたという。その近くには、チンリエット廟・寺があり、人々はカオカック廟と呼んでいた。社の真ん中あたりの川のほとりには、昔ながらの方法で建てられたホアン・カオ・カイ氏の祠があり、そこ

1　夫子は弟子や学生の恩師に対する尊称、黄甲は科挙試験のうち、会試の甲科に及第した人に与えられる称号。なお、科挙には郷試、会試、殿試の三段階がある。

には川の風景を眺められる見晴し台があった。彼は王から延茂郡公の位（封建制下の爵位のひとつ）を授かり、爵位授与後に朝廷の掟に従って祠が造られたので、人々はこれを郡氏の祠と呼んでいた。

社の一番奥には、黎朝末期と阮朝初期に生きた名士ブイ・ズオン・リック氏（一七五七–一八二八：教師、文官）を祀る建物がある。社のなかには五つの村があり、それぞれに五つの集会所があった。トゥンアイン、チングエン、ドンタイ、ヤンホイ、そしてヤンノイである。科挙に及第して役人となった人が数多くいる学問の地でもある。だから社には孔子や儒家たちを祀る二つの廟があり、人々はそれをヤンチュン聖堂とヤンドン聖堂と呼んだ。儒学が衰退したあとは社の小学校となり、小学生のとき私はそこに通った。

社の人々は、織物業や商売、教育、薬屋、役人、田畑の貸出（小作）や耕作によって生計を立てていた。絹織物業は最も有名で、ハ産シルクといえばゲ地方中で知られ、地域の特産品として見なされている。丘の村人たちの大半は畑仕事をしていたため、ラー川沿いにある村々とマイホー村は丘にある村々よりも裕福だった。社、村の人々は互いに強い愛情をもって生きていた。多くの氏族が姻戚関係にあったため、なおさら親密だった。田畑を貸す人と借りる人の関係も、何世代にもわたる固い結びつきだったので大変良好で調和した関係を築いていた。

＊＊＊

私の故郷はここにあるが、生まれはここではない。当時、私の父はハノイで働いており、インドシナの鉄道局の役人だった。家はタイハー村にあった。私の母は同じ社のブイ家の娘だった。母は若い頃、私の母方の祖母がそこで働いていたために、フエのドンカイン学校に通っていた。

私が生まれる前、母は女の子を二人、男の子を一人、つまり三度出産した。しかし二歳になる前にみんな死んでしまった。父方の祖母が占いに行ったところ、私の母は寅年（一九一四年）生まれなので子どもを育てられないと占い師に告げられたので、父方の祖母とおばが育てなければならなかった。母が私を身籠ったとき、母方の祖母はハノイにいる母を迎えに来てヴィンに連れて帰り、出産に備えて、母方の祖母の弟で同時に私の父のおじにもあたるヴォー・ヴァン・T家に預けた。なぜなら家族にヴィン病院に勤める医者がいたからだ。

こうして私は乙酉年にヴィンで生まれた。生後一か月になると、父方、母方の祖母が私を故郷に連れ帰り、父方の祖母とおばが面倒を見てくれた。おばは二四歳のときに夫と死別しており、ただ一人娘がいただけで、再婚せずに子どもの面倒を見て、今は孫の面倒も見ている。皆の話によると、占い師は、私が二歳になるまでは常に四人の癸酉年（私の一回り上）

の女の子がそばにいなければならないと言ったという。夜寝るとき、私の寝床は部屋の真ん中に置かれ、四隅に四人の癸酉のための寝床が置かれた。幸いなことに、祖母は家族や親戚の中から四人の癸酉の女の子を動員できた！

私は、父方の祖母の家の庭がとても広かったことを今も覚えている。イタチがいつも庭に巣を作っていて、大人は時折捕らえていた。鳥も多く、サンジャクやアカライチョウさえいたが、祖母は、アカライチョウに蛇を捕らえさせるために、私たちがそれを捕らえたり追いかけたりすることを禁じていた。庭は高台にあった。村の道から石段を三段登ると、二つの扉のある青色の門にたどり着く。祖母が言うには、まだラーザン堤がなかった頃も、洪水の季節でも水は門のところまでしか来なかった。大洪水があった年には中庭まで浸水したが、家までは来なかった。

私の父方の祖父は昔薬屋と教師をしていたが、一九四五年初めに亡くなった。村人たちは、彼が優しく人徳のある人だったと言っている。生前彼は、家族や小作人、貧しい人などには無償で勉強を教えた。父方の祖母は織物業を営んでおり、家には五、六台の機織り機があったので機織り機を置く専用の離れがあり、織物職人を雇わなければならなかった。家にはいつも大勢いてにぎやかだった。祖父母は雇い人を大事にしていたので、彼らは二、三世代にわたって私の家族と固く結びついていた。私が最も覚えているのはヴァンさんで、若い頃には私の父方の曽祖父の世話をしていて、その後私の祖父を手伝うようになった。なんと情義に厚いことか！　その他にも、例えばナンさんやタムさんは小作人だったが、私の家族ととても親密だった。

八月革命が成功すると父は共産党に入党したが、引き続き鉄道局に勤めた。一九四六年一二月に抗仏戦争が勃発した。一九四七年になるとフエにいたフランス軍がビンチティエン全域にまで勢力拡大を図った。父は村の中に設置されたビンチティエン戦線の補給班で働くようになった。ビンチティエン戦線は敗れ、フランス軍がビンチティエン平野全域を占領し、当時の呼び方で占領区となった。ビンチティエン戦線の補給班は解散し、一九五一年に父は、当時「中央」と言われていた越北地方で働くようになった。

一九五一年、フランス軍航空機により私の社が爆撃された。その爆撃は私に凄まじい印象を残した。私の一家は焦土作戦が始まった時にれんがで作った防空壕の中に逃げ込み、爆弾から身を守った。防空壕は揺れ続け、私は父方の祖母に身をぴったり寄せて横になっていた。フランスの航空機はリンカム船着場とハ市場側の松の丘を爆撃した。リンカムが一番ひどく、多くの死者が出た。私の家の近くでも爆弾が一つ爆発した。ハ市場の建物の屋根は崩れ落ちた。父方の祖母の本宅（母屋）の屋根も崩れ落ち、祖母は木材を片付けて組み立て直した。皆は別宅（離れ）に移動するか、一旦廟堂に身を置いた。このとき織物業は衰退し始めていたため、祖母は機織り機をいくつか処分した。父は越北地方に行ってしまい、我が家には人が少なくなってしまった。

爆撃の後、村には穏やかな生活が戻ってきたが、依然として古い生活習慣が残っていた。私が六歳になり、物心がしっかりとついたころ、父方の祖母はいつも私をヴォー家、チャン家、ファン・ディン家や姻戚関係にある家族の法事や儀式に連れていき、各親戚の関係や礼儀を教えた。というのも私は長男だったからだ。

父方の祖母はブイサー地区のチャン家の娘だったが、外戚にあたるファン・ディン（ドンタイ）家、つまりファン・ディン・フン氏の一族から先祖供養のための遺産を相続したため、そちら側の親戚ととても親密だった。祖母はたいてい、私をファン・ディン家の祖先を祀る廟の儀式に連れていった。儀式に行く時は、いつも一番年下のおばさんかついていく家の者かが、赤い絹に包まれた、賽銭料を入れる小さな螺鈿の木箱を抱えていた。到着すると祖母は私に、両手で木箱を頭の高さまで持ちあげて祭壇にのせるように言いつけ、「あんたの代になっても礼儀作法を残していかないといけない」と言った。

母方の祖母はしばしばブイ家やキエウ家、また姻戚の儀式や正月行事に私を連れていった。かつては村のいずれの氏族にも、科挙に合格して役人になった者がいた。村人の大半は儒教か仏教を信仰していた。村の氏族たちは皆それぞれの家の伝統的なしきたりを重んじていたので、礼儀をしっかりと守っていた。それを通して私は、挨拶や食事、コミュニケーションにおける昔の人々の礼儀を学んだ。大人と話す時には敬語を用い、礼儀正しい言葉遣いでなければならなかった。父方の祖母も母方の祖母も、私に、内戚、外戚の親族関係や姻戚関係について教えた。今に至るまで私はいまだに記憶、暗記している。大人たちは、行儀がよい子どもだと私を褒めた。

私の母によれば、一九四八年から一九五〇年頃、私の故郷はとてもにぎわっていた。その頃フエの国学学校の一部が北部に疎開し、村に滞在した。この学校はその後改称し、フイン・トゥック・カン専科学校となり、村人はしばしば専科学校と呼んだ。この学校は、父方の祖母宅近くにある社の運動場のすぐ横に、茅と竹を使って建てられた。学生と教員は民家に滞在し、人々はしばしば専科の生徒、専科の先生と呼ばれた。私の母がドンカイン学校の卒業生であることが知られていたため、皆よく母を訪ねておしゃべりをしていた。家の中はいつもわいわいとにぎやかだった。

一九五一年の爆撃後、専科学校はゲアン省ドールオン県に移動し、そこに疎開していたヴィン国学学校に編入された。村では人が減ってしまったが、それでもまだにぎやかだった。ビンチティエン平野がフランスに占領されると、現在の一五号線にあたる道が南北を結びつけた。一五号線は社を通り抜けており、私の社は北から南、または南から北へと移動する役人や兵士の団体の休養所となった。チャウフォン・ハ市場は名の知れた名所となった。当時南北間を移動する誰もが知っていた。

人はまた増え、村人も疎開してきた人たちもハ市場や社の運動場の周りに店を開き、市場町ができた。私は今でもその市場町にあったいくつかの店を覚えている。例えばヴィンおじさんが営む万年筆の修理と販売の専門店があり、大人たちは「ペンのヴィン」と呼んでいたし、ダットおじさんは自転車修理をしていた。皆村人だ。クアニュオンから魚とエビの干物とニョクマムを売りに来ているリン・コンおじいさんの店もあった。チュンルオンからやってきた二人の鍛冶職人は、バイおじいちゃんとナムおじいちゃんだ。また、遠くから見えただけで逃げ出すほど私たち兄弟が怖がっていたのは、市場の清掃をしていたケー・ライという名のおじいさんだ。市場には食堂や茶屋もたくさんあった。

そのなかでハイ兄さんの茶屋が一番人気だった。私の母が語るところによれば、ハイ兄さんは村出身ではなくヴィンからやってきた。ヴィンが戦争で焦土と化した時にハ市場に疎開してきたのだ。彼はコーヒーやたばこ、お菓子を売る店を開いた。どれもヴィンや北部から疎開してきた専科学校の教員と学生、村人向けの嗜好品だった。彼はケオラック[2]の作り方

2 ピーナッツを飴で固めたベトナムの伝統的なお菓子。

をトゥオン（上市場）で学んだ。当時トゥオンの人はケオラックを作り終わると乾いたバナナの葉か厚紙にのせていたので、食べる時にとてもはがしづらかった。彼の茶屋の隣にはゴマ入りバインチャン（バインダー）〔円形の薄い煎餅〕を売るおばあさんがいた。彼は試しに、作ったケオラックをバインチャンの上にのせてみたところ、おいしかった。それを客に出すようになり、どの客も食べ終わると褒めた。皆いつも「ケオクーハイ《ハイ小僧の飴》」と呼んでいた。

彼の客はたいてい専科学校の教員と学生や疎開のために村に来たばかりの学のある人で、どの人もフランス語を好んでいた。ケオクーハイという呼び名が洒落ていないと考え、フランス語に倣って「ケオクードゥ」と名前を変えた[3]。専科学校が他の場所へ移った時、ハイ兄さんも一緒に行ってしまった。しかし菓子の作り方は残った。今では、ケオクードゥはハティンの特産品になっている。

一九五二年以降、南北間を行き交う人はますます増え、村はますますにぎやかになり、さらに北ラオスの戦場に向かう人も八号線を進む途中で村を通過した。一番記憶に残っているのは、軍隊の文工隊〔歌舞・演劇を行う団体〕が村に滞在した時のことである。文工隊にはタン・ニャンさんという女性がいて、歌がとても上手だった。当時村ではたびたび会議を開

3 「ハイ（hai）」はベトナム語で数字の2を意味し、それをフランス語の数字の2である「ドゥ（deux）」に置き替えている。

いていた。というのもこの村は伝統的に教養の高い村であり、自由区だったからだ（当時自治下にあった地区は自由区、フランス統治下にあった地区は占領区、もしくはテー区[4]と呼ばれた）。近況を報告し、伝統を守ることを戒めるための集まりだった。革命に貢献した引退後の役人から庶民まで、誰もが意気揚々と誇りをもって参加した。全体会議は人民会議と呼ばれ、そのほかにリエンベト会議、婦人会、戦士の母の会などがあった。タン・ニャンさんはよく、婦人会議と人民会議で歌っていた。私はそれを聴きたくて、母が会議に行くたびについていきたいとせがんだ。母は彼女がドンカイン学校の後輩だったので、とてもかわいがり、よくおしゃべりしていた。

一九五四年五月、ディエンビエンフーの戦いの勝利の知らせが届くと、村全体で牛をつぶして祝った。一九五四年七月にインドシナの平和回復をめぐるジュネーヴ協定が締結された。祭りのような歓喜で村中が満たされた。誰もが、村の通りや家の庭に掘っていた防空壕を埋めた。青年たちは、作曲されたばかりの平和を祝う歌や、数か月前に実施されたベトナム・中国・ソ連の友好事業を祝うために作曲された歌を学んだ。私たち子どもはそれを見て一緒に歌った。中にはその歌に振付をつけて人々に踊り方を教える人もいた。市場の近隣の老人

4　「テー」とは戦時下でフランスやアメリカに占領されていた地域の村の政権のこと。

たちも一緒に踊っていた。私の母は「もうたくさん！」と言った。私はそのうちのひとつの歌の歌詞を覚えている。

「平和が活気に満ちてソ連から各地へ拡がる。我が民全員で友好を歌いあげる……ベトナム・中国・ソ連は何千万年にわたり団結する……」

その日から今まで、ようやく六八年だ！　何千万年には程遠い！

一九五四年秋、陸路で南部から集結[5]した兵士と役人が村に滞在した。南ラオスから高地ラオスの二つの省に集結したラオスの部隊も村にとどまり、村をその先に進むための休養地点とした。皆民家に滞在した。村の集会所は台所と食堂、共同生活スペースとなった。村は祭りのようににぎやかだった。特に私たちのような子どもは、どこに行っても兵士たちが一緒に遊んでくれたので楽しかった。このとき私と弟は、村の学校の小学一年生になった。教室はヤンチュン聖堂のなかにあった。爆撃のために、母は私を一年遅らせて学校に行かせたのであった。

何事もあっという間に過ぎていった……。

一九五四年の冬になると、村の雰囲気はひっそりとして、以前のようなにぎやかさはなく

5　一九五四年のジュネーヴ協定により暫定的に南北が分断された際、南部にいた党やベトミンの幹部・兵士が北部に移動したことを「集結」という。

なった。ゲアン、フージエンの方で土地改革[6]が行われていると皆話していた。彼らの親戚はひそかに移住を考えていた。どこに行くのか、私は知らなかった。どうやら時代は次のページに移り始めたようだ！

二、

当時私の家の隣は、母方の祖母の弟であるヴォー・ヴァン・Tおじいさんの家だった。Tおじいさんはいつもこの家にいたわけではなく、私の母が、私がお腹にいる時から出産時までいさせてもらったヴィンに住んでいた。

ヴィンが戦争で焦土となった時、ヴォー・ヴァン・Tおじいさんは一家で故郷に帰ってきた。Tおじいさんは私の両親にとって二重の親族関係にある。もし母側に従えば、父は彼をカウと呼んだし、ヴォー家に従えばチューと呼んだ[7]。だからなおさら親しい間柄だった。

6　ベトナム労働党中央の決議を受け、一九五三年に国会で「土地改革法」が採択され、地主的土地所有制を廃止する徹底的な土地改革が開始、一九五四年に本格化、一九五六年まで続いた。中央から各村落に工作員が派遣され、村人の階級区分の判定、土地・財産の没収と再分配が行われた。

7　カウは母方のおじ、チューは父方のおじを指す親族名詞。

ある夜、Tおばあさん（私の両親はモ[8]と呼ぶ）が母のところにきて次のように言った。「トゥオック姉さん（夫の名前に従って呼んでいる）、私たちはここを去らないといけなくなった。フージエンのトゥオンおじさんも告発されて死んでしまって、私たちも免れようがない！　まずハノイにいる親戚のおじたちに会って、それからまた考えることにするよ」

「フージエンのトゥオンおじさん」とはダン・ヴァン・フォン氏（一八八七－一九五四）のことで、私の母方の祖母の妹弟たちとともにカオ・スアン・ズック氏（一八四三－一九二三：阮朝期の大官）の孫にあたるので、冠婚葬祭の際には近況を報告し合っていた。ダン・ヴァン・フォン氏はチャン・チョン・キム政権[9]下ではゲアン省総督だった。総督を務めていたが、ゲアンで活動する共産党員を擁護してもいた。彼はかつてフージエンと呼ばれていたジエンチョウ出身なので、故郷にいる私の母方の祖母の妹弟は彼を「フージエンのトゥオンおじさん」と呼んでいた。一九四五年の八月革命後、彼はホー・チ・ミン主席の政府に参画し、タイン・ゲ・ティン地方（タインホア、ゲアン、ハティンの三地域）担当の長官となった。一九五四年の土地改革の最中に、故郷にいた彼は捕らえられて告発され、あまりに

8　モはゲアン・ハティン地方の方言で、母方のおじの妻を指す親族名詞。
9　日本軍が一九四五年三月の仏印処理後にベトナムに「独立を付与」したことを受けてバオダイ帝の下で形成された政権。

もだえ苦しんで死んでしまったのだ！

ダン・ヴァン・フォン氏が告発されて死に至ったことで、私の母方の祖母の妹弟とその子どもたちは故郷を離れてハノイにいる人たちと合流してハイフォンに行き、それから南部に向かった。故郷にいた数人も一緒に行った。私の父によれば、ファン・アインさん（ファン・アインさんは当時ホー・チ・ミン主席の政府で大臣を務めており、私の母方の祖母のおばの家の子ども）の家で親戚が集まり乙未年（一九五五年）の旧正月《テト》を祝ったという。そこでは皆、彼らに留まるよう勧めたが、彼らはこう言った。

「留まることはできません……」

親戚にはハノイに移住して生活を立て直す人もたくさんいた。私の家族もそうで、抗仏戦争に参加した家族がおり、その後ハノイに行って国家機関に就職し、離れ離れになった家族が再び一緒になった。私のおばは娘婿が教員で、ファン・チュー・チン学校から教鞭をとるよう招待状が届いたので、娘の家族についていった。一番下のおばは夫の家族であるホアン・ゴック・ファック家と一緒にハノイに行った。そうして家は静まりかえった。

親戚たちの半分ほどは去ってしまった。私の家族と六家族だけが残った。何人かの老人は、「戦時なのに一緒にいて、平和なのにばらばらだ！」と言った。私の父はハノイに行ったが、母は故郷で父方の祖母の面倒を見ていたのでついていかなかった。それにハノイに行っても何ができるかさっぱりわからなかったし、母は故郷の村に住み、自分で商売をしたかった。給料取りにはなりたくなかった。

たくさんの人が去り、村はがらんとした。乙未年の旧正月は寂しい正月となった。以前のように親戚が大勢でにぎやかに集まることはなくなった。正月の数日間、親戚が集まって話すことといえば、私の故郷よりも先に土地改革を実施したフージエンのことだけだった。告発集会がどうなったのか、誰が裁かれたのか、誰が銃殺刑となったのか、誰が投獄されたのか……。ひたすらこのように、人から人へと話が伝わり、聞く人を慄かせた。誰もが、フージエンでは一〇〇軒中五、六軒が地主だったと言い、それから自分たちの村には何軒の「地主」があるかを数え、それはどの家かを「予測」していた。

母と祖母は、私たちの家はおそらく「大丈夫だろう」と話していた。土地といっても一九四七年にはほとんど売ってしまって、生活に必要な米をとるためにわずかな土地を貸し出しているだけだし、我が家には二人の「党の人」がいるからだ。父は一九四六年から共産党員だ。私のおばのマンおばさんは一九四九年に入党している。

父方の祖父には、同じ正妻を母親とする二人の弟がいた。私たちは彼らを正式な名前で呼ぶことは少なく、いつもホアンおじいさんとミーおじいさんと呼んでいた。ミーおじいさんはフォンケーで生活していた。ホアンおじいさんは同じ村で、私の父方の祖母の家の近くに住んでいて、私はよく遊びに行った。一九五三年夏の小作料引き下げの時、人々は彼の小作料が高すぎると訴え、もだえ苦しんだ彼は家の裏にあるジャックフルーツの木に首を吊って死んでしまったのだった。

一九五四年、フージエンにいるダン・ヴァン・フォン氏が告発されて死んでしまったという知らせは親戚たちをざわつかせた。乙未年（一九五五年）の陰暦の一月、フォンケーにいたミーおじいさんは帰郷して祖先祭祀を行い、私の父方の祖母を訪ねて次のように言った。

「おばさん、彼らは今にも改革をしようとしていて、フージエンと同じように私を告発すると脅しています。告発されないようにします。そんな辱めは受けません！」

私の祖母は彼をなだめた。陰暦七月一五日にフォンケーから連絡が届いた。告発集会が始まる前にミーおじいさんが自ら首を吊って自殺したという知らせだった。祖母はその時、彼が告発されないようにする、そんな辱めは受けないと言った意味を初めて理解した！　彼の家族が後から語ったところによれば、彼は自殺する前、告発すると脅した者たちに三通の告訴状を残していたのだが、妻がそれを燃やしてしまったという。

一九五五年七月頃、私たちが夏休みを過ごしていると、土地改革隊が村にやってきた。中国から来た顧問も同行していた。彼らは、ドゥックフォン社は特別である、なぜなら古くからの役人の家族が多いため、指導体制について助言しなければならない、と言った。改革隊は「三共運動」〔最貧農民と寝・食・労働を共にする運動〕と呼ばれるもののために、村で最も貧しい、多くは無職の者たちの家に滞在した。彼らはボ・クエ氏の家に拠点を置いた。

ボ・クエ氏はかなり裕福な家族で、故郷にたくさんの田畑を持っていた。彼とミーおじいさん（私の父方の祖父の弟）はそれぞれの妻が姉妹という間柄で、一緒にフォンケーに移住した。ボ・クエ氏はフォンケーで生活しており、当時はただ一人、娘のヒエン姉さんが家に残って財産を管理していた。改革隊は、私の家の方が広い、私の父方の祖母と姻戚関係にある、という理由で、ヒエン姉さんを私の家に「追いやった」。

中国人顧問は、当時社で最も美しかった西洋風の家であるPh．Ph．おじさんの家に滞在した（Ph．Ph．おじさんは私の母方の祖母と姻戚関係にあり、母はよく私を遊びにやっていた）。Ph．Ph．おじさんは社の主席で、彼らは彼が間違いなく「反動地主」だと言って即座に家から追い出して早々に捕まえ、顧問が家に滞在できるようにしたのだった。その後Ph．Ph．おじさんはギアダンに連れて行かれて投獄され、監獄の中で亡くなった。私の母は、彼はとても優しく仁徳のある人で、村や社のことだけを気にかけていた、と言った。

改革隊がやってきてからは、ひっきりなしに貧しい人たちを集めて告発運動を発動しようとした。この時の集まりは苦難を打ち明けるよう喚起するだけで、「苦難を訴える集会」と呼ばれ、誰も告発されていなかった。村中に「苦しい時は苦しいと言おう、農民よ立ち上がれ」「打倒地主」といったスローガンが掲げられた。

　青少年は鼓動《コードン》、鬧動《ナオドン》と呼ばれる大衆宣伝の行進をした。当時、夕方に行われる行進は鼓動、早朝に行われる行進は鬧動と呼ばれた。鬧動に参加する者は学校で集団で睡眠をとり、朝の四、五時から起きて活動していた！　太鼓や鉦、掛け声があたりに響き渡っていた。子どもたちは、集団睡眠では遊び戯れられるので鬧動が好きだった。大人たちは、「掛け声がより騒々しく心理的な効果が高い時、鬧動は村全体を目覚めさせる」と言っていた。

　村は熱狂的な空気で満たされ、搾取階級への憎悪で沸き立った！　夜にはたびたび、映画隊がやってきて社の運動場で上映した。観客はとても多かった。上映される映画はたいてい『白毛女』、『花山占領策略』、『南征北戦』、『翠崗紅旗』など中国のもので、時折『秘密の県党委員会』といったソ連の映画があった。

『白毛女』が上映された時、黄世仁が借金の肩代わりとして趙喜児を連れ去って辱めた場面で[10]、「地主黄世仁を打倒せよ！」と大声で叫んだ人がいたことを、私はいまだに覚えている。まるで黄世仁が目の前にいるかのように、皆がそれに続いて掛け声をかけ、運動場中に掛け

10　『白毛女』において、黄世仁は悪徳地主、趙喜児は貧しい村の娘である。

声が響き渡ったのだ！　宣伝運動工作はよく研究され、マニュアル通りに展開していたのである！　時々顧問も鑑賞に来ていた。彼が来るときは白い布をかけた机が用意され、その上には急須とふたのついたホーローのコップ、そしてお皿にのったバナナがあった。彼はでっぷりとしていて、たいてい三つのポケットのついた白い半そでシャツに眼鏡姿で、背もたれのついた椅子に座っていた。

最初の頃は私も映画を観ることも、行進や鼓動に参加することもできたが、やがて「外出禁止」になった。なぜなら私は「搾取階級の子」、もしかしたら地主の子かもしれなかったからだ。改革隊は階級区分を判定しているところだった。

階級区分判定はまず、人々を被搾取者と搾取者という大きく二つに区分することから始まった。搾取側は告発集会に引き出され、搾取の程度に基づいて反動地主、郷紳地主、普通地主、抗戦地主という四つに分類された。第一分類（反動地主）に判定された者は即座に捕まって投獄され、重い場合は射殺された。

当時私がいた社（ドゥックフォン社、現トゥンアイン社の半分）には五人の反動地主がいた。H．G．T．さん、ホアン・カオ・カイ氏の家系で社の主席のPh．Ph．おじさん、C．D．さん、P．X．D．おじさん、M．X．H．さんだ。H．G．T．さんは「改革隊」が判決を下した直後にその場で射殺された。残りの四人は、「改革隊」が彼らを反動地主と結論づけた後に捕まり、ゲアン省ギアダンの監獄に投獄された。

そのとき一緒に投獄されたのが、ホアンおじいさんの娘で私のいとこおばにあたるヴォー・ティ・キム・リエンおばさんだ。彼女は社の助産専門の医師で、「腕のいい」助産師として当時有名だった。彼女はとても別嬪で、地域中で知られていた。かつてバオダイ帝が県を訪れたとき、花束贈呈役に選ばれたこともある。彼女は地主でも地主の子どもでもなかった。しかし頑固で、条理に反することが許せない性分だった。彼女は「反動的」だとして投獄されたのだった。当時彼女はまだ三〇歳で健康だったため、「誤りの是正」[11]後に生きて帰ってきた。一方、残りの四人の地主は五〇代、六〇代で獄死した。社の人々はいまだにこう言っている。五人が一度に連れていかれ、四人は投獄先で惨めな死を迎えてしまった！

四人のうち私がよく知っているのはPh．Ph．おじさんとP．X．D．おじさんの二人だ。M．X．H．さんについては母の話を聞いただけだが、仏教信者で寺の活動に積極的に参加していた。彼は反動的な宗教組織に参加したとして誣告された。

Ph．Ph．おじさんについては先ほど述べたとおりだ。P．X．D．おじさんは父方の祖母と近い親戚だった。私は祖母と一緒にP．X．D．おじさん一家の法事に参加していた。

11　一九五六年後半、党中央は土地改革の行き過ぎを認め、不当に接収された土地・財産の再分配、階級の再判定、処罰された人々の名誉と権利を回復する是正工作を開始した。

彼の娘のティエン姉さんは、私より一回り上の癸酉年生まれで、私が生まれた直後から二歳になるまで見守ってもらうために祖母が「動員」した四人の癸酉年の女の子のうちの一人だ。P．X．D．おじさんの奥さんは、小さな時から面倒を見ていた甥が越北軍管区からハノイに戻っていたので、それに合わせてハノイに行ったところだった。私の家はP．X．D．おじさんの家からたった庭二つ分のところにあった。息子のラム兄さんは私より一つ年上で、よく一緒に遊んだ。ラム兄さんは生みの母、つまりおじさんの二人目の妻と一緒に、そばにある小さな家に住んでいた。

P．X．D．おじさんは六〇歳にはなっていなかったがとても老けて見え、やせ細って病弱そうだった。口数が少なく、親戚の数名としか交流しなかった。おじさんは私をとてもかわいがってくれた。私はよくおじさんの家に遊びに行き、森や獣などの話を聞かせてもらった。

祖母によれば、P．X．D．おじさんは仏領期には森林管理を行っていた。一九四五年に定年退職したが、そのとき少しばかりの貯金があったので、帰郷して老後の生活のために小さな田畑を買い、小さな家を建てた。家には老人と幼い子どもだけで働き手がいなかったので、田畑を貸し出した。彼は茅葺き屋根とれんがの壁でできた五つの間のある木造の家を作った。家を建てる際にれんがを買えなかったので、私の祖母から借りていた。

祖母によれば、独立直後（一九四五年九月）、彼は社で学のあった数人とともに、リエンベト協会（ベトナム国民連合会、当時の共産党が設立した知識人を集めるための組織）に参加した。一九五一年に党がリエンベトとベトミンを合併し、彼は年老いて身体も弱くなってきたからと言ってそれ以来参加しなかった。彼は反動地主に分類され、投獄され、数か月後の一九五六年二月に獄中で亡くなった。

「誤りの是正」から間もなく、家族は彼を着替えさせてヴィンに埋葬した。ヴォー・ティ・キム・リエンおばさんは、彼は墓が見つかり、子どもたちが遺骨を手にできたのだから、運のいい数人のうちの一人である！と言っていた。多くの人は墓標もなく粗雑に埋められたので、雨季を越えると平地になってしまい、墓を見つけられなかったのだ。

改革隊がP．X．Dおじさんを捕まえて全財産を没収したとき、彼らはティエン姉さんを私の家にやった。私の家は、財産を没収された二人の地主の娘の滞在場所となった。一九四九年から共産党の党員で県の職員をしていた私のおばのマンおばさんも私の家に追いやられた。家に人が増え、もの寂しさは和らいだ。

改革隊の「分類」によると私の家は搾取階級側に属し、包囲され始めた。私のいた小さな集落は一〇〇軒にも満たなかったが、五つの家が包囲された。私の家、ホアンおばあさんの家（ホアンおじいさんは一九五三年に首を吊って亡くなった）、キュウ・ザムおばあさんの家（キュウ・ザムおじいさんは既に亡くなっており、かつて九品文官《キュウファム》（封建王朝下の官吏の位階）に任ぜられていたのでキュウおじいさんと呼ばれていた）、そしてキュウおじいさんの二人の嫁の家だ。五軒とも親戚だった。ボ・クエおじいさんとP．X．D．おじさんの家族は早々に家を接収されて追い出されていた。

父方の祖母は告発集会に二日間引き出された。告発したのは場外市場に入居し始めたばかりの無職の者数名と、個人的に揉め事のあった数名だった。私の家族の小作人たちは誰も告発しなかった。祖母を告発するとき、彼らは同居していた私の母やおば、親戚のお姉さんたちを無理やり立ち会わせた。帰宅すると母は祖母と皆に次のように言った。「どれもこれもくだらないことです！」

最も苦しかったのは、包囲されている数か月だった。昼夜を問わず、民兵は家の門のところで見張っていた。夜は門がしっかりと施錠されていた。日中は、彼らは門の片側を開け、家の人たちに川に水を汲みに行かせ、洗濯をさせ、市場で買い物をさせたが、家から物を持ち出すことは何であっても許されず、それは財産の分散であると言われた。

私の祖母は織物業をし、母は絹布を売っていた。家にはわずかな現金しかないのだから、商売で稼がずしてどうして物を買えよう？　お金が底をつきそうになり、かき集めて米を買い、少しずつ食べた。米ももうすぐなくなりそうで、残りわずかになった時、母は私の妹に粥を作るためにとっておくことにした。その時妹はまだ五歳で、弟は八歳、私は一〇歳だった。二人の兄弟はもう大人のように食べていた。私たちは庭の野菜を食べ始めた。野菜もなくなり、私たちはツボクサ、ベニバナボロギク、スベリヒユ、ホナガイヌビユなどの野草を食べるようになった。そして庭の野草も尽きた時、私たちは村の道、村のさとうきび畑に出ていって食べ物を探した。

父方の祖母の小作人たちがそれを知り、私たちの家族に食料を届ける方法を探してくれた。しかし正門からでは「搾取する輩に食料を補給する！」と咎められるためできなかった。タムおじいさんの家はグエン・カック・タイ兄さん（タイ兄さんは後に政府組織委員会の次官、副委員長になった）に、ヴァンおじいさんの家はチュン兄さんに、夜に生け垣をかき分けて乾燥芋と乾燥キャッサバを持っていかせてくれた。タイ兄さんとチュン兄さんはともに学友で、私のおじであるホアットおじさんととても親しくしていた。旧暦八月頃の米の端境期だったので、彼らの家にも乾燥芋と乾燥キャッサバしかなかった。

ディン・カウおじいさん、ヴィンおばあさんのような村で親しい人たちもまた、食料を送り届ける方法を探してくれた。私が畑に出て野草を採っているとき、私の家族と親しい近所のドンおじさんは、私と同い年の息子のゴック・アインさんにそっと芋やとうもろこしをもたせてくれた。私は野草の下に忍ばせて持って帰った。

そのおかげで、私たちは包囲されているあいだ、空腹から逃れ、餓死を免れたのであった。思い出しては今でもしばしば涙があふれてくる！　空腹ゆえに母は私たち兄弟を学校には行かせず、家で勉強を教えた。私たちは二か月近く、家で勉強した。

決して忘れられない話がある。私が最もお腹を空かせていたとき、母方の祖母が病気になった。私たちがホーおばさんと呼んでいる母の一番上の姉は、裕福な部類で「搾取階級」に属していた。一九五四年末、土地改革が始まるという噂を聞きつけて、おばさんは家も田畑も庭も捨ててヴィンに行って商売を始めた。母の弟であるニエップおじさんはドゥックト町にいたのだが、包囲、軟禁された。おじさんの家には二人の幼い娘がおり、上の子が私の妹と同じ五歳で、下の子が三歳だった。母の一番下の妹であるトゥオンおばさんの家族も同じ目に遭っていた。

祖母は一人暮らしだった。祖母の家は私の家から二キロメートル近く離れた、社の奥、ブイ・ズオン・リック氏（母方の祖父は彼の直系の曽孫である）の廟の前方に位置していた。祖母の家も同じく包囲された。祖母が信頼する人たちは私の母に知らせる方法を見つけ出したが、母は祖母を訪ねられなかった。策略を練るのではないかという恐れから、包囲下にある家族の大人同士が会うことが認められていなかったからだ。母は私に粥の作り方を教えた。私は幼いころから父方の祖母に育てられてきたので家事を何もしなくてよかった。一〇歳で初めて粥の作り方を学んだのだ！　母は言った。

「お母さんは行けないから、あなたがおばあちゃんのところに行き、この薬を届けてちょうだい。それからお粥を作って食べさせてあげるのよ。薬はしっかり隠して持っていきなさい、でないと没収されてしまうから。誰かに聞かれたら、一家でお腹を空かせているから、祖母のところに食べるものがないか見に行くんです、と答えなさい」

私は祖母のところに向かった。道中何かを尋ねてくるものはいなかった。祖母の家の門に着くと、二人の人が監視をしていた。彼らは尋ねた。

「あんたフエン・トゥンさんの孫かい？　何もっとんの～？」

母方の祖父は一八歳のときに挙人〔科挙の郷試の合格者〕の資格を取得し、村では文才があると有名だった。まだ若かったので、祖父は官吏候補学校にもう一年通わねばならなかった（修了してようやく任務に就ける）。それから彼はクアンガイ省の県長官に任命され、その後はビンディンに移り、さらに昇進して鴻臚《こうろ》寺少卿[12]を務めた後、亡くなった。村人たちは彼をフエン・トゥンさんと呼んでいた。

私は母に言われたとおりに答え、中に入れてもらえた。私は入ると祖母に薬を渡し、粥を

12　封建制下で対外事務と朝廷内の葬儀を司った官署の次官。

作って一緒に食べた。その前日、祖母はあまりに疲れていたので何も口に入れていなかった。夜になって私が帰宅する時、祖母は布に包んだ練乳缶枡（当時は米を量るために練乳缶を用いており、約四枡で一キログラムであった）を手渡し、妹弟に粥を作るように言った。私は手に練乳缶枡を持ったが、門を出ると、門番をしていた民兵に「財産の分散！」と言われて没収されてしまった。帰宅して、練乳缶枡を没収されたことを伝えると、母はずっと残念がっていた。

翌朝、私は再び祖母の家に行った。母は次のように言いつけた。

「おばあちゃんがお米をくれたら、あなたは半分だけとって、上着やズボンのポケットに入れなさい。彼らが気づかなければ没収もしないでしょう。それにおばあちゃんのお米もなくなりかけているから、おばあちゃんがお粥を作る分も残しておきましょう」

私は母の言ったようにした。帰り際に祖母が私にお米を渡すと、私は半分だけとって上着やズボンのポケットに入れた。その頃は寒い季節に入ってきていたので、私はポケットのついた暖かい上着を着ていた。私は杖を持つようにキャッサバの幹を持ち、振り回しながら歩くことで恐怖を紛らわせ、皆が気がつかないようにした。私は祖母の家に数日連続で訪れ、具なしの粥を食べ、米を持って帰って妹弟に粥を作ったのだった！

父方の祖母の告発が終わり、ホアンおばあさん、それからキュウ・ザムおばあさん、三人の嫁といとこの嫁が告発された。それから私の母を含む嫁たちの番が来たが、告発集会の時間はそれまでより短かった。母方の祖母は集落が違ったので、どのように告発されたのか、私は知らない。告発されたのは年配の女性たちのみで、その夫たちはその前に亡くなっていたり、遠方に仕事に行っていたりした。

キュウ・ザムおばあさんが告発されて数日後の朝、九歳になる孫娘のスアンが起こしに行くと、彼女は亡くなっていた。何時に亡くなったのかはわからない。彼女は孫と二人で暮らしていた。旧暦の八月頃、私の家族が一番飢えていたときに彼女は亡くなった。人々は空腹か、あるいは恐怖で亡くなったのだと言った。彼女の二人の息子は遠方で仕事をしており、それぞれの嫁に来るように伝えた。私はキュウ・ザムおばあさんの二人の嫁をティウおば《ム》さんとスアンおば《ム》さんと呼んでいた[13]。ティウおばさんとスアンおばさんの家も包囲の対象だった。

棺はなかったので、ティウおばさんとスアンおばさんはキュウ・ザムおばあさんが寝ていた莫蓙に彼女をくるんで縛った。莫蓙は一・四メートル幅で、おばあさんの身長は一メートル半ほどだったので、包んでも足と頭がはみでていた。二人はおばあさんを担いで村の墓地

13　ムはゲアン・ハティン地方の方言で、父方のおじの妻を指す親族名詞。

に埋葬しに行った。そこに到着すると、二人は義母を埋めるために手で墓を掘ったのだ！　線香の一本すらない！　見送りに来る人もいない！　私のおばのマンおばさんは送別に来たのだが、村の端に来たところで追い返されてしまった。おばさんは家に帰ると、キュウおばあさんを埋葬する光景を泣きながら家族に話して聞かせた。

告発集会が終わり、一九五五年一一月頃に社全体の階層の公表会が開かれた。実際のところ、これは形式的なものにすぎず、公表は既に集落で行われており、以前地主に分類された人たちの家の門には「地主家族」という表札がかけられていた。子どもが独立している場合、彼らは自分自身の階層ではなく「地主の子」という表札がかけられた。このあとどこに行っても、彼らの履歴書には常に「地主の子」と記載されることになった。

階層公表の日、「搾取階級」に属する人すべてが集められた。各村落や団体の代表と骨幹《コッカン》（告発を先導するよう選ばれた最も貧しい人）がいた。皆が社の運動場に集合した。その日ヴァンおじいさんの家族は、他の人に分配される田畑の引き渡しに備え、私の家族が貸していた土地のキャッサバを早くに収穫させた。彼は以前のままの小作料の割合で分けた。私のおばがキャッサバを茹で、私が母と祖母に持っていった。

運動場に行くと「搾取階級」に属するすべての人がいた。一つの家くらいの広さの区画に、ある人はしゃがみこみ、ある人は地べたに座っていて、地面に打ち立てられた竹に縄を縛り付け、周りを囲っていた。ほとんどが年寄りと女性だった。誰を見ても、空腹ゆえに蒼白でやつれ、恐怖ゆえに呆然としていた。民兵が周りに立って見張っていた。私は父方、母方の親族、父方、母方の祖母の姻戚の人がたくさんいるのに気がついた。ホアン・ゴック・ファック氏（ファック氏は父方の祖母の姻戚にあたる）の子どもや孫さえいた！　なんという悲劇だろうか！

私の家族と母方の祖母は田畑が多くなかったので地主ではなかったが、家で働き手を雇っていたために「搾取階級」に分類され、「下僕のいる家」と言われた。小作地は接収されて他の人に分け与えられた。祖母の田畑の以前の小作人たちは祖母と母を告発しようとしなかったため、田畑が分配されなかった。彼らは中農階層に分類された。

階層公表の後は田畑の分配と果寔《クアトウック》（地主から没収した財産や家屋）の分配が行われた。もう家は包囲されていなかったので、私は母の許可を得て見に行った。果寔の分配では、地主の家屋は二、三家族に分割して与えられた。私の近所には八〇軒近い家があり、目標水準で定める五％という割合を超える四軒が地主の家だった。「反動地主」はP．X．D．おじさん一人、「郷紳地主」はキュウ・ザムおじいさん（彼は文官の位階をもっていたため）一人、普通地主は二人と、規定通りだった。全部で、三つの間から成る瓦葺きの家二戸と五つの間から成る茅葺きの家二戸が分割された。瓦葺きの家を分配された人は一間《ひとま》、茅葺きの家を分配された人は二間《ふたま》、残りの一間《ひとま》を与えられた人には台所が付け加えられた。

私はキュウ・ザムおじいさんの果宴が分配される様子を見に行った。木造の茅葺きの家の五つの間がC．K．さん、C．N．さん、C．Q．さんの三家族に与えられた。C．Q．さんは切妻屋根の間と台所を得た。私が母と祖母に家のなかの物を分配する様子を聞かせたときは涙が出るほど笑った。家にあった一組の机・椅子が三家族に分けられ、ある家には机ひとつ、ある家には椅子ふたつが与えられた。金物から陶磁器、土鍋、甕、瓶などの台所用品も分配しなければならなかった（当時アルミ用品はまだ使っていなかった）。分配されたもののなかで最も価値の高いものは銅製のお盆だった。母は言った。「地主や郷紳の家財のなんと惨めなこと！」

分配が終わると、彼らは果宴の受領の儀式を行って行列で練り歩き、田畑に表札をさした。旗に太鼓に銅鑼のある、騒々しい儀式だった。

「郷紳地主」「反動地主」とされた人々は財産をすべて没収された。母の親戚の二人の嫁（ファン・チョン・ビンおじさんの妻とブイ・トゥック・リエムおじさんの妻。彼らは一九三〇、一九三一年から抗仏活動をしてラオバオで投獄された経験を持ち、当時は国家銀行の局レベルの役人だった）のような普通地主、抗戦地主は居住場所として一間、もしくは台所一つが残された。

すべての財産が没収された家族は年寄りも若者も、大人も子どもも路上に追い出された。彼らはその日暮らしをして、ヴィンやハイフォン、ナムディン、ハノイなどに続く道を探した。先に南部に行った人がいたいくつかの家族は、南部に向かい、危険を承知でベンハイ川[14]を越えた。地主の家の者たちは当時、道に出ても誰の顔も見ようとしなかった。もし同じ境遇の人や親しい人を見ていたら、反抗するために情報交換をしていると言われた。違う境遇の人を見ていたら、恨んで反撃しようとしていると言われたのだ！　村にはもはや、彼らの住む場所はなかった。村に住んだら差別に遭い、子どもは学校に通えなかった。さらに、生きるために何の仕事をすればよいかもわからなかった！

母はブイ家の親戚に会うたびに、当時一番心が痛むと同時に感銘を受けたのは、私がクアンおじさんと呼んでいたトゥア・クアンさんの子どもたちだ、と話している。おじさんは私の母のおじの子どもだ。一九四五年以前、彼は裁判所で事務官《トゥア・ファイ》を務めていたので、人々は「トゥア・クアンさん」と呼んでいたのだった。一九四五年、クアンおじさんはベトミンに従い、共産党に入り、ドゥックト県委員長代理を務めた。彼の妻は土地改革が始まった頃に破傷風で亡くなった。長男はブイ・トゥック・タンさんで、軍隊にいた。クアンおじさんは

14　一九五四年のジュネーヴ協定で定められた、南北ベトナムを分断する北緯一七度線の軍事境界線上に位置する川。

土地改革の前、党の整風運動の時に、党に「もぐりこんだ」反動分子だと見なされて逮捕され、ゲアンの監獄に投獄された。

おじさんの子どものうち、七人が家にいた。一番上は一九三八年生まれのブイ・トゥック・フンさんで、当時一七歳、一番下は一九五一年生まれのタンさんで、当時まだ四歳だった。母親が亡くなり、父親が逮捕されて脅されると、七兄弟は恐ろしくなって、何も持たずに家から飛び出した。兄弟たちは放浪しながら生計を立てた。フンさんは幼い妹弟たちを養うのに十分な仕事をした。粥や野菜で毎日をしのぎ、多くの所に泊まらせてもらい、最終的に彼らは連れ合ってヴィンに行った。ヴィンの市場で、フンさんは理髪の仕事をし、妹弟たちは水やお茶を売った。

土地改革で階層区分判定をしたとき、クアンおじさんの家族は「地主」に分類され、すべての財産を没収されてしまった！　家族はそんな状況に置かれたが、七兄弟はそれでも助け合うように言い聞かせ合い、働きながら勉強してどんどん成長し、七人全員が成功を収めたのだ！　母はブイ・トゥック・フンさんと妹弟たちの話を本当によくするので、私は暗記してしまったほどだ。語るたびに、母はまるで教訓かのように、兄弟同士の愛情について私たちに諭したいようだった。

一九五六年末、誤りの是正工作が進められた。しかし、帰らぬ人はもう帰ってこない。投獄された人はと言えば、彼らも投獄されてしまったことに変わりはなく、運よく生き残っていれば刑期より早く解放された。故郷の村の生活は混乱を極めた。昔からの風習の多くはもう残っていなかった。淳風美俗は徐々に薄れていった。多くの人は、悪事を扇動した工作員の奴らの言うことを聞いただけでこんなに苦しんだのだ、と言った。母は親しい人にいつも、「災難に遭って初めて人の心がわかるのですよ！」と言った。私の一家と村の結びつきは昔と変わらず強かった。私の家族があのときを乗り越えられたのは、小作人や近所の人々の救いの手があったおかげである。

覚えておかねばならない時期である！

土地改革の後、抗戦地主に分類された母の親戚の嫁たちはみんなハノイに行って夫と子どもと一緒に暮らした。母はそれでも行かなかった。彼女は国の月給取りの限られた給料のなかで窮屈に生活したくなかった。自分のできる範囲で、故郷でのびのびと暮らしたかった。何もかもが少しずつ変化していった。友好国の工業製品がたくさん入ってくるようになった。国営貿易店が設立されていった。絹織物の販売業は以前のようにはいかず、母は縫製業に転身し、ミシンを購入して人を雇い、生計を立てるための仕事も日増しによくなっていった。

一九五八年、国家は社会主義に従って商工業の改造を展開した。

母には一人のいとこがいて、私たちはブイ・ホーおじさんと呼んでいた。母が言うには、以前ハノイにいた頃、おじさん一家は私の両親と同じタイハー村に住んでいたという。母のいとこであり、同時に父とはたくさんの趣味を分かちあう親友だったので、なおさら親しい仲であった。一九四六年一二月に抗仏戦争が勃発すると、おじさんは田舎に疎開した。ハティン省の市に行き、当時のハティン省唯一の印刷所を開いた。おじさんの印刷所は当時のハティン省の印刷の需要に応えられる程度のほどほどの規模であった。おじさんは植字工、印刷工、製本工を中心に、数十人の労働者を雇っていた。

仕事も暮らしも急激によくなったが、一九五八年に規定に従い、印刷業はセンシティヴな職業であるとして先行して改造の対象となった。おじさんの企業は半官半民の合資会社となった。おじさんの家族は「資本家分子」に分類された。国家は合資会社の社長となる人を送り込み、おじさんは副社長に降格した。おじさんの容姿は背が低くて小柄で、とても身軽で、活発で、行動的で、愉快で、思いやりのある人だった。私たちはおじさんのことが大好きだった。おじさんが遊びに訪れるたび、一家で和気あいあいと楽しい時間を過ごした。母はいまだに、おじさんは商売と経営に長けた人だと言っている。ある時、おじさんが遊びに来て母に話をしていた。おじさんは次のように言った。

「O（おばさん）のように何人か雇っていたら、きっと中小企業主に分類されるだろう。Oは合作社に入り、資産は共有にされるだろう。Oと労働者たちは合作社の構成員になり、日雇い労働者（一日の仕事が点数制で評価され、給料を受け取る）として生活することになるだろう」

母は言う。

「日雇いというのはきっと大変なことね！」

おじさんは答えた。

「ずっとずっと大変になる！　生計を立てることは以前のようにはいかないんだ！」

一九五九年、県は県庁を私の村に移した。村の半分は移転を余儀なくされ、父方の祖母の家はそのうちのひとつだった。母はすべての財産を売り払って、父のいるハノイに行くことを決めた。母は昔ドンカイン学校に通っていたので、なかなかのフランス語力をもち、その後は会計を学んでいた。母は国家補助金《バオカップ》制度の時代に外交団向けに品物を売る接待販売店というところに勤めるようになった。給料で生計を立てることを受け入れたのだった。

一九六〇年五月末、私たち一家はベッド、たんす、机と椅子、日用品をもって大きな船に乗り込み、村の船着場を離れ、ラー川を下ってヴィンに行き、親戚のおじさんの車に乗ってハノイに行った。

私の両親が一九四五年以前にスタートした場所に戻ってきたのだ！

三、

私の家族はハノイにやってきて、後にブイティスアン通りへと改称されるフエン・チャン・コン・チュア通り一五一番に落ち着いた。父は内商省で、母は接待販売店で働き、父と離れ離れだったしばらくの時間を経て、五人家族は一堂に会することができた。

その家は親戚たち、さらには村出身のハノイに親しい人のいない人たちにもよく知られるようになった。故郷で親しかった近所の親戚たち、私たちの家族が苦しいときに手を差し伸べてくれた人たちは、学業や仕事のためにハノイに出てくると、毎週日曜日や故郷に帰省できない祝日などに我が家にやってきて集まった。旧正月には親戚で集まって故郷のことを話した。「ここは私たちの第二の故郷で、同じ親戚、同じ村の人たちと集まる場所だ」と皆で話していた。

一九六五年以降の残虐な戦争のなかで、若者は皆ばらばらに疎開し、ある人は学校に、ある人は戦場に行った。私の父はタインホアからヴィンリンまでの各省の市民の日常品を調達する業務に配属が変わり、家族は再び離散した。父は戦時に過酷な仕事に携わったため重病にかかってしまった。一九七三年、彼は治療のために中国の桂林に行った。重病を乗り越えられず、一九七四年に父は亡くなった。

年月が経ち、皆成長し、それぞれの道で成熟していった。

一九七五年の国家統一後、家族は時に故郷で、時に南部で、時に北部で再会を果たした。それからしばらくして、故郷や北部にいた人は南部に移住し、南部にいた人はさらに遠くに行った。私の母方の祖母の弟たちも、どうにも新しい生活に適応することができず、去っていってしまった。天地は果てしなく広がり、それぞれの人の生活はそれぞれの場所に順応していった。人生は時に集まり、時に離散するのだ！

一九八六年以降はより多くの変化があり、ドイモイ路線が生活を日に日に開かれたものにしていった。人々は再び故郷に帰るようになった。氏族や近所との関係は昔の風習のように戻っていった。毎年旧暦の一月には、それぞれの氏族の子孫は祖先のいる故郷に帰るようになった。氏族を祀る廟は改築もしくは再建された。多くの古い遺跡は失われてしまった。ハ市場、カオカック廟、チンリエット寺、チングエン集会所は県がその土地を接収して庁舎を作るときに壊されてしまった。郡氏の祠、ヤンチュン聖堂、ヤンドン聖堂やそのほかの多くの集会所は、爆弾で、人の手で破壊され、なくなってしまった。ダー寺（石洞寺）は建て直された。ファン・ディン・フン氏、チャン・フー元書記長の記念地区が立派に建設された。新しい建設に加えて人々は残されたものを維持している。村は日に日に広々と快適になっている。村の道は町の道のようにきれいになった。ラー川船着場は水泳好きの人のための場所となった。人々は水道水を利用できるようになった。旧暦一月一五日頃には、車が村の道を埋め尽くした。

私と家族は、あるときは祭祀の機会や旧暦一月と七月の一五の日に、あるときは出張を兼ねて故郷再建に貢献する方法を探しに、定期的に故郷に帰っている。

故郷に帰ったあるとき、私は妹弟たちがあの苦しかった時期を忘れないように、昔の村の愛情を忘れないようにと、土地改革の頃のことを語ったことがある。私たち兄弟はタムおじいさん・おばあさん、ディン・カウおじいさんの祭壇に線香をあげにいき、ヴァンさん、ナンさん、ドンさんや私たち家族が災難に遭っているときに救いの手を差し伸べてくれた人たちを訪ねた。ヴァンさんは私たちに言った。

「何世代か前、あなた方の曽祖父さん、祖父さんは私の腕の中で息を引き取りました。私は幼いころからおじいさんたちを手伝ってきたんです。あなた方と私たちの家族は何世代にもわたって互いに固く結びつき、頼りあいながら長い年月を生きてきたんですよ！」

それを聞いた私たちは涙が出てきた！　田畑を貸し出した人とそれを借りて耕した人がこのように同じ土地のうえで互いに固く結びついているなんて、なんと愛情深いことだろうか！　私の弟はこう言った。

「それなのに悪いことをそそのかす人の言葉を聞き入れて、彼らをいくつかのランクに分断し、それから告発するように言いつけて、叩き合いさえしたんです！　心ある人は悪事をそそのかされず、村の愛情を守っています！　故郷の誠実な村人は〈心〉という字を学のあると言われている人々よりもずっと深く理解しているんです！　彼らは勉強しすぎて、頭がおかしくなり、人の心を失ってしまったんでしょう！」

＊＊＊

私が大臣に任命されたとき、私たち兄弟は仲良く集まって喜びを分かちあった。グエン・カック・タイ兄さんも同席した。

「俺たちの干し芋と干しキャッサバがなければ、今日の大臣もないね！」

私は言った。

「間違いなくそうです。小作人の方々や親戚、近所の方々がかばってくれていなかったら、この家の者たちは皆野原に放りだされていました。私たち一家が苦しく大変な時期を乗り越えられたのは、親戚、近所の方々やかつて小作人たちに〈心〉という文字があったおかげです！」

＊＊＊

一九九八年七月半ば、私は党中央執行委員会の会合に出席していた。会議の終盤、ドー・ムオイ顧問が私を呼びつけ、残って対外経済の状況について報告の準備をするように言った。それが終わると、ドー・ムオイ顧問は次のように言った。

「先週、あなたの故郷に出張に行ってきました。故チャン・フー書記長の墓参りに行って線香をあげ、革命に奉仕した者たちを訪問してきました。あなたの故郷はとても美しいですね。村の道も、路地も、家屋も広々としていて、生活は充足していて民度も高く、あらゆる面で発展していて、静穏で調和した村でした。私が革命に従事した年配の方々に対して、中央政府に要請したいことはないかと尋ねると、ただ一人代表者が立ち上がってこう言いました。『トゥンアインは伝統のある社で、現在中央には、党中央執行委員会委員のヴォー・ホン・フック同志がいます。どうか同志が成長できるよう、中央の皆さんには彼を養成、訓練していただくようお願いしたいと思っています』。他の場所では、誰かが成功を収めて繁栄していると互いの告訴状を受け取ったのですが、あなたの故郷は違いました。私はそれを聞いてとても感動し、あなたの故郷を訪れたことをとても嬉しく思いました。人々は実に愛情に満ちていて、民衆は温かい心を持っていますね」

私は答えた。

「はい、昔も今も、トゥンアインの人たちはそうなのです。トゥンアインは愛情のある人間の、〈心〉のある人間の故郷なのです！」

＊＊＊

年配の人たちは少しずつこの世を去ってしまった。母は二〇一一年一二月一六日（辛卯年一一月二二日）に亡くなり、母と同じ世代の人たち、ヴァンさん、ナンさん、ドンさんももういない。私と同じ世代の人のなかにも早くに逝ってしまった人もいる。妹弟も先に逝ってしまった。かつて私たち兄弟に、野草の籠の底に干し芋、とうもろこしやキャッサバを忍ばせてくれたゴック・アインさんももういない。ゴック・アインさんの息子のズーはハノイに移住し、経営者として成功した。私と私の子どもがゴルフ場でズーに会ったとき、私はこれからの時代を生きる子や孫たちに昔の人々の話を覚えていてほしいと思い、村での昔話を改めて語った。人々を複数に分断して恨みを駆り立てた彼らの行いについて知る必要はない代わりに、誠実な村民たちが互いに助け合ったことをいつまでも忘れないように。村人を殺害した工作員たちの扇動の言葉に従わなかった故郷の人たちのことを思い出せるように！

八〇歳近くになる今に至るまで、私は定期的に帰省している。人々は言う。老いれば老いるほど根源が恋しくなり、自分を一人前に育ててくれた場所により力を与えたくなり、苦難に満ちた日々にいた自分を庇護したくなる、と。私は今でも、子どもたち、孫たち、そして親しい同郷の者たちに、互いに固く結びつき、地霊人傑の地として有名な故郷の村のために力を合わせないといけない、と繰り返している。子どもたち、孫たちに、故郷の伝統を守り抜くように言い聞かせている！

第二章　学生時代

一、

一九六〇年五月、私たちは故郷からハノイに移住した。両親は私たち兄弟の入学手続きをしてくれた。九月になって、私と弟はクアンチュン通りのロンビエン学校七Aクラスに入った。学校はティエンクアン湖の近くにあり、休み時間に学生たちはいつもそこに行って遊んでいた。友達も先生も新しく知り合った人たちだったが、学長のホアイ先生（父のヴィン国学学校からの友人）と主任教員で国語教師のビック先生の助けにより、私たち兄弟は早々に馴染めた。

その年度末、私は成績優秀な学生となった。夏休みが終わると労働青年団に入り、青年時代に足を踏み入れた。クラスには六〇人以上いたが、団員はたったの一〇人余りだった。当時の入団許可はとても厳密に行われていた。

第三級〔日本の高等学校に相当〕は、私たちは当時ハノイで有名だったハノイA第三級普通学校《Pho Thong》（いつもPT三Aと略して呼んでいた）、現在の越独普通中等学校に進学した。私の弟は八Aクラスに入った。私は八Hクラスだ。このときが学生時代で一番美しい時期だった。

当時、一クラスの人数がとても多かった。私のいた八Hクラスは約六五人で、旧市街から バックマイ通りに住んでいる人まで、各地から通っていた。学生たちはクラスでたいてい、家が近かったり家庭環境が同じだったりするグループで遊んでいた。私は明るい性格だったのでどんなグループとも遊んだ。旧市街、ハンバック通り、ハンガイ通り、ハンダオ通りのグループ、後に合資会社の店となるレーダオやナムホアなどの有名な商店の主人の子どもたち、はたまた南部の学生で北部への集結で移住してきたばかりの友人たち、トーホアン通りの貧困地区に住んでいる友人もいた。さらには家がなく、父親は亡くなり、母親は路上で野菜を行商している友人もいた。この母子は夜になるとホアマー寺の台所小屋に泊まらせてもらっていた。当時のハノイの学生は実に三者三様だったが、それでも私たちは学生のあいだ、お互いにとても固く結びついていた。

私は優秀な学生に属しており、担任の先生はとてもかわいがってくれて、私を学習担当の副クラス長にした。それともう一つ、ある友人の面倒を見る役目を任された。彼は絵を描くのが好きで、クラスで一番いたずらっ子で、よく遅刻し、教室でいつもふざけていた。クラスの生徒は全員、彼からそれぞれの性格や外見を的確に表したサブネーム（あだ名）を与えられていた。その的確さと言えば、皆そのあだ名で呼び合ったほどだ。算数、理科、化学のテストのときに私の解答を彼に見せないことがあろうものなら、彼は私に落ち着いてテストを受けさせてくれなかった。

彼の名前はライといった。私は毎日ブイティスアン通り一五一番からトーヒエンタイン通りとの交差点まで出て、しばしばバーチウ通りで数人の友人と合流した。チャンニャントン交差点まで出ると、私たちはおこわやパンを買って歩きながら食べ、さらにバーチウ通り九〇番の家の前に着くと彼を呼んだ。四人で一緒にリートゥオンキエット通り四七番の学校までコツンコツンと歩いていった。当時ハノイの学生の大部分は、夏も冬も木製のサンダルを履いていた。サンダルは長く履くと踵がすり減るため、鉄製の靴底を打ちつけて補強した。鉄製の靴底のついた木製サンダルの足音はコツンコツンと町に響きわたった。学校に近づけば近づくほど学生は多くなる。足音はどんどん大きくなり、聞こえるとわくわくしたものだ。

私は三年間、ライさんを誘って学校に行き、それで親友になった。現在に至るまで私たちは親しくし、もう六〇年にもなる！　性格も素行も真逆だが、それでもこれだけの年月ずっと付き合いがあるのだ！　ライさんはその後自分の得意分野である芸術の道に進み、文化省で管理職として大変能動的に働き、多くの人に慕われている。

一九六二年の終わり、九年生の一学期、私は重い肝炎にかかり、バックマイ病院の感染症ゾーンに入って治療を受けなければならなかった。お見舞いに来たライさんは、ウコンを塗ったように黄色い肌をして、水も薬も食料も管を通して摂取するほど重い病気の私を見て、教室に戻ると泣きだして皆にこう伝えた。

「フックがもうすぐ死んでしまう！」

クラスの皆が電車に飛び乗ってお見舞いに来た。私は朦朧としていて何もわからなかったが、退院後に皆が教えてくれた。

私は二か月近く学校を休まないといけなかった。先生たちは私が授業についていけると見なし、そのまま通わせてくれた。二学期には私は再び優秀な学生となった。

あの頃、私たちの先生は誰もが模範となる先生で、私たちとの関係はまさに昔ながらの師弟関係だった。私のクラスに生物を教えたのは、ドゥオン先生という古い時代からの老教師で、いつも落ち着き払ってきちんとし、穏やかな性格だった。授業中、彼はゆっくりと和やかに話した。化学を教えたのはトゥエン先生で、自然科学を愛する女性教師らしい、はっきりとして強くてきぱきした人だった。

トン先生は私たちに物理を教えた。先生はいつも言っていた。

「私の物理の授業が苦手な人を嫌うことはありません。物理がだめでも国語や他の科目が得意でしょう。それぞれ得手不得手があります。すべての科目が得意な人はあまりいません。

私は怠ける人だけを嫌っています。何においても無知な人です！」

ニン先生は八年生の時に私たちに数学を教えた。数学の先生だったが、音楽を愛していた。グエン・トゥオン・ヴォー先生は九、一〇年生の時の数学の先生で、昔のハノイのグエン・トゥオン氏族に属し、当時のハノイで有名な数学教師だった。三五年以上経った今、私の息子、娘もこの先生に習っており、私の家族はそれを幸運なことだと思っている！

主任でかつ歴史を教えてくれたのは歴史学者ファン・フイー・レー氏夫人のホアン・ニュー・ラン先生だ。ラン先生は慈悲深く博識な先生で、功・容・言・徳を備えた方だった。先生は昔話を語るように歴史を教え、私はこの科目が大好きになった。地理の先生はヴィン先生で、とても惹きつけられる教え方をした。私はいつも地理の授業を旅行のように思っていた。ヴィン先生のおかげで私は地理という科目に夢中になった。

八年生では、私たちはバン先生からロシア語を学んだ。彼はロシアの老人のように飾り気のない優しい老教師である。九、一〇年生になると、授業中の服装から身ぶり、口調まで極めて細かい心配りをするギエム先生からロシア語を学んだ。ロシア語の授業のたびに、先生が教室に入ってくるとき、ロシア語クラス担当のグエン・ドゥック・ズンさんが大きな声で掛け声をかけた。

「ズドラーストヴィチェ！」〔ロシア語で「こんにちは」の意〕

クラス全員が立ち上がって、とてもまじめに、声をぴったりそろえ、響き渡る大きな声で掛け声に続いて挨拶をする。同時に隣の一〇Gクラスでも挨拶の声が響き渡る。「老師好《ラオスーハオ》！」〔中国語で「先生、こんにちは」の意〕

こちらも同じくぴったりとそろい、響き渡る大きな声だった。二つのクラスは片方でロシア語、片方で中国語、と同じ時間に外国語の授業をしていた。今思い出しても楽しいものだ！　当時、英語とフランス語は普通学校では教えず、ロシア語と中国語しかなかった。大学課程でも、外交、貿易の幹部学校にしか英語とフランス語の科目はなかった。

私たちに国語を教えたのはリュウ先生だ。カリキュラムに沿って教えるものの、先生はいつも学生に対して、文学に関する自分の考えを打ち明けてくれた。私は、クラスに国語、特に戦前詩と唐詩が得意なヴー・ヴァン・トアンさん〔私より三歳上で、クラスで一番年上だった〕がいたことを覚えている。ライさんはトアンさんに「タン・ダー[15]」というあだ名をつけ、私たちはそう呼んでいた。私たちがトー・ヒュウ[16]や抗戦期の詩を勉強していると

15　中国の影響を受けた伝統文学とフランスの影響を受けた近代文学の移行期に位置する詩人。詩の創作や唐詩の翻訳などを行った。

16　一九二〇年生まれの革命家、詩人で、革命文学の中心を担う。一九三八年に共産党に入党し、ベトナムの独立後は党・国家の要職に就いた。

き、トアンさんは言った。

「それは詩とはいえない！」

先生は人生のための芸術という考え方を教えたが、トアンさんはいつも「芸術は芸術のためにのみある」と言っていた。彼は多くの唐詩を暗記し、いつも「黄鶴楼」〈唐の詩人崔顥の詩〉、「楓橋夜泊」〈唐の詩人張継の詩〉を引き合いに出して「芸術のための芸術」の論拠を証明していた。先生は「琵琶行」〈唐の詩人白居易の詩〉や「春望」〈唐の詩人杜甫の詩〉を引き合いに出して「人生のための芸術」の論拠を示した。先生と学生は熱心に議論した！まさにこのことがあって、私は唐詩の理解にのめりこみ、唐詩を好きになり、そして多くの唐詩を暗記したのだ。トアンさんは文学が得意だったけれども科目の成績は三点〈五点満点〉だった。私は文章を書くのが得意でなく、詩は彼と同程度のものを作ったが、国語の成績は五点で、悪い時には四点だった。それで嬉しかったものだ！

当時、『ニャンヴァン』『ザイファム』の影響を排除するという作業が行われていた[17]。学

17　北部ベトナムの作家や知識人が、一九五六年に新聞『ニャンヴァン』と雑誌『ザイファム』を刊行してベトナム労働党の政策を批判し、創作活動の自由の返還などを要求した。党はそれらを発禁処分とし、一九五八年初頭には参画した作家・知識人を創作活動から事実上追放した。これにより、文芸活動における党の上からの指導と階級制の強調は絶対的な方針となった。

校では学生が戦前や『ニャンヴァン』『ザイファム』に関係のある作家・詩人の本や詩を読むことが禁止されていた。しかし禁じられれば禁じられるほど好奇心は湧いてきて、探して読むようになった。私たちは手書きで写した詩を回したり暗記したりした。まさにそれゆえに、私はタム・タム、リュウ・チョン・ルー、ハン・マック・トゥー、ホアン・カム、ヒュウ・ロアンなどの詩や、スアン・ジウなど多くのロマン派詩人の詩をたくさん暗記している。先生たちは私たちが目を盗んで読んでいることを知っていたが、軽く教え諭し、よいところを言い、つまらないところ、理非曲直を指摘するのみだった！　おそらく先生たちも、私たちが今にも、数十年前の人々と同じように二〇歳の秀才になると考えていたのだろう！

このような先生たちに囲まれて、私たちに、勉強ができない、一人前になれない、などということがありえようか。

一九六二から一九六三年にかけて、「兄弟」各国の指導者がベトナムを頻繁に訪問した。ハノイ市内には第三級学校は四つしかなかったので、毎回私たちは来客を迎え、見送りに動員された。当時、客の出迎えと見送りといえばいつも、民衆や学生を動員して、首相府の門からロンビエン橋の端まで、また反対の端からザーラム空港の門まで、道の両側にみっちり立たせていた。私の学校の学生たちはよくホアンジウ通りに沿って立っていた。私のクラスがよく立っていたのはホアンジウ通り六A、六B番の建物の前だ。

私が一番覚えているのは、一九六三年夏に中国の劉少奇主席を迎えた時のことだ。これはその当時一番大きな歓待であった。私たちは中国語でのスローガンの唱え方を教えられた。私は副クラス長だったので叫んだ。「劉少奇万歳《リュウチューシーオアンスエ》！」それに続いてクラス全体が「万歳、万歳、万歳！」と三度叫び、そのうち最後の一回は伸ばさなければならなかった。

翌朝にはバーディン広場でハノイの人民の歓迎式典が開かれた。私たちは朝とても早くに到着していた。学生たちは一番後ろの号令台のすぐそばに立つことになった。チャン・スイー・フンハノイ人民委員長の登壇挨拶が終わると、劉少奇主席の答辞の番である。劉少奇主席が話を終えると、五万人の万歳の掛け声ののちに、ホー・チ・ミン主席は王光美氏の手を握って次のように言った。

「同胞たちに紹介しよう、この方は劉少奇主席夫人、つまり劉おばさんだ。私が冬に中国を訪れた時、私に暖かい服がないことを心配して、劉おばさんはセーターをくださった！」

広場一帯で拍手が響き渡った。これ以上の親密な愛情はあるだろうか！

歓迎式典のあとは送別式である。私たちのクラスはまた先ほどの場所に立つ。その日は大雨だった。私たちのうちの数人は約一メートル強四方の雨よけシートの下に雨を避けて入っていた。私の友人の一人、V（ライさんがつけたあだ名はVバトーンだ）は雨で濡れてしまい、機嫌を悪くして言った。

「こんな大雨でも帰るだなんて。まさに頭の天辺から足の爪先まで保守的だな！」

その友人はすぐさまホアンジウ通り六Bの守衛室に呼ばれ、報告書が学校に送られた。私は証人になるために一緒に入らなければならなかった。初めてこの場所に足を踏み入れた。驚くべきことに、ここは約六年後に私が舞い戻ってくる場所であり、四三年にもわたって身近な場所になるのだった。

一九六三年九月、私たちは学生時代最後の一年を迎え、思い出深い年度となった。当時のハノイの学生の最終学年の活動はかなり活発だった。私たちは課外学習に行き、郊外の農業合作社で農民と一緒に仕事をした。なかには一緒に社交ダンスを練習する人もいた。日曜日の朝には自転車で西湖の周りを散策し、それが終わるとクアンバーのプールで泳ぎ、そのあと土手の両側に沿って広がるグアバ畑に行った。

この時期、北京とモスクワは公に批判し合っていた。二〇時を過ぎた頃に北京ラジオとモスクワラジオが立て続けにベトナム語で情報を発信し、激しく攻撃し合う。毎日そんな感じだ。私たち学生は興味津々でそれを追っていた。こちらの味方をする人も、あちらの味方をする人も、一緒に熱心に議論していた！

一九六三年一二月に第九議決[18]が出された。一九六四年初頭、青年団員は修正主義や修正主義の兆候に抵抗するために議決を大まかに伝えられた。雷鋒学習運動[19]が団員内で発動された。社交ダンスを学ぶことは禁止された。本や新聞を読むことへの取り締まりは以前から実施されていたが、さらに厳しくなった。生活は厳しい検閲の時代へと突入した。

一九六四年五月、私たちは普通中等学校卒業試験を受け、それから大学入学試験の申請書と書類を提出した。私はハノイ百科大学入学試験の書類を提出した。優秀でかつ親が公務員や党員の学生は、社会主義諸国への留学の書類も準備し、希望する留学先を明記した。私はソ連留学を希望して書類を作成した。大学受験の書類の提出時になって、何人かの優秀な友人が私に残念そうにこう言った。

「君は入りたい大学に絶対入れるよ。俺たちは書類、履歴書の審査を通らないといけないのでどうなるかわからない!」

私は彼らの悲しみを理解していた。彼らは私の親戚のブイ・ホーおじさんの息子であるいとこたちと同じ、つまり資本家家族の子どもで、成績優秀だからといってどんな学校や分野にでも進めるわけではなかった。しかしそうはいっても、彼らは地主一家の子どもほどはっ

18 世界情勢を踏まえ、反修正主義という党の立場を明確にした党中央の議決。
19 一九六三年三月五日に毛沢東が提唱した運動。雷鋒とは中国人民解放軍の模範兵と見なされた人物。

らくはなかった。

一九六四年五月三〇日の夜、私たち一〇Hクラスはお互いに、また先生たちとの送別会を行い、学生時代に別れを告げた。送別会は統一公園の湖の真ん中にある小さな島で行った。どの先生たちも参加してくれた。大勢で歌い、詩を朗誦した。大勢が泣いた。皆で記念に写真をプレゼントし合った。国語のリュウ先生はクラス全体に詩を贈ってくれた。私は最後の二節をまだ覚えている。

「……カーロイ鳥のように軽やかに、
空高く飛び立ち、翼を広げ、ベトナムの空にはばたこう！」

多くの人はカーロイ鳥が何の鳥かを知らずに、すぐに私に尋ねた。私は、カーロイ鳥とはヒバリのことで、先生はトー・ヒュウの詩から援用したのだと教えた。

しかし先生のカーロイ鳥たちはそのようにはなれなかった。一九六四年夏以降の空は、カーロイ鳥たちにとって平和な空ではなくなってしまったのだ！

＊＊＊

二〇一四年五月、私たちのクラスは普通中等学校卒業五〇年を記念して集まった。皆が昔の学校、昔の教室を再訪できるように、昔の校舎の隣にあるレストランで開催された。約四〇人が集まった。戦場で犠牲になったり、早くに天界に逝ってしまったり、または移動に支障があったりして、二〇人以上が参加できなかった。グエン・トゥオン・ヴォー先生、ホアン・ニュー・ラン先生とファン・フイー・レー先生が参加してくれた。五〇年前の六五名の学生名簿はないのではないかと皆不安であった。私は少し考えてから言った。

「私は記憶を辿ったところ、六五名全員を覚えていますよ」

ライさんは筆記用具をとり、私はまるで昔の出席簿のように、アルファベット（A－B－C）の順番で六五名全員の名前を読み上げてメモした。当日参加していなかった人については、私がその人の性格や当時住んでいた場所を話した。先生も皆も私の記憶力がよいと褒めてくれた。

私は言った。

「たいしたことはありません、三年間副クラス長を務め、毎朝、毎授業、私は一人一人の名前を呼んで、誰が出席、誰が欠席かをチェックしていたのですから。テストの返却時も、一人一人の名前を呼んで出席簿に書き込みました。覚えないわけにはいかないでしょう。さらに、学生時代最後の三年は人生で最高の時間でした。最高の時期、最高の年月の友人たち、思い出を、誰が忘れることができましょう！」

二、

一九六四年七月初め、私たちはハノイ百科大学に入学した。私は鉱山・地質学科の第九期生に、弟は機械学科に合格した。その年、反修正主義ゆえにソ連・東欧留学に選ばれた生徒はいなかった。前年に国費留学生に選抜されていた人の中にも国内に残らなければならない人もいた。ほんの一握りの人が中国に留学できただけだ。だから、大学進学はとても難しかった。私たちのクラスには六五名いたが、大学に合格できたのは一四、一五名ほどだけだった。

一九六四年八月五日、アメリカの航空機が北部数か所を攻撃し、破壊的な戦争が幕開けした。まさにその日、私はヴィン市のクーアティエン橋のすぐそばにいた。私は数日間の帰郷ののち、ドゥックト発ヴィン行きのカヌーから降りたところだった。当時はドゥックトからヴィンまで水路で行くのが主流で、そうでなければ徒歩か自転車だった。ヴィンで一日休養した後、ハノイに戻ってからの土産話にするためにベントゥイに寄って爆撃に遭った場所を見た。若者は好奇心旺盛でおしゃべり好きなのだ！

ハノイに戻ると、生活は以前と変わらず平常通りだった。私は鉱山・地質学科への入学手続きを済ませ、鉱山経済エンジニアのクラスに割り当てられた。同じ時期に、大学進学できなかった友人たちや中等専門学校の人たちは次々に工場や建設現場での仕事を探していた。ある者はホアビン省にある社会主義労働青年学校で働き、一年後に再び大学を受験した。軍隊召集令状が届いた者たちもいた。私たちは、入隊してスアンマイに駐留する人たちを見送った。それからまもなくして、彼らが南部に向かっているという知らせがあった。

大学初年度、私たちは基礎科目を学んだ。私のクラスの人数は少なく、電機クラスと合同授業だった。哲学や政治経済学のようないくつかの科目は、鉱山・地質学科第九期生全員が大講堂で一緒に勉強した。ハノイ百科大学はフランス人が建設した四棟の建物と幹部、職員の居住棟、そして外国人学生のための頑丈な四階建ての居住棟があるだけだった。残りはれんがの壁に瓦葺きの仮設で、大講堂でさえやや広い一階建ての建物だった。ソ連の援助による新しい区域の建設はまだ終わっていなかった。私たちのクラスはたいてい仮設の建物で授業を受けた。ハノイに実家のある学生は大学の中には滞在せず、外駐学生と呼ばれた。私の家は学校の近くにあり、ダイコーヴィエット通りの門から入ればさらに近かった。だから私はいつも徒歩で通学していた。大学生は木製サンダルでは通ってはならず、ヒールバンドのついたサンダルを履かなければならなかった。普通学校時代までとは異なる点のひとつだ。

一九六五年三月になるとアメリカがローリングサンダー作戦を開始し、北爆が始まったので、より緊迫した状況になった。ハノイ百科大学は「三つの備え」運動[20]を発動した。まず、学生は学業と並行して戦闘に備えた。軍事訓練が実施され、それから長距離の軍事行進の練習をした。私たちはモートー、ヴィンヤン、ハーバックの山の上に一か月以上滞在して軍事訓練に励んだ。抗仏戦争期の歌がラジオや学校のスピーカーを通して次々と放送された。一九六五年夏は、いつでも戦闘に参加可能な雰囲気に沸いた夏だった。学校からは学生に夏休みがないことが告げられた。軍事訓練を終えたあと、第八期、第九期の学生は皆ランソンの疎開地域に向かうことになっていた。

一九六五年七月、私たち第八期と第九期の学生はランソンに移動を始めた。多くの人たちはそれをハノイ百科大学の「歴史的行進」と呼んだ。大学全体がヴィンランとチャンディンという二つの県に属するキークン川の岸沿いや中越国境沿いに配置された。一番遠い地点はドンダンから五〇キロメートルのところにあった。ある者は、あまりにも遠くに疎開したので、ハノイとの連絡にも教育や学習にも不便だと言った。またある者は、中越国境はアメリカ空軍計画で空爆できないとされていた区域であったから、大学当局は最も安全な方法をとっているのだと言った。鉱山・地質学科はキークン川岸沿いの森の奥深くにあるいくつか

20 戦時下で学生の愛国心を鼓舞するために発動された運動。

の集落のうち、一番遠くの集落に滞在した。チャンディン県タットケー町からは八キロメートル近く、国道四号線からは四キロメートル程度のところだ。学内ではそれをC地区と呼んでいたが、対外的にはフイー・ハー・タップ文化学校という名前を採用した。五つの学科は五Hと呼ばれ、鉱山・地質学科はH五だった。

私たちは列車で朝にドンダン駅に着いた。そこから国道四号線に沿って二三キロメートル近く歩き、ボークーン峠の麓にあるナーリエット集落で休憩し、夕飯をとり、一夜をそこで過ごした。翌朝、再び国道四号線を進んでバンチャイ橋の近くのナム集落に着き、それから森を通り抜け、夕方に、ドンダンから約五〇キロメートル離れた、各鉱山班の新しい滞在先であるナーケオ集落に着いた。地質班はすぐ隣にあるフィエン集落に滞在した。学科の指導委員会は私たちのいるところから三キロメートルほど下ったところにあるボン集落にいた。

到着してすぐのころ、私たちはヌン族の人々の住む民家に滞在した。私のクラスメートは全員、ガイーおじいさんの小さな高床式の家に滞在した。床下には水牛や牛、鶏、豚の小屋があった。このような建物のなかにいるのは本当にみじめなものだった。朝が近づくと、水牛が家の柱に背中をこすりつけ、床が振動して目を覚ます。夏に土砂降りの雨が降った後には、床下から放たれる水牛、牛、鶏、豚の糞や尿の臭いで息がつまってしまう！

到着直後から、学校は学生自身で木や茅、竹を使って教室と家を作る時間をとった。森からとってきた材料はキークン川の流れと反対に引っ張って建設現場まで運ばれた。作業はとても大変だったが、しかしおもしろかった！　私たちは新しい家が早くできるように力の限り働いた。

私のクラスには九人いて、三つの間から成る戸建ての家を作った。私たち九人は一つの家族のように親密だった。クラス長は大学に通う公務員でとても真面目に生きているトー・ディン・リュウさんだった。私たちの家からはキークン川が見えた。秋になると河川や山林の風景はとても美しかった。私は国境地帯の山林の自然に溶け合って生活することができた。この場所は唐詩を朗誦するのにぴったりで、ますます私は夢中になり、唐詩を暗唱した。なかでも辺塞詩（国のはずれの景色と国境守備兵の心情を描く詩の種類）が一番好きだった。当時普通学校で禁止されていた詩を読むことは各大学でも禁止されていたが、その度合いはより厳しかった。学生が修正主義の影響を受けることが非常に恐れられていたのだ。唐詩についてては禁止されていなかった。そのうえ、私が漢越語〔漢字語源の語彙〕の音に倣って読むと誰も気づかなかった。

一九六五年九月、私たちは二年目に入った。学校は低い丘の頂上のトウシキミ林のなかにあった。トウシキミの間に生えているのがデスモス・チネンシスの花の木だ。八月になるとその花が咲き、香りが充満する。一二月にはトウシキミの実が熟して落ち、教室中がその匂いで満たされた。私たちは、いつも午前中は学校に行き、午後は自習した。学習時間を終えるとスポーツや庭造り、野菜植えをした。冬の日の夜には、台所の米ではお腹を満たせず、部屋でストーブの火をつけてとうもろこしやキャッサバを茹でて食べた。山の中での生活はどの側面でも不足があったが、しかしとてものびやかでゆったりとしていた！　外の世界とは切り離された生活のようだった。

当時、国はそれぞれの学生に状況に応じて奨学金を給付し、一番高くてひと月二二ドンだった。これは食費を納めるのには十分で、さらに少し貯金ができた。しかしその額を受け取ることができた人は少なかった。ほとんどの人の生活は苦しかった。私や当時収入がかなりよかった家の学生たちは、両親が全面的に援助したので生活にはかなり余裕があった。

私はグエン・チョン・トゥンさんと親しくしていた。彼は普通学校から一緒だったが、彼は一〇Cクラスで私は一〇Hクラスというようにクラスは違っていた。大学では二人とも同じ学科で、彼は鉱山開拓クラスで学んだ。私とトゥンさんは同じような家庭環境にあり、生活費は両親が支給してくれていた。毎月二人でタットケーの郵便局に行ってどちらも三〇ドンのお金を受け取り、そのうち一八ドンの食費を支払い、残りの一二ドンで雑費を支払ったり、文房具を買ったりした。

学校が休みの日や日曜日には、私たちはタットケー市場に行って遊んだり、ビンドーまで下ったり、もしくは遠くの集落に行ってタイー族、ヌン族の人々の風習の理解を深めたりした。ある日、私たちは滞在先から八キロメートルほど離れたクオイキン集落を訪れ、葬式に出くわした。集落の人々は私たちがナーケオからやってきた疎開中の学生だとわかり、すかさず引き留めて酒を飲んだ。帰るとき、酒の強い香りにくらくらし、さらに道は歩きにくい坂道で、夜中になって私たち二人はようやくなんとか滞在先まで戻ってきた。

残りのほとんどの友人の生活はかなり大変なもので、日曜日や祝日には山に入って根菜やタケノコを採って料理人に売り、生活費や学費の足しにした。

これは私の学生生活のなかで一番記憶に残っている年である。

二年目の一学期が終わり、丙午年（一九六六年）の旧正月休暇が近づいていた。学校から、学期末試験が終わったら、帰郷して旧正月を迎えたい学生は許可されるとの通達があった。ちょうど旧暦一二月二三日にあたる一九六六年一月一四日の午前の部の最後、私は土地測量の科目の口述試験を受けた。クラスには九人いて、私のほかに旧正月に帰郷する者はいなかった。他のクラスも同じだった。私は一人で行くことに決めた。

試験が終わり、急いで昼食をとると、私はすぐにハノイへの帰路についた。その時私はハノイ行きの列車に乗るためにドンダン駅までどのように下るかを考える間もなかった。そのままリュックサックを背負い、ヌン族のガイーおばあさんが作ってくれたバインネップ[21]を携え、手に竹の杖を携え、学科の台所のための米を仕入れに毎月訪れていたナム集落を目指して、林のなかの道を歩いていった。

午後三時頃、私はナム集落に到着した。ナム集落は国道四号線のすぐそばにあった。アスファルトの道まで来るとハノイはすぐそこのような気がしてそのまま下って行ったが、残りの四五キロメートルもの道のりをどの手段で行くのか、いったい何時に到着するのかを考えていなかった！　少し行ったところで空は暗くなり、霧雨がぱらついた。私はただ、下りのトラックと出会えないだろうか、一緒に道を下ってくれる人が現れないかと願っていた。しかし上りも下りも人影ひとつ見えない。周りには一つの集落も見当たらない。当時の国道四号線はがらんとしていて今とは違ったのだ。

ハノイに帰って旧正月を祝い、親しい人たちに再会できることに胸を躍らせて、竹の杖を手に私はそのまま進んだ！　ルンヴァイに着くと、休憩を取り、水をもらってから再び歩き始めた。一番怖かったのはボークーン峠を越えるときで、ナーサムに近づいたときには喉が渇き、疲労し、さらに道は坂になっていた。ナーサムから下るときには家屋が先ほどより多

21　もち米粉の生地に緑豆や肉を入れ、バナナなどの葉に包んで蒸したベトナムの伝統的な食べ物。

かった。午前三時近くにドンダンに到着し、少し待ってから朝にハノイ行きの列車に乗った。旧正月を終えて戻る時は、帰ってくる時とは違って、また遠くに行って山奥に入らねばならないと思い悲しかった。先の道のりを考えただけで嫌気がさすのだ！ ドンダン駅で下車してタットケーに行く車を待ち伏せしたが、半日待っても車はなく、小さな宿屋で一晩明かさなければならなかった。翌朝、カオバンに向かうトラックがあり、私は乗せてもらえないか尋ね、トラックの荷台に座ってナム集落まで乗せてもらい、そこで降りた。当時の人たちはとても人が良く、乗せてあげてもお金は取らない。この旅は決して忘れられない！

私が大臣を務めていた時、ランソンとカオバンに行って仕事をしたことがある。車は国道四号線に沿って進んだ。ナーサムを過ぎると道はがたがた、車はポンコツで、同行していた若い役人もいやがっていた。私は、一九六六年の旧正月の時、夜中にタットケーからドンダンまで歩き、ただ同乗をお願いするために一台のトラックが通り過ぎるのを祈っていたのに出会えず、五〇キロメートルを歩かなければならなかったという話を聞かせた。多くの人はまさかと信じることができなかった。

私は言った。

「当時南部に進軍した私の友人たちに比べればなんてことはない！ それぞれの時代にそれぞれの生活があるのだ」

一九六六年夏、私たちにはまだ平常通り夏休みがあった。夏休みが終わった九月頭、ハノイ百科大学の鉱山・地質学科と建設学科が分離され、鉱山・地質大学と建設大学が設立されることが知らされた。私は鉱山・地質大学の学生になった。同じころ、私の弟の機械クラスも国防省に移設され、弟は軍事技術士官の研修生になった。戦時の学生生活の変化は普通ではなかった。

私たちはもうランソンには行く必要はなかった。学校の新しい疎開先はハーバック省トゥアンタインとなった。建設大学もハーバックに移動した。学校で教室と共用食堂を作るために茅葺きの建物を作った。教室と食堂の隣には必ず防空壕が作られ、それは雨季の浸水を防ぐためにたいてい半地下式で、屋根には根元の部分の竹がはめ込まれ、外側には分厚く土が盛られ、A字防空壕と呼ばれた。しかしそこに入って爆弾を避けないといけないことは一度もなかった。航空機の音が聞こえるたび、私たちは開けた場所に出ていき、ハノイの方向の黒い煙が立ち上っているところを見て、どこに爆弾が落とされたのかを推測していた。

当時ハノイから疎開していた国の機関や学校と同様に、学生も教員も皆民家に滞在した。当初私たちはディントー社にいた。私たちのクラスは、キンバック地域有数の美しい古い寺である筆塔寺《ブッタップ》のすぐ隣にあった。毎日自習時間になると、私たちはそこに行って勉強したり本を読んだりした。翌年、私たちはグエットドゥック社に移り、卒業間際までその近くで過ごした。

この間に皆爆撃に徐々に慣れてきた。疎開先はハノイから三〇キロメートルも離れておらず、休みの日や土曜日曜には、ハノイから来た学生たちは自転車や長距離バスで実家に帰り、月曜朝に疎開先に戻ってきた。

一九六七年夏、ハノイはひどく破壊されたが、私たちはまだ行き来していた。ロンビエン橋が爆撃されるとクエンルオンやバックコーにかけられた臨時の浮橋を通ってハノイに帰った。ハノイに定期的に帰ると、唐詩一冊のみが手元にあったランソンのころとは違って、私たちは図書館や本屋を訪れ、好みの本を探して読むことができた。

一九六七年夏、私はグエン・チョン・トゥンさんの訃報を受け取った。トゥンさんは学生時代からの親友で、大学に入る時も親しい仲であり、ランソンに行ってからは同じ集落に住んでいた。嬉しい時も悲しい時もいつも隣にいた。一九六六～一九六七年度、彼は無線電信機を学ぶためにハノイ百科大学の無線電信機クラスに移籍したいと申し出た。後々は情報部隊に入隊することを希望していた。無線電信機クラスは新しい疎開先に移動し、アメリカの航空機に爆撃された。トゥンさんは授業中に爆撃で死んだのだ！

当時中国では文化大革命が高揚していた。学生たちは革命の道に従い、大学は閉鎖され、留学生は休学しないといけなかった。一九六六年の終わり、ベトナムの学生も帰国せねばならず、その一部は私の学校で引き続き専門分野を学ぶことになった。最初の頃、彼らは中国のような厳しい生活スタイルを維持していて、私たちはいつも彼らの名前の後に「タウ」〔中国を意味する俗称〕という字を付け加え、T・タウ、H・タウなどと呼んでいた。徐々に彼らは私たちに溶け込み、戦時下の学生の生活をするようになった。

一九六六年から一九六七年、中国軍はベトナムの道路建設を数多く支援した。国道一、二、三、一八号線の整備や当時友好七号線と呼ばれていた国道七〇号線の新設などである。軍が多くやってきたが、彼らはドゥオン川の向こう側にしかいられなかった。彼らは毛沢東語録をたくさん持ってきていた。赤色の合皮生地でとじられた本はとてもきれいだった。ハノイの学生はしばしばイェンヴィエンに行き、毛沢東語録をもらって帰ってはカバーを取りはずし、本をとじるのに使った。私たちはそれをいつも「毛選集をもらう」と言っていた！　中国軍は「毛選集をもらう」ハノイの青年がたくさんいると知り、私たちが毛沢東語録を読むのが好きなのだと勘違いし、いくらもらいに行ってもくれて、いつも「ハオ、ハオ（良し、良し）！」と言った。私たちはますますたくさんもらいに行き、彼らはますます「ハオ、ハオ！」と言った。私たちが持って帰ってカバーを取りはずし、中身を捨てていることを知る由もなかった！

一九六八年になり、私たちはカムファー鉱山、マオケー鉱山、ヴァンザイン鉱山（クアンニン省）での実習に大半の時間を割いた。鳳凰《フェニックス》自転車で、私たちは鉱山地帯中を駆け巡り、ハノイとマオケー、ヴァンザイン、カムファーの間を行き来した。物見遊山ができて興味深かった。最後の半年は卒業論文の執筆にあてられた。卒業式と証書授与は一九六八年一二月に疎開先の会場でこぢんまりと行われた。その直後に仕事の配属が決定された。私は国家計画委員会での職務が割り振られた。

戦時下での学生生活の年月に終止符が打たれた。

第三章　初めの足どり

一、

一九六九年一月、私は国家計画委員会に就職した。私が最初に会ったのは幹部組織局幹部室長のライ氏で、彼はゲアン訛りの強いとても穏やかな人だった。私が書類と配属決定文書を提出すると、ライ氏は私に家族環境と学業状況について尋ねた。私が答え終わると、慎ましく好意に満ちた声色で私に次のように言った。

「あなたはハティンの方ですがハティン訛りが全くないですね。こちらに出てきて長いのではないですか」

それから彼は具体的な仕事を与えるために後日上司に会わせることを約束した。よいスタートを切った！

翌朝、私はライ氏ともう一人に会った。ライ氏は、重工業局冶金・採掘室副室長のフン氏であると紹介した。二人は私を同委員会委員で重工業局長のH．T．氏のところに連れて行った。とても威厳のある見た目のH．T．氏は、フエ訛りの落ち着いた役人風の口調で、フン氏に次のように言った。

「彼には地質調査の状況を把握してもらう。まず地質総局に行って計画局の計画工作と技術局の業務の状況を把握させ、それから資料室で鉱物資源探査の各報告書を読み、要約を書いて私に見せるように」

翌日、私は地質総局に行って指示された仕事をこなした。行った業務は毎週フン氏に報告した。

一九六九年四月、委員会に業務報告に行ったとき、年配の幹部たちが「委員会副委員長・大臣の要請に従い、局はもうじき新しい上司を迎える。委員会委員・局長のH．T．氏は他の機関に異動する」と言っているのを聞いた。

当時、国家計画委員会には多くの権限があり、指導機関の力は非常に強かった。副首相兼委員長の下は副委員長で、そこには二人の副委員長・大臣が置かれた。副委員長・大臣の下には重要な各局の局長兼委員会委員が置かれ、重工業局長はその中の一つだった。委員会委員は次官と同等だったが、他の各省庁の次官よりも権限を持っていた。

噂のとおり、一九六九年五月に重工業省の一局長であるファム・ハオ氏が委員会委員兼重工業局長に任命された。彼は就任すると役人たちを順に呼び、遂行中の業務の報告を聞き、必要な業務に指導の方針を示した。

一九六九年六月初め、私が呼ばれる番が来た。私がここ数か月の仕事の報告をするのにじっと耳を傾けた後、とても気さくで真摯な態度で、口早にこう言った。

「地質総局の仕事を把握し、地質調査報告を再確認し、鉱物についての要約を作ったこともよいでしょう。しかし地質調査の計画工作をうまく進めるためには、現場にたくさん通い、多くを知り、現場の状況をしっかりと理解しなければいけません。交通運輸の状況、開発能力、地域の経済状況をしっかりと理解しないといけません。そのためには、あらゆる方法、あらゆる手段を使って現場まで足を運ばねばならず、多く行けば行くほどよいのですよ！五か月の間、あなたは地質総局でそのように仕事してきたのであればもう十分です。これからはたくさん現場に行かないといけません。私があなたに伝えておきたいとても重要なことは、地質・鉱物は国家機密であり、今も昔も地質工作の支援にはソ連の専門家だけを招いており、他国の専門家は招いたことがないということです。もう一つあなたに念を押しておきたいのは、タイン・ゲ・ティン地方は、どのようなプロジェクトであっても中国の専門家を招き入れてはいけない地域だということです。これは上層部からの直接の指示です。国家計画委員会で調査・採鉱や各建造物の建設についての計画工作を行う職員は、業務の実施にあたり知っている必要がありますが、口外してはなりません。ただ知り、実行するのみです」

私はよく質問をする性質なので、こう聞き返した。

「タインホア省のコーディンクロム鉄鉱ではなぜ中国に参画させているのでしょうか」

ハオ氏は言った。

「それは極めて特別なケースです。あそこの鉱石は砂鉄の粒が細かいのです。ソ連や東欧には対応技術がなく、その技術のある中国に頼むしかないのです。上層指導部たちは長々と議論してようやく同意してくれたのです」

ハオ氏は私があえて質問し、しかもそれが的を射たものだったことを褒めた。それから、現場を知るためにたくさんの場所に行くよう努力すべきだと念を押した。彼は私が学生時代にどこに行ったのかを尋ねた。私は訪れたことのある場所を伝え、ハノイで旧正月を迎えるために疎開先からドンダンまで夜中に歩いた話もした。彼は言った。

「まだなんてことないですね。抗仏戦争期、僕はバッカンからカオバンまで、ザーン峠、ゾー峠、カオバック峠を越えて歩いていったことがあります。ボークーン峠はまだましな方です！　しかし君も、山道を夜中に一人で歩いていくだなんて、なかなかやりますね！　しかしただ行くだけではなくて、通り過ぎた場所、たどり着いた場所をじっくりと検証し、評価し、観察して初めて、行ったと言えるんですよ！」

「あなた、私」から「君、僕」へと変わっていた。それから私は彼が職員と親しく話しているときにしばしば「君、僕」と呼ぶことに気が付いた。前の指導者であるH.T.氏の性格と大違いだ。

この時期、私は計画業務の業界の「先輩」クラスの人々と会い、一緒に仕事もできた。それらの「先輩」たちは「入門」したばかりの私をたくさん助けてくれた。一番覚えているのは、サウ氏、カイ氏夫婦である。当時、私は夫のカイ氏より妻のサウ氏との方が親しかった。というのも私は青年団副書記で、サウ氏は機関党委常務で、民衆運動〔民衆に宣伝し、指導、組織する運動〕の責任者、つまり青年団の工作全体の責任者だったからだ。サウ氏こそが私の入党を後押しした人物である。当時サウ氏は文化社会局室長で、ファン・ヴァン・カイ氏は総合局の室長だったが、サウ氏はさらに機関党委常務だったので、いつも「サウ姉さんはカイ兄さんよりも力を持っている」と言われていた。私たちはいまだに、カイ氏の方が出世が遅いと冗談を言っている。まさにファン・ヴァン・カイ氏の呼び名であるサウ・カイとは、彼女の名に彼の名をくっつけるという順序をとっている。「入門」の新時代は実に楽しいものであった。

＊＊＊

ファム・ハオ氏の要求に従い、見習い時代に、私は国の地質・鉱物の状況をしっかりと理解し、地質関連の仕事をする人たちの業務をしっかりと理解するために、地質総局のすべての地質調査拠点に行った。これがあってこそ、私は一人前になり、加えて各地方の状況を知ることができた。私は地質総局が施設を有する多くの場所に足を運んだ。あらゆる交通手段でそれらの場所に赴いた。ハノイに用事のあった地質調査団の車に乗ったり、列車、貨物自動車、船、自転車を使ったりした。ラオカイ省のシンクエン油田第五調査団、ラオカイ省のアパタイト第二四調査団、カオバン省のトンノン第四九調査団、ハザン省の第三一調査団、バッカンのチョディエン第四三調査団、カムファー第九地質調査連合団などの地質調査団に参加した。その他にもたくさんの場所に行った。

私がいつも友人に愉快に話していたのは、それらが地質調査団のメンバーが通常、実地出張と呼んでいたような地質調査の行程だったこと、唯一違うのは、私の行程は事務方「兵士」のもので、ずっと楽なものだったことだ！

私に最も深い思い出を残したのは、一九六九年七月に、ラオカイ省シンクエンで油田探査の任務に就いている第五地質調査団に合流したときのことだ。私は午後三時頃、列車でラオカイ駅に到着した。降車し、自転車でゴイファット小川の畔にいる第五調査団のところに向かった。その登り道は二七キロメートル程度だった。午後五時頃に到着すると予測した。

クアンキムに着く頃、私は大雨に降られたが構わず進んだ。雨で道は滑り、自転車には泥がへばりついていたのでゆっくり進んだ。バンヴォック小川の畔に着くと薄暗くなっていた。

他の人たちがまだ川を渡っているのを見て、私も渡った。私が乗っていた女性用の鳳凰自転車には肩に担ぐための持ち手がなく、川の中を引きずった。流れの真ん中まで行くと、水の流れが速く、自転車も身体も流れに巻き込まれた。私は水流となんとか格闘した。自転車と荷物を捨てて身を軽くしようかと考えていたところ、私と同い年くらいの青年が岸から川に飛び込み、自転車と私を引っ張り上げてくれた。

岸に上がって尋ねると、彼もまた地質調査員だった。私は第五地質調査団に入るのだと告げた。彼はこの時間ではもう進めないと言った。ここから目的地までは八キロメートルほどあり、さらに小さな峠をひとつ越えなければならない、大雨により道が土砂崩れが起きている可能性もあり、夜の暗闇は危険だという。彼は私をバンヴォック市場のすぐそばの本屋に招き入れ、店主である友人に託した。今晩はここで泊まればよいと私に告げると、彼はトラックでラオカイに帰っていった。

当時、どの県にも国営の本・新聞販売店が一つあり、それは人民書店と呼ばれていた。バットサット県庁は当時バンヴォックにあったため、市場の只中に書店があった。店主は平野部出身の二〇歳くらいの女性だった。彼女は私に食事を用意し、濡れた荷物を乾かし、親しい人のように面倒を見てくれた。翌朝、私は第五地質調査団に入った。団長のトン氏は私を熱意をもって迎えてくれた。彼はビンディン出身、気さくで誠実な性格、平均的な体格で、四〇歳ちょっとだったが白髪だった。私は彼にバンヴォックで水に飲まれた話をした。彼は私に、山道を行く際は気を付けないといけない、雨が降ると洪水が一気にやってくるので、逃げ遅れることも多い、と言った。これは私の一生忘れない教訓となった。

＊＊＊

二〇〇二年から二〇〇七年にかけて、私はラオカイ省の国会議員としてその場所を訪れた。バンヴォックを通して有権者と対話し、昔話をする機会があり、省党委書記のザン・セオ・フー氏は明るく尋ねた。

「昔の人たちを捜し出したいと思いますか」

すると省人民委員長のブイ・クアン・ヴィン氏は言った。

「皆さんを永遠に二〇歳という美しい姿のままにしておきましょう！」

あの時代の人間の二〇歳とは実に美しかった！

二、

ベトナム北部での石油天然ガス探索・調査は、一九六五年以降ソ連の協力で進められていた。当時は紅河のくぼ地とアンチャウ（バックザン省）のくぼ地だけに集中していた。一九六九年に深さ三二〇〇メートルの坑井がタイビン省ティエンフンで掘削されたが、成功には至らなかった。専門家たちは海に出れば出るほど展望があると認定した。事業はタイビン、ナムディンの海岸へと移った。大陸棚まで出るとなると、ソ連には深海を調査する技術がなかった。

一九六七年の中東戦争後は石油が危機状況に陥った。石油価格は急騰した。世界中の石油会社は潜在力のある地域で競って探索していた。石油天然ガスの展望がある国家は投資を誘引でき、米国企業の石油天然ガス会社モービルとペクテンが大陸棚地帯の調査のためにベトナム共和国政府と協議した。米国企業の組合には日本企業の日商岩井も参加していた。このことが、我々と西洋の企業との協議をますます促進させることとなったのである。

当時、西洋の企業で私たちとビジネスをしていたのは、香港、日本、フランス、スウェーデンのいくつかの企業だけで、とても少なかった（貿易取引のみ）。スウェーデンの各企業は政府の援助プロジェクトを実施していた。日本では日商岩井が、石炭の購入と肥料の販売をしていた。一九七二年五月末頃には、日本の経済・技術専門家たちがやってきて経済、地質、鉱物の状況を視察し、協力の可能性を検討した。当時それは特別専門団と呼ばれた。地質に関する視察内容は石油天然ガス、希少金属・放射能金属に集中していた。日本側はまた、私たちに日本の経済的潜在力、将来的な発展、成功の教訓を紹介した。それらの仕事は完全に機密として進められた。私は当時の国家計画委員会で唯一の地質専門員だったため、幸いにもそれらの場やその準備に携われた。私は日本の専門家たちから一九六〇年代の日本の発展についての話を聞くことができた。彼らによれば、日本が発展し、将来の発展の道筋を定められるようにした二五の要素があるという。この話を聞いたがゆえに、私は日本の人々に好感を抱き、あの時代の日本という国の奇跡的な経済発展に感服したのだ。これらの仕事は私に深い印象を残した。

その後政府は、トンキン湾の石油天然ガス探索の契約について協議するために、日本をパートナーに選んだ。それは日本の石油公団（JNOC）〔一九七八年までは石油開発公団〕と日商岩井の連名だった。日商岩井からは荒木副社長が参加した。一九七三年一月二六日に契約が締結された。日本側は、パリ協定よりも一日早く署名されたことを誇りに思っていた！

締結された契約によれば、第一段階は、日本側がベトナム民主共和国の主権に属するトンキン湾大陸棚地帯の物理探査の責任を負う。こちら側は各物理探査船がムイレイ（ヴィンリン、クアンチ省）、バウチョー（クアンビン省）、ムイゾン（ハティン省）、クアロー（ゲアン省）で活動できるように、地上の測位拠点を設営するための平地を準備しなければならない（当時衛星測位システムはまだなかった）。そのほかに北部のいくつかの地点が後から確定されることになっていた。

一九七三年二月一四日の日本による設備導入に間に合わせなければならなかった。時間は迫っており、手早く進める必要があった。

一九七三年一月二七日、国家計画副委員長ファム・ハオ氏は私を呼び、次の任務を言い渡した。

「君と地質総局の数名で、ゲアン省、ハティン省、クアンビン省、ヴィンリン特別区の人民委員長たちと面会してきてください。君は進めなければならない事業内容についてグエン・コンさんの指導方針を伝える責任を負います。地質総局員は現地調査をして具体的な地点の選択に責任を負います。君たちがどの調査団に入るかは通達があるでしょう。もし早くに終われば家で、遅ければあちらで旧正月を過ごすことになります」

当時、口頭での意見通達というやり方は日常茶飯事で、機密保持のために公文書を使うことは少なかった。私たちのような中央各機関の専門員は、昔口頭で勅令を伝えていた「宦《かん》官《がん》」と同じであった！

私たちは一月二七日昼のうちに出発した。地質総局側ではクアンビン出身の測地室長のトゥア氏ともう一人の役人が同行した。道はパリ協定締結を祝う旗で赤く煌めいていた。私たちはもうすぐ大きな仕事が始まるのだと思って喜びで胸がいっぱいだった。その日の夜中にヴィン（ゲアン省）に着いた。一月二八日朝、ゲアン省人民委員長と迅速に仕事を済ませてクアロー町に行った。午後にハティン省に行って省人民委員長と仕事をした。一月二九日朝（旧暦一二月二六日）にムイゾンを視察し、それからすぐにドンホイ（クアンビン省）に向かった。

ドンホイに到着すると、私たちはコーンに行き、クアンビン省人民委員長と仕事をした。あの時代、クアンビン省の指導機関はみなコーンにあった。翌朝、一月三〇日、バウチョーに行って現地調査を行い、それからすぐにホーサー（ヴィンリン、クアンチ省）に入った。ヒエンルオン橋まで来ると、こちら側には大きな金星紅旗〔ベトナム民主共和国の国旗〕、あちら側には同じ大きさの半青半赤に星印の旗〔南ベトナム解放民族戦線の旗〕があった。川の両岸で旗が空を覆っていた！

その日の午後、私たちはヴィンリン特別区との仕事をこなした。翌朝、一月三一日（旧暦一二月二八日）にムイレイの調査に行った。

任務はうまくいった。その日の昼に私たちは北部へ戻った。

年越し前に家に帰れることを祈って、私たちは疲れも忘れて移動し、旧暦一二月三〇日午後にハノイに到着した。私は上機嫌で、すぐにチャンクォックトアン通り二〇番のファム・

ハオ氏の家を訪問し、出張の結果を報告した。

ファム・ハオ氏は予想より早く私が帰ってきたのを見て驚き、しかし陰鬱な表情で言った。

「帰ってきたのですか？　早くに帰ってきたことはよいことです。しかしすべてダメになってしまったんです！　君たちを行かせたことも無駄足になってしまいました！」

私は尋ねた。

「なぜダメになってしまったのですか？」

ファム・ハオ氏は言った。

「北方の友人が反対しているんです。彼らはトンキン湾の国境がまだ確定していない、二国の主権があるのみで第三国を介入させてはならない非公開の海域だと言うのです」

私はがっかりした。出張が無駄になったのだから！

とはいえ若さゆえにすぐ忘れた。目先のことばかり考えていた。旧正月が来て、初めて平和に年を越し、友人、家族と楽しい時間を過ごした。新年を迎え、仕事はますます魅力的になった。新たなステージに入った。

日本企業と実施した北部大陸棚地帯での石油天然ガス採掘合同事業は成功しなかったが、それは日本の大企業が後により強固に歩みを進めるための道を開く一歩となった。一九七三年九月、ベトナムと日本は外交関係を樹立し、新しい発展の時代が開かれた！

＊＊＊

一九八七年、日商岩井・ベトナム合同委員会の会議で、私は当時の日商岩井社長で会議の議長を務めた荒木氏と再会した。私は一九七三年の石油天然ガス合同事業の話を持ち出して言った。

「もしもあの時すべてうまくいっていたら、今日の会議では議論することがもっとあったでしょうに！」

三、

一九七三年のパリ協定締結後、地質調査、特に金属鉱物の探索・調査は、平和確立後の発展時代に備えてますます重視された。ソ連・東欧陣営やその他の社会主義諸国との協力プログラム、プロジェクトの準備のために、一九七三年八月頭、私はブルガリアの銅の開発・製錬業の視察団に参加した。その後、予定ではそのままチリの視察に行く予定だった。それらはベトナムと密な関係を持ち、当時最も発展した銅の開発・製造業を有している国々であった。サルバドール・アジェンデ大統領時代だった当時のチリは、ベトナムを支援し、親密な関係を結んでいた。

ブルガリアからモスクワまで行き、チリ行きの飛行機を待っていたところ、在モスクワベトナム大使館から連絡があった。チリの情勢が極めて混乱しており、引き続き状況を追って、渡航可否の決定が出るまで待機しなければならないという。最終的に、一九七三年九月一一日にピノチェット将軍のクーデターが勃発し、私たちはハノイに帰ることになった。

一九七三年と一九七四年、私は越北地方の山岳地帯各省の地質調査団をたくさん訪れた。ブオンマートゥオットが解放された時、私は第四九地質調査団（タップナー、トンノン、カオバン）に参加していた。

一九七五年四月三〇日、解放軍がサイゴンに進軍した。政府は会議を開き、サイゴンの関連省庁・部門を接収するため、関連省庁・部門からただちに要員をサイゴンに送り込むことを決定した。各省庁の団体にはいずれも、国家計画委員会の役人が参加した。地質総局は石油・鉱物総局の接収を任された。私は委員会副委員長ファム・ハオ氏から、地質総局の団体に同行するよう指示を受けた。

団長は副総局長レー・ヴァン・ドゥック氏だった。一行には地図副局長のチャン・ドゥック・ルオン氏、地球物理学局のグエン・ティエン・ザオ氏、第三六連団のグエン・ゴック・ソーム氏、総局事務局のグエン・スアン・アン氏、ドゥック氏の秘書と私がいた。

一九七五年五月二日、私たちは出発し、昼は急いで移動し、夜は休んだ。ハノイからヒエンルオン橋までは道が悪く、ゆっくりと歩を進めた。南側に渡ると道はきれいで、速度を上げた。北部では道沿いに掲げられた金星紅旗が空を覆い、南部では半青半赤に金星が描かれた旗があった。

一九七五年五月三日、私たちはドゥックフォー（クアンガイ省）にあるチャン・ドゥック・ルオン氏の家を訪れ、ルオン氏の家族が二〇年以上ぶりに一堂に会する日を目の当たりにした。親族はまるで祭りのように喜んで集まった。その日の夕食はクアンガイの海鮮づくしだった。

五月五日午後、私たちはサイゴンに到着した。一行は独立宮殿〔統一会堂〕の前の庭園で足を止め、軍管理委員会の職員が休養場所に案内してくれるのを待った。

そのとき、サイゴン兵士が捨てていった日用品や衣服を収拾している大勢の青年の集団がいた。ルオン氏と私が車を降りて話を聞くと、彼らはサイゴン文科大学の解放学生会であった。授業カリキュラムについて尋ねると、彼らは国内の文学では一七、一八、一九世紀の文学と戦前文学を勉強しているとのことだった。これまでに習った戦前の作家について尋ねると、ハン・マック・トゥー、リュウ・チョン・ルー、グエン・ビン、ヒュウ・ロアン、タム・タムなどの名前が挙がった。

文学の血が騒ぎ、私は即座に「送別行」、「秋の音」、「ここはヴィザ村」、「天人花の紫いろ」[22]など、いくつかの詩を詠んだ。彼らは「あなたも文学専攻なのですか？」と尋ねた。私は、違う、私は鉱山技師であると言い、ルオン氏は地質技師であると紹介した。彼らは信じず、ルオン氏が私を鉱山技師であると認めて初めて信じた。彼らはさらに、どこで私がそれらの詩を学んだのかを尋ねた。私は、普通中等学校時代からだと答えた！　彼らは北部の人たちはなんて幅広く学んでいるのだろうと褒めた。まさか一〇年生の時からこっそりと回し読みした詩だということを彼らは知る由もない。当時ハノイの青年はよく「黄色い詩」[23]をこっそり読んでいた。隠れてやったことは何でも長く覚えているものだ！

別れ際、私は彼らに、再会して文科大学で文学について話しましょうと言った。その晩、私たちは撤退したばかりのサイゴンの高官の家に泊まり、翌朝コンチネンタルホテルに移動した。その後はさらにキードン通りに移った。

それからの日々は、動物園の隣にある、グエンビンキエム通りの石油・鉱物総局で仕事を

22　「送別行」はタム・タム、「秋の音」はリュウ・チョン・ルー、「ここはヴィザ村」はハン・マック・トゥー、「天人花の紫いろ」はヒュウ・ロアンの詩。

23　戦前および分断期の南ベトナムで創作されたロマンチックで抒情的な音楽を「黄色い音楽」と言う。ここではこの言い方を詩に援用している。

した。南部の地質鉱物の状況について資料収集し、報告を聞いた。とりわけ有益だったのは、モービルとペクテンが南方の大陸棚で作成した資料だった。六つの坑井を掘削し、そのうち二つでは石油が掘り当てられていたのだ。彼らは北部のＪＮＯＣと日商岩井と同じ時期に南部に進出していた。

一九七五年五月末、私たちは現地調査を開始した。ウーミンに行って泥炭を見て、サム山（アンザーン省チャウドック）に行ってモリブデンを見て、バオロック（ラムドン）に行ってボーキサイト鉱山を見て……。

この行程で私にとって一番興味深かったのは、様々な階層に属するサイゴンの人々と交流できたことだ。到着してすぐに出会った庶民の家の子どもである文科大学の学生から、その後出会ったかなり裕福な階層まで。

母の言いつけに従い、私は母方の祖母に知らせるために、母方の祖母の弟たち（私の母はおじさんと呼んでいる）を捜し、会いに行った。彼らは一九五四年に移住していた。ある人は貴金属店の店主、ある人は薬剤師、ある人は国家銀行の上層部の役人だった。私が最初に会ったのは、祖母がヴィン市や故郷にいた時には私の家族とも大変親しかった祖母の実弟ヴォー・ヴァン・Ｔおじいさんである。この時彼は貴金属店の店主だった。

親戚を通じて、私は個人診療室を持つ医師たち、個人の法律相談所を持つ弁護士たちとも再会した。中には大学を出たばかりの弁護士、医者もいた。誰もが、これからやってこようとしている平穏な時間を待ちに待っていた。それぞれがそれぞれの職をもち、将来をもっている！　皆そう望んでいた。彼らに尋ねられた私はこう答えた。「きっとそうなるだろう！」

しかし一九七五年末、多くの変動が起こった。皆次々に去ってしまった。正式に行った人もボートピープルとして去った人もいた……。文科大学の学生の多くは残り、教鞭をとったり役人になったりした。旧文科大学の学生であるチーさんは卒業後に渉外局で働くようになり、後に私は再会を果たした。

＊＊＊

二〇〇〇年代前半、国外に行っていた人たちが故郷を訪れた。年配の世代は既に遠くに行ってしまい、残っているのは若い世代だけであった。私たちは再会し、昔のように楽しい時間を過ごした。まだ帰郷していない人もおり、新聞記者のフイー・ドゥックを通じて私の近況を尋ねた。昔の話を振り返っていると、私に次のように言う人がいた。「あの頃のお前たちが今のようであれば、俺たちも行かなかったのに！」

四、

石油天然ガス会社であるモービルとペクテンによる地質調査と掘削した六つの坑井の結果の資料を検討した政府は、南部の大陸棚における石油天然ガスの展望は非常に大きいと評価した。政府は石油天然ガス総局の設置を決定し、石油天然ガス分野で発展している国々に短期養成や現場研修のために人を派遣し、同時に西洋の石油天然ガス会社との調査・探索の契約に向けた協議を進めた。

在メキシコベトナム大使館を通して、メキシコのルイス・エチェベリア大統領は、ベトナムの石油天然ガス技術員をメキシコの大陸棚での石油天然ガス採掘の管理の研修に招待した。メキシコ国家石油天然ガスグループ・ペメックスがすべて手配してくれた。一〇人の団体で、大半が第三六地質調査連団から参加し、グエン・ザオ、グエン・ゴック・クー、グエン・クアン・ハップ、ホー・ダック・ホアイ、ブイ・ト・マイン、そして私とあと数名が含まれていた。グエン・ザオ氏が団長だった。

一九七五年一〇月二二日、私たちはモスクワに向かった。モスクワに到着すると、私たちは大使館の宿舎である黄金の稲穂《ボンルアヴァン》ホテルに泊まった。ホテルと言っても、実際には共用キッチンのついた集合住宅だった。一週間以上待ってようやくハバナ（キューバ）行きの飛行機に乗れた。一〇月三〇日、私たちはハバナに到着した。さらに待機して、一一月一日にメキシコ行きの飛行機に乗り、メキシコシティには午後に到着した。ステラ・マリスホテルに行き、帰国する一二月二二日までそこに滞在した。

一一月二日、私たちは大使館を訪問し、彼らの状況の説明を受けた。それからペメックスの本社に行き、滞在中の仕事内容を確認した。

一一月三日夜、ルイス・エチェベリア大統領が稀に見る温かな情をもって、研修団全員をもてなしてくれた。

一一月三日以降はずっとペメックスと行動を共にし、ペメックスの形成と発展の過程について話を聞いた。発展過程の経験に基づく教訓について、彼らは誠実に話してくれた。後に続く者たちと真摯に経験を共有したいという想いを私たちは感じ取った。

一九七五年一一月末から一二月まではペメックスの各施設を訪問した。

私たちは、南方のタバスコ州とチアパス州の熱帯雨林地域に地質調査に行ったり、アメリカとの国境に接したリオグランデ川のほとりにあるヌエヴォラレド市に行ってメキシコ湾区域の油井で仕事をしたりと、メキシコという国の至るところを訪れた。彼らは私たちに八人乗りのジェット機を貸してくれた。一時間以内の飛行時間であれば朝出かけて夜帰り、もしそれ以上であれば現地に滞在した。石油王のような贅沢だ！　休みの日は観光地に行き、生産施設を訪れ、大統領や大統領夫人の故郷を訪れた。めったにない歓待であった。

当時のメキシコは発展の真っ只中にあった。一九二九年から連続して政権を握ってきた制度的革命党（ＰＲＩ）は国を絶え間ない発展に導き、特に一九四〇年から一九七五年は世界中を感服させるメキシコ神話を創り出した。私たちが訪問していた時期、党の信用は最も高かった。都市から農村まで、人々はＰＲＩしか知らなかった。ＰＲＩの人たちは至るところにいた。ＰＲＩは栄光の頂点にあった！　各野党は多党制のための「装飾物」にすぎなかった。国会で対抗勢力が占める割合は語るに値しなかった。彼らはメキシコがラテンアメリカでの発展モデルになることを期待していた！　尊重されるべき目標である！

帰国が近づいてくると、大統領は私たち全員を食事に招待した。メキシコ大統領は一任期六年しかない。ＰＲＩの規定によれば、現職大統領は選挙の一年前に後継者を推薦する。一九七六年末は新しい大統領の選挙が行われる予定だった。現職大統領はロペス・ポルティーヨを後任者として発表したところだった。当選の可能性は一〇〇％だった。大統領後任者が一行を見送った。

私たちは一九七五年四月三〇日の終戦からまもない時にメキシコに渡った。彼らが一行を熱く歓迎したのは、ルイス・エチェベリア大統領とＰＲＩがベトナムの戦勝に感服していたためだった！

二か月近くの研修を経て、私たちは惜別の情をもってメキシコを離れた！

一九七六年は、ベトナムにおいて多くの大きなイベントがある年でもあった。一九七六年四月、私たちは統一ベトナムの国会選挙に参加した。それから全国の五ヵ年計画（一九七六‐八〇年）の作成に参加し、一九七六年一二月に控えた全国党大会での報告に向けて準備した。私は石油天然ガスと地質という二つの分野の計画を統括する業務を割り当てられた。どちらも当時の新しい発展分野であった。この時期、設置されたばかりの石油天然ガス総局がデミネックス、アジップ、ボウバレーといった会社と南部の大陸棚での石油天然ガスの探査・開発の契約を結び、潜在力に満ちた新分野への希望が開けたところであった。

一九七六年には、政治の道で私が新たな発展の一歩を踏み出す出来事もあった。私は「プチブルの振る舞い」を一生懸命克服してきたもののうまくいかなかったのだが、一九七六年一二月七日にベトナム共産党への入党を果たしたのである。統一の後、幸運にも、周囲の認識が以前より開け、さらに、私を最も厳しく評価していた人が南部へ異動してホーチミン市計画委員会で働くようになったのだった。彼の故郷はベンチェーだった。

一九七七年になると、戦時中の対ベトナム援助への感謝を伝えるため、党と国家の最高指導部は友人各国を訪問した。ファン・ヴァン・ドン政府の代表者たちはフランスと北欧各国を訪問し、そしてASEAN各国を訪問した。活気で満ち溢れた空気が我々若い世代を激励した。私たちのような計画工作に携わる者たち誰もが、新しい発展の時代に希望を抱いていた。

しかし何事も期待したようには進まなかった。経済状況は悪化した。人々の生活は日に日に苦しくなり、食糧も不足していた。私たちと家族は戦時よりも物資不足で苦しい状況で生活した。私の何人かの友人は国境を越えて行ってしまった。彼らは中華系の人で、大学時代からの友人だったが、こっそりと、誰にも知られずに行ってしまった。中国との関係が緊張していたために帰国したり他国に渡ったりしたのだろうと言われていた。

中国との関係はますます緊張していった。国家計画委員会の一部の役人は中越国境沿いの各省の強化、補充に赴いた。それから南西部国境戦争〔カンボジア・ベトナム戦争〕が勃発した。クメールルージュ軍は国境沿いの各省を攻撃した。ベトナム軍はカンボジアに介入してクメールルージュ軍に仕返しをした。それから一九七九年二月には中国軍が北方の国境沿いの各省を侵略した。中国軍の撤退後、私たちは国境沿いの各省に赴き、各工業施設の被害状況を評価した。中国に破壊された地域の経済と生活を立て直す計画も必要になったのだった。米国と西洋諸国はベトナムに対して禁輸措置をとり、より苦しい新たな時代が訪れようとしていた。

五、

一九七九年二月に中国が侵略し、そして私たちがクメールルージュ軍に仕返しをして南西部国境戦争が引き起こされた後、米国と西洋諸国は禁輸措置をとった。西洋諸国の石油天然ガス企業は南部大陸棚から撤退した。政府は陸地と大陸棚の双方における石油天然ガスの探索と開発を進めるために、ソ連との協力に集中することを決定した。国家計画委員会指導部は、石油天然ガスと地質についてより深い専門性をもって監督する部署が必要であると考え、重工業局総合室に石油天然ガス・地質班を結成することを決定した。一九七九年一二月、私は総合室副室長に送り込まれ、石油天然ガス・地質工作を担当することになった。

一九七八年、ベトナムは経済相互援助会議（ＳＥＶ陣営）〔コメコン〕に加盟した。石油天然ガスと地質に関するＳＥＶ陣営との協力プログラムは日に日に増えた。一九八〇年六月一九日、撤退した西側諸国の各企業に代わって、ベトナムとソ連は南部大陸棚における石油天然ガス調査協力についての枠組み協定に署名した。

協定はレー・ズアン書記長のソ連訪問中に行われた。ソ連側で署名したのはバイバコフ氏、ベトナム側はグエン・ラム氏で、どちらもそれぞれの国の、閣僚評議会副議長であり、国家計画委員長だった。石油天然ガスと地質に関する事業はますます増えた。グエン・ラム氏と委員会指導部は重工業局に石油天然ガス・地質室の設立を決定した。私は一〇か月間副室長を務め、一九八〇年一〇月に室長に任命された。

当時、政府において国家計画委員会は非常に重要な役割を担っていた。何事も国家計画委員会から意見を得たうえで政府にあげられなければならなかった。閣僚評議会副議長の会議には常に、少なくとも副局長レベルの国家計画委員会の代表者がいなければならなかった。枠組み協定締結後、ベトナムとソ連は具体的な協定を結ぶために協議し、越ソ石油天然ガス合弁会社を設立した。その後はヴンタウの石油天然ガス工作のために、海岸沿いの設備建設に着手した。仕事は多く、会議はなおさら多かった。委員会指導部が会議を開き、政府指導部も会議を開いた。重工業局長も参加しなければならなかった。石油天然ガス、地質分野に関係する会議には、常に私が同行しなければならなかった。さらに業務報告にあたっては、局長が業務を把握できていないという理由で、私から報告するよう指示があった。会議が終わるたびに、閣僚評議会副議長ドー・ムオイ氏とグエン・ラム氏に近い助手たちから、二人の「上司」はどうやら仕事のやり方でうまくいっていないようだと聞いていた。一九八〇年一二月、誰もが私が副局長に昇格すると噂していた。ある人は私に、君は副局長に昇格して上層部の上司の目に留まるだろう、と言った。私は笑って「副局長なんてありっこない、室長になってまだ二か月、この席は温まってもいないよ」と言った。

この時期、副局長には多くの特権、特典があり、違う階級に属しているようなものであった。副局長を務めるということは、例えばよりいい家に住むことができたり、専用の店で特別な食品を購入できたりすることを意味した。死んだときでさえ、ヴァンディエン墓地に個別の場所が用意されていた。配給と待遇のあり方にあまりにも違いがあった！　だから、副局長への昇格は、昇進の道のりにおける大きな転換であると見なされていた。

一九八一年一月初頭のある午後、私は私の所属する重工業局長のP．N．N氏が、委員会指導部の職場である二階から、私の局の職場のある一階建ての建物に、しかめっ面で戻ってくるのを見た。彼は部屋に戻って各副局長と支部書記を召集した。しばらくして皆出てきた。副局長の一人が私に会ってこう言った。

「ラムさん（党中央書記、閣僚評議会副議長、国家計画委員会委員長のグエン・ラム氏）がNさんを呼びつけ、石油天然ガス、地質担当の副局長に君を抜擢する手続きを進めると言ったらしい。しかしNさんは断固として反対している。理由は、君が室長になってまだ二か月で、もっと試練を重ねる時間が必要だからとのことだ。委員会の副局長のほとんどが室長レベルで四、五年、もしくはもっと長く苦労してきた。彼は、抗仏戦争期の第五軍区で七、八年、それから現場で、そして国家計画委員会で一〇年以上働いてようやく副局長になれたと言っていた。事はうまく進まないだろう。君はまだ若いから、引き続き頑張って奮闘してくれたまえ！」

　私は言った。

「その通りです。私が室長になってまだ二か月ちょっとですから、時間はまだまだあるので全く問題ありません！」

　翌日、私は局長が委員会指導部の職場に上がっていくのを見た。帰ってくるとき、その表情はとても怒っており、局内の部下たちにこう言った。

「私は最後まで反対する！」

　数日後、国家計画委員会副委員長のファム・ハオ氏が私を呼んで次のように言った。

「グエン・ラムさんと委員会指導部は君を石油天然ガス・地質工作担当の副局長にしたいと考えているのだが、君のところの局長がひどく反対していて、要請する文書を作ろうとしない。ラムさんは違うやり方として、石油天然ガス・地質局の設立を決定した。きっと君を局担当の副局長に任命することを決定するつもりだ。臨時で数年間設立するだけなので、君が仕事で信用を得たら以前のように重工業局に再び入ることになる。今から君は、国家計画委員会から閣僚評議会に提出するための石油天然ガス・地質局設立に関する書類を作成してください。石油天然ガス・地質局設立に関して、局の機能と任務、組織構図についての規定を含む政府議決の草案だ。完成は早ければ早いほどよい。私も不思議なのだ。君の局長はどうしてそこまで激しく反対するのだろうね！　そんなことをするから私たちの仕事が増えるんだ！　聞いたところによると、君と彼は近い親戚なのだとか？」

　私は言った。

「はい、とても近い親戚で、彼は義母の妹婿なんです。彼はとても規則に厳しく、役人の抜擢にあたってもいつも過程を検討します。数か月前に私を室長にするとき、チャン・フォンさんとあなたが強く推して彼はようやく認めました。彼は私が副室長になって一〇か月しか経っていないと言ったものの、新しい部署の設立に際して他に誰も適任者がおらず、仕方なく受け入れました。親戚だからといったことは全くありませんでした。とても一本気な方です。反対したら最後まで反対、考えを変えることなんてできません。私は彼の性格をよく知っているんですから」

　それからすぐに、私はアーカイブ室に行って官報を見た。局、部、院レベルの各組織設立についての政府決定を見た。参照して見本とし、設立される組織名、組織構図と機能、任務だけを変更した。委員会から政府に提出する文書の部分はより時間がかかったが、私は各プロジェクトの文書作成に慣れていたので、その日の午後には終わった。当時パソコンはまだ普及しておらず、文書はすべて手書きだった。その日の夜、私は字のきれいな数名を部屋に呼んだ。私が読み上げ、彼らが清書した。夜遅くに提出する文書と議決の草案がどちらも完成した。

翌朝、ファム・ハオ氏の部屋に行って草案を見せると、彼はよく書けていること、迅速に作ったことを褒めた。ハオ氏はすぐ隣にあるヴー・ダイ氏の部屋に一緒に行くように言った。ホーチミン市から来たヴー・ダイ氏は、内商省大臣になったチャン・フォン氏に代わって第一副委員長に着任したばかりであった。ダイ氏は、見終えると、草案の中の局の組織構図の部分に、石油天然ガス室、地質調査室、総合室という三つの部署が書かれているのを指差して、朗らかに笑って私に言った。

「よく書けていて、三部屋もあるんだね！　今何人いるんだい？」

ヴー・ダイ氏は、とても朗らかで、質素で、気さくで、親近感のある笑みを浮かべていた。

私は答えた。

「はい、五名おります」

ヴー・ダイ氏は言った。

「私はここに来たばかりだが、話は把握している。ラムさん、チャン・フォンさんが私に話してくれたからね。ラムさんから文書を確認して署名するよう頼まれた。局を設置するが人は増やさないからね。今五人いるなら五人だけで一緒に仕事をするんだ。数年したらまた重工業局に統合される」

私は答えた。

「はい、承知しております！　お盆の上には十分な数のお椀とお箸が必要だという考え方で、そのように描いたままでです。ハオ氏も私にそのようにお話しくださいました！　数年後には統合されると」

翌日、グエン・ラム氏は幹部組織局長グエン・グ氏と私を部屋に呼んだ。ヴー・ダイ氏とビック氏（ラム氏の秘書）もそこにいた。ラム氏は言った。

「局設立に関する政府への文書は機械でタイピングし直したら、ヴー・ダイさんがそれに署名します。グさんは書記委員会と閣僚評議会議長に対してフックさんを副局長に任命するよう要請する文書を作成してください。ヴー・ダイさんがそれに署名します。ビックさんはグさんと連携して書記委員会から閣僚評議会に提出する、フックさんを副局長に抜擢することへの同意文書を作成してください。この仕事について、私はサウさん（レー・ドゥック・トー氏）とギさん（レ・タイン・ギ氏、当時は書記委員会常務だった）の意見を既に伺っており、彼らは私に署名するよう委任しました。事務局に提出する局設立についての議決もタイピングし直し、ビックさんはグさんと話し合ってフックさんを抜擢することとの決定文書を作成してください。二つの文書については既に、私の署名に先立ち、ムオイさんとトーさん（ファン・ヴァン・ドン閣僚評議会議長）と話し合いました。ビックさんは党中央事務局と政府官房と連携して、適切な日にちを書き込んでください。政府文書は書記委員会文書の一日後にしてください」

そのとき、副局長任命にあたっては、現在の次官任命と同じで、書記委員会の意見と閣僚評議会議長か副議長が署名をした任命決定文書がなければならなかった。このようなプロセスだったが、すべての作業は五日間程で完了した！

一九八一年一月、国家計画委員会傘下の石油天然ガス・地質局の設立に関する議決と併せて、私は石油天然ガス・地質副局長への任命決定文書を受け取った。いずれも閣僚評議会副議長であるグエン・ラム氏が署名した。

六、

一九八一年、私は石油天然ガス・地質副局長に着任した。局には五人しかおらず、党員は私だけだった。だから党と労働組合は変わらず重工業局と合同で活動していた。五人は以前と変わらず一つの部屋で仕事をした。すべての仕事は以前のようで、以前の組織の仲間たちとも親しい付き合いが続いた。ただ異なっていたのは専門的な仕事は委員会指導部が直接指導したことだ。四人の局員は私より若く、外国から帰国して仕事に就いてからまだ五年余りであったが、互いにとても親しかった。委員会の若手たちが私に、「一人一頭の馬」を持てて嬉しいと言ったので、私は「一人一頭の騾馬だな！」と冗談を言い返した。この時期、私は越ソ石油天然ガス合弁会社についての会議、SEV陣営の地質分野における協力についての会議など、主に会議のためにソ連にかなりたくさん行かないといけなかった。

一九八二年四月、閣僚評議会副議長兼国家計画副委員長にヴォー・ヴァン・キエット氏が就任した。ヴォー・ヴァン・キエット氏が委員長になって委員会指導部は大きく変化した。ファム・ハオ氏がラオス・カンボジア協力委員会副委員長に着任したことを受けて、政府官房にいたマイ・キー氏が工業担当の副委員長となった。一九八三年にヴー・ダイ氏が亡くなり、ホアン・クイー氏が第一副委員長・大臣に就任した。

ヴォー・ヴァン・キエット氏はいつも役人をクアンバーにある公邸に呼んで仕事をさせており、ときどき私も呼ばれた。仕事の後にはたいてい呼び止められ、彼と彼の仕事を手伝う部局にいる人たちと一緒に食事をした。そこで私は、バー・フアン氏とハー・フン・ズン氏と知り合った。南部からの友人たちと過ごしたとても楽しい時期で、私も楽しいことが好きな性質だった。仕事がなくてもときどき彼らと会い、そこから親しくなった。私とハー・フン・ズン氏は今に至るまで親しい付き合いがあり、会うたびに昔話をしている。四〇年前の悲喜こもごもな話をだ。

一九八三年初頭のある日の仕事後の食事中、ヴォー・ヴァン・キエット氏は私に言った。

「これからは守備範囲を広げ、工業領域をより包括的に考えていかないといけない。石油天然ガス局を重工業局に統合して君を基盤整備担当の責任者にしたいということを、委員会指導部に話しておいた。大きな仕事だよ」

つまり、私は再び重工業局に戻って副局長になれるということだ！　かつて指導部の人たちが言った通り、数年間の分断を経てまた統合されるのだ！

実際に再統合されるときには、業務の幅は大きく広がった。一九八三年以降の時代は、重工業の基盤整備事業は強力な発展期にあった。ヴンタウでの石油天然ガス事業以外にも、ホアビンとチアンの水力発電所、ファーライの火力発電所、ラオカイのアパタイト、電気網システムなど、多くの国家重点プロジェクトがあった。仕事は山ほどあった。仕事が多いと知識も広がるものだ。

かつての国家計画委員会の指導者の役割、地位、資質について、忘れることのできないひとつの話がある。それは、当時のクアンナム・ダナン省、現ダナン市に位置するカウドーの石炭火力発電所建設である。ベトナムとチェコスロバキアの協力案件として、同国は出力一〇〇ＭＷの石炭火力発電所建設を支援することになっていた。このような出力は小規模な部類に属する。エネルギー省と地方当局は、当時の中部での電力不足の解決のためにカウドーに設置するよう要請していた。

　重工業局のメンバーはエネルギー研究所、百科大学の技術・経済員から情報提供を受け、その案件に次の理由から反対した。出力の小さい石炭火力発電では経済効果が低いこと。カウドーに設置するとクアンニンからの石炭運送が必要だが、海岸沿いを移動する艀や小型船による運送には多くの困難が伴い、効果が低いこと。その出力では、北部から送電した方が経済効果が高いこと。さらに発電所は都市に近すぎるため、炭塵の影響が出る可能性があること。

　国会計画委員会は重工業局の意見を支持し、国家計画委員長が政府に報告した。政府指導者の大半はエネルギー省と地方当局の意見を支持した。相反する意見で議論は白熱した。この案件は政府討論に回された。皆国家計画委員会の意見に賛同した。カウドー電力発電所は建設できないことになった。もし建設していたら、ダナンは炭塵まみれになっていたことだろう！

　重工業局に再統合された後、私たちは昔のように以前の組織の仲間たちと交流し、密な関係となった。当時、公務員の生活は大変なもので、私たちは生活に余裕が出た際には仲間の生活の面倒を見るさまざまな方法を探していた。生活が大変なときほど人々は固く結ばれ、親密になった。「苦楽を分かちあう」という言葉を理解すればするほど、すべてがうまくいった。

もうひとつ、愉快でかつ真心のこもったエピソードがある。一九八四年末、重工業局はパーティーを開き、記念に集合写真を撮影した。写真を受け取った電力室長のチウ・ヴァン・トゥ氏はボールペンをとって写真の私の顔をぐるりと囲み、写真の裏側に、「この人はこれからホアンジウ六Bの家（国家計画委員会の建物）の主人になる」と書いた。皆冗談だと思ったが、その写真は労働組合委員長のファム・コン・ディン氏の手に渡って今も保管されている。二〇〇二年、私は大臣になり、ディン氏が私にその写真を差し出したので、私はこれに関して、トゥ氏も招いて二回宴会を開いた。そのとき私はトゥ氏に尋ねた。

「どうしてあなたはそう言えたのでしょう？」

トゥ氏は言った。

「一五年一緒に仕事をしていたんだ。人柄を見てそう言ったのさ！」（トゥ氏は一九四〇年生まれで庚辰年、私より五つ上で、寡黙だが何か言うときはとても深いことを言っていた。一九八六年、彼は戦略研究所に異動し、二〇〇〇年に定年になってフート省ラムタオにある故郷に帰り、二〇二〇年旧正月に亡くなった。新型コロナウイルス感染症によるものだったため私は供花を送っただけだ）。重工業局では今でもこの話が話題に上る。

この頃は高度な中央集権的計画経済の時代だった。国家計画委員会の役割と権力は非常に大きかった。計画工作のモデルは、組織体系から計画化の方法まで、ソ連からそのまま移入された。資金から物資設備、建設の請負、必需品、教育目標、労働の割り当てまで、すべてが、法令目標に従って作られた計画によって定められていた。ヴォー・ヴァン・キエット氏が来てからは、計画工作は臨機応変に調整できるようになり、現場により大きな経営・生産主導権が与えられた。国家の法令計画システムに加え、第二、第三計画も追加された。しかし経済状況はますます苦しくなった。特に一九八五年の価格・給料・価格調整における誤りの後はひどかった。当時の状況を受けて、より強い変化が求められるようになった。

第六回全国党大会はドイモイ時代への道を開き、そのなかの重要な内容の一つが計画工作の刷新だった。一九八七年、国家計画委員会における計画工作の刷新が一気に進められた。計画工作は法令目標を徐々に減らし、「請い与える《シン・チョー》」メカニズム[24]を徐々に撤廃するという方針で遂行された。それらの変化を実現させるためには、組織・幹部工作の大幅な改革が不可欠であった。

一九八八年三月、首相代理になったヴォー・ヴァン・キエット氏に代わってダウ・ゴック・スアン氏が委員長になった。組織刷新の取り組みは継続され、委員会内部の各組織も整

24　計画経済下で生まれた概念。個人や企業、政府機関等が国家機関に申請し、権利や予算を与えられる仕組みのこと。

理された。重工業局、軽工業局、機械・冶金局は合併して工業局となった。編成は簡素化された。局には局長が一人、副局長が二人いるのみとなり、残りの局長、副局長、公務員は仕事の割り当てを待機するか生産施設に配属になるか、あるいは早期退職となった。多くの局の指導層は専門員となった。元機械・冶金局長が工業局長となった。私は工業局の基盤整備を担当する副局長になった。

業務の守備範囲はますます拡大し、私は国全体の工業の現状をはっきりと把握できるようになる環境に恵まれた。当時、工業のための投資源、物資設備、消費市場は主にソ連と東欧に頼り、毎年の生産分配と計画調整に従ったＳＥＶ陣営との協力プログラムを通したものだった。

生産工程が若干複雑だったり設備投資にお金がかかったりする製品や労働力が少なくて済む場合は、私たちは製品の全工程ではなく商品の一部のみを生産した。それゆえに生産は陣営の構成員に大きく左右された。例えば靴を作る場合、私たちはアッパー部分を作るだけで、底付け工程はソ連と東欧に送って行われた。私たちはアッパー縫製の機械のみに投資し、底付けの機械には投資しなかった。費用が高く、労働力は少なかったからだ。したがって、ようやく喜ばしい状況が生まれたのは一九八九年初頭頃、グエン・ティ・ソン氏のレガメックス社がベトナムに初めて靴の底付け機械を導入した時のことだった。各省庁や関連分野の指導者たちは競って見に来たものだった。私は友人たちに次のように冗談を言った。

「まるで宇宙船を見に来ているようだ！」

皆が笑ってこう言った。

「一〇年近く、ただアッパーだけを作っていて、今ようやく完全な靴を作れるようになったのだから！」

ドイモイ政策の下で、一九八七年に外国投資法が施行された。その直後、企業法の設計も着手された。日本、ヨーロッパ、韓国、台湾、ASEAN各国の企業は、我々の経済開発政策と工業分野における投資の機会を知るためにベトナムに進出し始めた。最も多かったのはやはり日本企業で、特に日商岩井だ。日本の大手グループのベトナム進出を促進するため、政府は日商岩井と協力委員会を設立し、一九八六年にはハノイの駐在員事務所が開設していた。私は日本の各企業との仕事の機会に恵まれた。

ベトナムに進出する外国人は国家計画委員会のような、経済を管理する国家機関との面会を強く希望していた。当時多くの人は、公安に監視されることを恐れて資本主義諸国からの企業と接触することに抵抗があった。私に限っては、来るもの拒まず会った。私は皆に言った。「監視するのであればさせておきましょう。私たちは隠れて何かしているわけではないのだから遠慮する必要はありません。彼らに会って、彼らを助け、同時に自分たちを助けるのです。彼らの市場理解、投資機会の発見を助けることは、私たちが世界経済についての知識を深め、さらに投資家を増やすことにつながるのです」

当時は今とは違って、情報に大きな制限があった。外国人と交流し、一緒に仕事をすることはひとつのよい情報チャンネルであった。外国、特に日本の企業の代表者は訪越のたびに私と面会した。私はドアン・ゴック・ボン氏、ファム・チー・ラン氏をはじめとした、ベトナム商工会議所（VCCI）やTSC（VCCI傘下の会社）の者たちと親しい協力者のようなものだった。私は資本主義諸国の来客とたくさん仕事をしていたので、委員会の指導者の一人はそれが気に入らず、朝から晩まで日本の客、韓国の客、西洋の客だ、と私に言った。私はファム・チー・ラン氏に、もし来客が多いようなら、彼らとの仕事はあなたのところでした方が都合がよいので、部屋を用意するようにと伝えた。その時期、ベトナムの商工会議所はバーチウ通りとリートゥオンキエット通りの角にあり、私のところからもとても近かった。

一九八九年四月、ダウ・ゴック・スアン氏に代わってファン・ヴァン・カイ氏が国家計画委員長になり、ドー・クォック・サム氏が第一副委員長になって工業局の直接の責任者になった。ダウ・ゴック・スアン氏は国家協力投資委員長になった。スアン氏は私に、こちらに来てくれたら局長にすると言った。私は国家計画委員会の仕事の方が好きだと言って辞退した。

一九八九年九月、カイ氏の訪日の際に私も同行し、日本のこと、そしてベトナムとの経済関係を促進しようとする日本の当局の願望についての理解を深める機会を得た。戦後の荒廃からの、敗戦国の奇跡的変化をこの目で見ることができた。実際にそれは、ファン・ヴァン・カイ氏と私、そしてその他のメンバーにとっての大きな学びであった。私たちはいまだに「日本からの教訓」と呼んでいる。この訪日はまた、経営者から政治家、官僚まで、日本の友人たちと私との関係を築き、同時に私に発展についての新しい考え方とその道筋をもたらしてくれた。この訪問以降、ベトナムに進出した各日本企業は誰もが私を訪ね、私の方は日本企業のビジネス能力と意図についてますます理解を深めた。

一九八九年から一九九〇年にかけて、国際連合開発計画（ＵＮＤＰ）と国際連合工業開発機関（ＵＮＩＤＯ）の専門家たちが、続いて国際通貨基金（ＩＭＦ）、世界銀行（世銀）、アジア開発銀行（ＡＤＢ）の専門家たちが次々に訪越して視察し、ベトナムの工業と経済の開発政策についての研究プロジェクトの準備を進めた。ドー・クォック・サム氏は彼らとの仕事を私に任せた。私は国有企業改革と中小企業振興の各プロジェクト内容の作成準備に向けて彼らと仕事をした。

一九九〇年五月初頭、ファン・ヴァン・カイ氏の招待により渡辺美智雄氏が訪越した。これは一九七三年九月に両国が外交関係を樹立して以来、日本の政界のトップ層による初めての訪越だった。日越関係の新たな時代に向けて道を切り拓く出来事であった。私はホーチミン市に派遣されて渡辺氏を迎え、そこから彼の行程に同行した。

一九九〇年五月六日、渡辺氏はハノイを訪れ、ドー・ムオイ閣僚評議会議長、ファン・ヴァン・カイ氏、グエン・コー・タック外務大臣と仕事をした。私はどの場にも参加した。一番興味深かったのはドー・ムオイ閣僚評議会議長との面会であった。面会時間は一二〇分近くになった。この話は追ってしよう。これらの場に参加できたことで、私の知識と理解は大きく広がった。

一九九〇年六月にインドネシアのスマグループが、度重なるやりとりの後に私と関係職員三名をインドネシアの工業視察に招待した。私たちは再び、似通った歴史を持つ国の工業開発の過程について学ぶ機会を得た。交流、仕事、学習を通して、知識が徐々に蓄積されていった。

一九八九年半ば、東欧では大きな変動があった。人民が闘争を決起して政権を倒した。一九八九年末になると、東欧の社会主義システム全体が崩壊した。ソ連は経済と社会において多くの困難に直面した。以前のような各年、五ヵ年の計画調整システムはもはやなかった。資金源も物資、設備の供給源も限定された。一九九〇年はベトナムにとって非常に苦しい一年であった。工業分野はとりわけそうだった。それはまた、ベトナムを発展に導く、ベトナムにおけるドイモイの一つの分岐点であった！　新しい経済発展路線を形成するために、経済の考え方をめぐって大きな変化が起こっていたのである。

一九九〇年九月半ば、韓国の延世大学がベトナムの商工会議所を通して、ベトナムの経済専門家団を韓国経済と投資促進の視察に招待した。ファン・ヴァン・カイ氏は、視察参加メンバーに社会経済発展十ヵ年戦略（一九九一－二〇〇〇年）の報告を準備させることを決定した。チャン・ドゥック・グエン氏が団長を務めた。メンバーにはファム・チー・ラン氏、ルオン・スアン・クイー氏（国民経済大学学長）と経済関係の各研究所の数名がいた。私も視察団に参加した。

韓国側は視察団のために、韓国の大手経済グループとの協議、開発の経験についての意見交換、各工業団地や経済特区の訪問をセッティングし、ベトナムでの投資機会を紹介する会合も開いてくれた。私たちは、自分たちと同じ出発点を持つ韓国という国の奇跡的発展を見聞きすることができた。彼らはたったの約二〇年で漢江の奇跡を成し遂げ、韓国を先進国に仲間入りさせたのだ。彼らの発展を目撃して、私たちはなおさら心を痛めた！

訪問中、大手経済グループのトップ層や韓国の経済研究者は、両国関係の早期の正常化と正式な外交関係の樹立、ビジネスを行う両国の企業にとっての好環境の整備、教育・養成分野での交流を強く望んでいた。私たちは政府に、韓国の経済界と学術界の願望を報告した。議論を重ね、国内外の多くの障害を乗り越え、一九九二年一二月に両国はようやく外交関係を樹立した。

一九九〇年という年は、第七回党大会への意見書を準備する時分でもあった。政府は、社会経済安定化・発展十ヵ年戦略（一九九一―二〇〇〇年）と社会経済開発五ヵ年計画（一九九一―一九九五年）の報告を準備することになっていた。ドー・ムオイ閣僚評議会議長が直接指示を下した。ファン・ヴァン・カイ氏は編集委員長で、私は工業関連部分の編集に携わった。

一九九〇年一〇月半ば、ドー・ムオイ閣僚評議会議長とヴォー・グエン・ザップ副議長は工業開発の戦略と五ヵ年計画について国家計画委員会から話を聞く場を設け、工業局長が報告した。報告は、従来のモデルに従い、既存の分野、国有企業を発展させる方向性に偏ったものだった。改革、株式化、民間資本の導入、外国直接投資（ＦＤＩ）に向けた国有企業の再編、刷新について話すときは大変用心深かった。当時、多くの人はこの問題について口にするときは慎重を期していた。

ドー・ムオイ閣僚評議会議長は、開発のための資本源と資本導入のためのメカニズムについて尋ねた。工業局長は返答できず、カイ氏は私から返答するよう指示した。ＵＮＤＰ、世銀、ＵＮＩＤＯ、ＡＤＢの専門家や外国企業との仕事、もしくは日本、インドネシア、韓国での視察を通して蓄積してきた知識に依拠して、私は次の点をよどみなく伝えた。ＦＤＩ資本を外国投資法に従って導入すること。特にカンボジア問題が解決して国際社会との関係が改善され、援助再開にこぎつけたら、電力と交通をはじめとして、社会経済のインフラ開発のために政府開発援助（ＯＤＡ）を動員すること。企業法（国会は一九九〇年一二月に企業法を通過させた）を施行したら企業の発展のために国内の民間資本を導入すること。株式化、国有企業の買収に向けて、国有企業の再編・刷新プログラムに参画する民間資本を誘致すること。

私の話は簡潔、率直で、遠回しに言って予防線を張ったりせずに、具体的に引証しながら話すので、「歯《バ》に衣《オ》着せぬ物《ゴ》言《ン》い」だと言われていた。ときどきドー・ムオイ閣僚評議会議長とヴォー・グエン・ザップ副議長が討論を促すようにして話を遮り質問を投げかけたが、私はそれでもすらすらと答えた。私はメインの報告者になった。ドー・ムオイ閣僚評議会議長はいつもとても自然体で会議を進めていたので、話し手は自信をもつことができ、会議は盛り上がった。

会議の最後に、ドー・ムオイ閣僚評議会議長は結論を述べた後に次のように言った。

「皆さんはどうぞ帰宅して休んでください。ヴァンさん（ヴォー・グエン・ザップ氏）、カイさんはここに少し残ってください」

私は三階にある自分の仕事場に戻った。その日は、国家計画委員会の本棟と連結した新築の建物の二階の二四八号室で会議をしていた。私の部屋の前の廊下からは会議室をはっきりと見下ろすことができた。廊下に出て下を見ると、三人が三〇分程度話をしているのが見えた。カイ氏が会議室の真下の庭に停めてあった車に乗り込む議長と副議長を見送るために一階に降りると、私は後に続いた。車が走り始めた時、私はカイ氏についていって尋ねた。

「どうかしましたか。失礼なことでもありましたか。それとも何か用事があったから残っていたのですか」

カイ氏は笑って次のように言った。

「なんもねーよ。二人は、お前がよく理解していてヴィジョンがあって、問題をよく把握し、刷新の考え方を持っていると褒めていたんだ。お前を局長にするように言われたよ。お前を局長にして俺の顧問にするようにとね。ムオイさんは石油天然ガス局時代から長く副局長を務めてきたことも知っていた。俺は二人に、お前のことを「イノックス副局長（ステンレスのこと。カイ氏は私のことを今でもよくこのように呼ぶ）」だと言っているんだと伝えたよ」

約一週間後の一九九〇年一〇月末、私は工業局長に昇格する決定を受け取った。決定が下されるとき、カイ氏は私に尋ねた。

「お前はどうして入党がそんなに遅かったんだ?」

これは愉快な話なので、後で語ることにしよう。

第四章　発展の道のり

一、

一九九〇年一〇月、私は工業局長に就任した。第七回党大会の準備に向けて、この時期は国家計画委員会の活動の中で最も活発な時期だった。ベトナムの経済のため、ベトナムの長期的発展のための、まさに大きな転換点だった。

一九九〇年末、社会主義陣営全体が崩壊した。ソ連は徐々に破綻の道を進み、一九九一年八月に解体に至った。それらの出来事は少なからず人々を不安にさせ、恐れさせもした。以前よく「ベトナムにとっての堅固な拠り所」と呼んでいたものが消滅してしまったのだ。多くの人は、この崩壊がベトナムにも及ぶのではないかと心配し、慌てて先に逃げる者もいた。

しかしそれでもベトナム人が言うように「不運のなかにこそ幸運がある」のであって、実際にこれは新たな幸運、私たちにとっての大きな幸運だった。変化するため、経済を本格的に刷新するための幸運だ。今や私たちは自身の二本の脚で自立し、踏み出さなければならない。寄りかかるところもなければ従属もない。新しい発展の道のりなのだ！　ファン・ヴァン・カイ国家計画委員長の指導の下で、私たちは第七回党大会における経済に関する報告の準備に参加するにあたり、新しい考え方を持つようになっていた。新たな経済体制が形成されつつあった。私たち若手公務員は新しい時代に足を踏み入れることに心を躍らせていた。新しい発展の道が開けつつあるのだ！

一九九一年六月、第七回党大会は「社会主義への過渡期における国家建設綱領」と「社会経済安定化・発展十ヵ年戦略（一九九一－二〇〇〇年）」を通過させた。一九九一年一二月には、国会は五ヵ年計画（一九九一－一九九五年）を通過させた。

十ヵ年戦略（一九九一－二〇〇〇年）は経済を画期的に発展させる二つの方向性を切り拓いた。一つは多セクター経済の発展を認め、そこでは民間の資本主義経済も発展規模について制限されないこと。もう一つは経済関係をすべての国、すべての国際機関に拡大すること。

工業先進国の政府や民間企業、国際機関は、ベトナムの経済の強力な刷新の潮流を知ると、一九九〇年末以降、次々にベトナムに視察団を派遣して市場調査を実施し、投資機会や協力プログラムを検討した。私は工業局長の立場で、それらのほとんどに参加した。

この時期に最も盛んだったのは、日本の大手グループや政府機関の活動だった。一九九一年一二月に日本政府は省庁横断の専門家団を派遣し、対ベトナム政府開発援助（ＯＤＡ）の再開の可能性をめぐる意見交換を行った。一九九二年三月、日本の高級官僚から成る訪問団が訪越して四五〇億円のブリッジローンについて正式に交渉し、一九九二年末、ブリッジローンが発表された。日本政府は正式に対ベトナムODAの再開を宣言した。国家計画委員会には、一九九三年中に支援プロジェクトリストの合意のために日本側と仕事をするという任務が与えられた。

政府とともに、日商岩井（一九九〇年一二月）、三井（一九九一年三月）、三菱（一九九一年四月）など、日本の大手グループの社長も次々とベトナムを訪れた。彼らは皆丁重にもてなされ、ベトナムの関連機関と仕事を進められるように手配してもらっていた。私はこれらすべてに参加した。

ファン・ヴァン・カイ国家計画委員長と意見交換をしていた際、三菱グループの諸橋氏はこう言った。

「三菱も他の日本の大手グループも、戦車と同じで、駆動するのに時間がかかります。しかし走り始めたら前進あるのみ、後退はしません！」

彼らは実際にその通りに実行した！

三井グループの社長は訪越中に、ベトナム工業発展マスタープランの研究プロジェクトの実施を提案した。カイ氏はこのプロジェクトを取り仕切る業務を私に任せた。

ベトナムと各日本企業との関係における大きな分岐点は、一九九三年二月にハノイで開催された、日本ベトナム経済委員会の第一回会合である。この会議では日本ベトナム経済委員長の西尾氏とドー・クォック・サム国家計画委員長が共同議長を務めた。これは日本の大手グループと企業によるベトナム進出の第一歩であった。

日本に加え、韓国の大手グループも次々にビジネスチャンスを模索した。最初に来たのは大宇《デウ》で、ホテル、電気、工業団地に関する大規模プロジェクトへの投資を確約した。西欧、オーストラリア、アジア各国の投資家たちも、開かれたばかりで潜在力に満ちた市場に注目していた。

私が一番覚えているのは、一九九一年五月の、大宇グループ会長キム・ウジュン氏の最初の訪越である。仕事を終えたあと、カイ氏は訪問団を政府宿舎での食事に招待した（ゴークエン通り一二番）。夕食を済ませ、二二時頃に一行はノイバイ空港に行って香港へ向かった。カイ氏は私に一行の送迎を任せていた。到着すると、空港は真っ暗で大雨だった。当時ノイバイ空港には、いくつかの簡素な倉庫があるのみで客室はなかった。空港全体をあたっても傘の一つすらなかった。車はキム会長をチャーター機の階段の下まで連れて行き、四人の護衛と側近はただちにベストを脱いでつなげて雨よけの覆いを作り、キム会長を飛行機に乗せた。何をするにも苦しい時代だった！

国際金融機関は、ベトナムの一連の政策研究と経済改革プロセスを大変重視し、それらを新規借り入れのための先決条件であると見なしていた。私たちの側では多くの指導者が、世界銀行（世銀）と国際通貨基金（ＩＭＦ）が常に私たち側の経済体制を変化させる方法を模索し、さらには政治体制に影響を及ぼそうとしている、という強い先入観を持っていた。

一九九一年四月、世銀と国際連合開発計画（ＵＮＤＰ）は私たちと「国有企業刷新」プロジェクトと「中小企業振興」プロジェクト（ＶＩＥ九二－〇一〇とＶＩＥ九二－〇一一）という二つの技術援助プロジェクトの綱領について議論した。これら二つのプロジェクトはベトナムの変容期における政策形成過程に重要な貢献をした。

これら二つのプロジェクトの実現により、私たちは世銀の経済専門家、とりわけデイヴィッド・ドラー氏と知り合い、緊密な関係を築くことができた。デイヴィッド・ドラー氏は当時プロジェクトアドバイザーで、私はプロジェクト長であった。私たちは、プロジェクトの内容と研究結果について、あるいは政策の提案や提言について合意するといった、当時非常にデリケートだった作業のために、緊密に連携しなければならなかった。

当時、私たちが何度も何度も議論したのちにようやく、デイヴィッド・ドラー氏が譲歩した小さな用語があった。それは「民営化」という語の代わりに「株式化」という語を使用することであった。私たちは第七回党大会決議に従わなければならなかった。たとえ両者がともに、「民営化」の方が国有企業の売却や貸出を含む、より包括的な表現であると考えても、

「株式化」という語を使用しなければならなかった。「民営化」は当時忌避されていた言葉だったのだ。私はデイヴィッド・ドラー氏にこう言わねばならなかった。

「私もあなたも現実的な人間です。語義に囚われるのではなく内容で考えてはどうでしょう。私は決議と異なる用語を使えない状況に置かれているのです。どうか理解してください！」

最終的に、デイヴィッド・ドラー氏は内容全体について私たちに合意し、語義は見逃し、実際の内容は民営化だったが「民営化」の代わりに「株式化」を使うことにした。彼らは、私たちがよく互いに「言葉狩り」していて、しばしば現場の人を苦しめている、といつも言っていた。

世銀、UNDPとの二つのプロジェクトと三井とのプロジェクトの下で、工業局の当時の仕事は非常に活発だった。そこには開発機構と開発メカニズムという、工業発展のための二つの主要な研究内容が含まれていた。私たちはそれを通して大きく成長した。

一九九二年末、世界銀行は訪問団を派遣してベトナムへの融資の再開を検討した。私はドラー・クォック・サム氏からその一行に参加するよう指示を受けた。デイヴィッド・ドラー氏も参加した。彼はいつも私たちに次のような冗談を言っていた。

「ドラー《ドル》が来るということは世銀からドルがベトナムにやってくるということだ！」

私は二国間・多国間の援助管理組織や各国の大きなドナーを早期に受け入れて良い関係

を築いていたので、国家計画委員長のファン・ヴァン・カイ氏、その次に就任したドー・クォック・サム氏は、私が工業局長であるにもかかわらず、私に対外経済関連の業務を数多く割り振った。どうやら、カイ氏もサム氏もこの分野での私の実力を認め、業務を割り振る際にはそのような方針を持っていたようである！

一九九一年八月、国家計画委員会の指導部には変化があった。ファン・ヴァン・カイ氏は委員長を辞任して常任副首相に就任した。ドー・クォック・サム氏が委員長となった。一九九二年、マイ・キー氏が国家人口家族計画化委員会の委員長となった。レー・スアン・チン氏は政府官房長官になった。レー・ザイン氏は定年退職した。ホー・ファン・ギエム氏は在ロシア大使館に赴任した。

国家計画委員会では四人の副委員長が不足していた。政府はレー・スアン・チン氏のポストにチャン・スアン・ザー氏を着任させ、加えて内部から三人の副委員長を補充することにした。ドー・クォック・サム氏は、局レベルの公務員全体の票を集め、三つのポストの副委員長を推薦するよう要請した。その三つとは、マイ・キー氏に代わる科学教育・文化社会担当、レー・ザイン氏に代わる基盤整備担当、そしてホー・ファン・ギエム氏に代わる対外経済担当である。

ドー・クォック・サム氏と委員会指導部は、それぞれの公務員が自由に選択できるよう、上層部の方針を伝えないことを主張した。大半がファム・ザー・キエム氏、チャン・ディン・キエン氏、私を三つのポストの適任者として投票した。私たち三人全員が、一九九二年一二月二五日に任命決定を受け取った。一九九三年一月一日、私たちは国家計画副委員長を拝命した。後日、私は対外経済担当に割り当てられた。

一九九三年はベトナムの対外経済分野において歴史的に画期的な年であった。すべての二国間ドナーが対ベトナムODAの再開を宣言したのである。それに国際金融機関が続いた。パリクラブで政府の債務、ロンドンクラブで民間債務の返済計画について債権者と合意形成したのち、世銀と各ドナーは一九九三年一一月にパリで対ベトナム支援国会合（CG会合）を開催することに合意し、その後長年続いていく年次のCG会合の開催への道が開かれ、以後長年にわたるODA資本へとつながったのである！

私は任命決定を受け取り、ドー・クォック・サム氏からこの業務を割り当てられると、すぐさま与えられた業務に着手した。というのもこの業務は、それまでの作業の中で慣れたものだったからだ。

最初の仕事は、世銀の専門家たちと連携して、一九九三年一一月のパリでの支援国会合の準備をすることであった。最も重要だったのは会合で発表する政府報告の準備だった。初めての会議であったため、私たちにはまだ経験がなく、UNDPが報告書作成への技術援助プロジェクトを提供してくれた。世銀の専門家たちは国家計画委員会の専門家たちと連携して報告書を作成した。

それから、UNDPの支援により、政府は支援国会合の開幕一か月前に、それに向けたロビー活動団を組織した。ドー・クォック・サム氏が率い、世銀とUNDPも参加した。そのとき世界一周したのだが、ドー・クォック・サム大臣はUNDP援助プロジェクトの基準に従い、エコノミークラスで移動したのであった！

支援国会合への準備に加え、一九九三年は、私が参加したり準備を行ったりした政府指導部の対外活動が多い年でもあった。対外経済担当の国家計画副委員長として、外国のパートナーと直接やりとりする仕事にも送り込まれた。

一九九三年五月、ヴォー・ヴァン・キエット首相が訪日した。これはベトナムの首相による初めての訪日であった。ドー・クォック・サム氏は訪問団に参加した。一九九二年末の日本の対ベトナムODA再開宣言に続き、この訪日は、日本とベトナムの新たな発展の一歩となった。東京での両国首相の会談で、日本は海外経済協力基金（OECF）の融資と国際協力機構（JICA）の無償資金協力によるいくつかのプロジェクトへの支援に合意し、日本はベトナムにおける最大の支援国の一つとなった。

一九九三年六月末、私はヴォー・ヴァン・キエット首相に随行してフランス、ドイツ、べルギー、そして欧州連合へと、西欧との関係構築に赴いた。この出張を通して私は、その後の仕事で長く続いていく関係を作り出すことができた。

一九九三年一〇月下旬、私は首相の特派員としてシンガポールに派遣された。その目的は、リー・クアンユー氏にベトナムの経済状況を説明し、一九九三年一一月に予定されていたヴォー・ヴァン・キエット首相の招待客としてのリー氏の訪越の準備をすることであった。私はイスタナ〔シンガポール大統領官邸〕で、リー氏と一度、興味深い仕事をした。この訪問で私は、有名な一人の指導者とともに議論を交わすことで知識や視野を広げることができた。

ODA資金の働きかけと併せて、政府は当初から、ODAの管理と使い方を重視していた。私たちはODAの管理・使用に関する法案作成を任された。一九九三年末に政府二〇号議決が執行され、国家計画委員会がODAの管理・調整の任務を担うこととなった。

一九九三年一一月、ファン・ヴァン・カイ副首相がベトナム政府代表団を率いて、パリの対ベトナム支援国会合（CG会合）に参加した。会合は成功した。各ドナーは最初の期間において一八・六億ドルの援助を約束した。大規模資金が約束されたのだ！　政府と各ドナーの二国間・多国間関係は強力に発展した。CG会合は政府・各ドナー間の年次の政策対話のチャンネルを築き、我が国の刷新の促進・進展に積極的に寄与していったのだ。

一九九三年一一月末、リー・クアンユー氏がヴォー・ヴァン・キエット首相の招待客として訪越した。リー・クアンユー氏の訪越中、私はずっと随行させてもらった。リー・クアンユー氏はベトナムの開発政策について率直で、誠実でまっすぐな意見を提示した。このことはベトナムにおけるリー氏の支援の役割をめぐって真っ向から対立する意見を生むことにもつながった。

その間、私たちの間では社会主義の道から逸れているという意見が次々と挙がっていた。一方で他の多くの意見はこうだった。私たちは各国、特に地域内で我々と同じ状況下にある各国からあまりにも遅れを取っていて、このことこそが一番の危機である！　一九九四年一月、党の第七期中間全国代表者会議は三つの危機を認め、その中で遅れは第一の危機とされた。

経済を開放し、すべての国々、すべての国際金融機関と経済協力関係を強力に発展させる政策は引き続き肯定された。私たちは今進んでいる道でさらに力をつけた。第二回（一九九四年一一月）、第三回（一九九五年一二月）ＣＧ会合で、各ドナーたちは四三億ドルの支援を約束した。安定的、長期的な外貨による重要な投資が徐々に増加していた。

一九九四年二月、アメリカがベトナムへの禁輸措置を解除した。一九九四年五月には、政府は両国の関係正常化プロセスの促進を目指し、アメリカの企業連合の招待に基づいてチャン・ドゥック・ルオン副首相をアメリカに派遣した。私は訪問団に送り込まれた。それは私の初めての訪米であり、新たな関係の始まりだった。

一九九四年六月、首相はロシアと独立国家共同体（SNG）各国を訪問し、伝統的な市場との関係を回復させた。私も訪問団に参加できた。

ベトナムを訪れる団体も多かった。その中でも特別だったのは、一九九四年八月二五日からの日本の村山富市首相のベトナム正式訪問である。これは一九七三年の外交関係樹立以来、日本の首相による初めてのベトナム訪問であった。

一九九五年、上層部の対外活動はより活発になった。一九九五年四月にドー・ムオイ書記長は韓国と日本を訪問した。一九九五年七月末にはオーストラリアとニュージーランドを訪問した。これらの訪問は、ベトナムと先進工業国の関係に大きな発展をもたらした。

訪日の際、書記長と日本の村山首相は、後に一般に石川プロジェクトと呼ばれるようになる、ベトナムにおける経済開発政策の研究プロジェクトの実施に合意し、日越関係の新たな発展の一歩を踏み出した。これはベトナム側が初めて日本側に開発政策研究の支援を要請した案件であり、二国間の全面的な協力の時代を切り拓いたのだった。私は書記長からこの研究プロジェクトの責任者を任され、このプロジェクトは一九九六年から二〇〇〇年、そしてそれ以後のベトナムの発展に不可欠な寄与をすることになった。

レー・ドゥック・アイン国家主席は一九九五年五月にシリア、クエート、フランスを訪問、一九九五年一〇月にブラジル、キューバを訪問し、それからニューヨークに行って国連設立五〇周年記念式典に参加した。一九九五年六月には首相が北欧を訪問した。対外活動はひっきりなしに続いた。ドー・クォック・サム氏は私をすべての訪問団に参加させた。書記長の訪問団では彼の参加は必須だったが、そこで企業団の責任者として私に同行するよう要請したのだ！　どうやら彼は私に、対外活動を通して多くの上層部の指導者と接触してほしかったようである。

この時期、国内外双方で、各ドナーと援助を調整する活動がかなり多くの時間を占めた。私は立て続けに外国に行かねばならなかった。しばしば、訪問団から抜けて他の国に移動し、別のプログラムに参加しないといけないこともあり、私だけが、国際空港をさまよい、フライトの乗り継ぎの手続きを自ら行わなければならなかった。

私と国家計画委員会対外経済局の仲間たちにとってどうしても忘れられない、援助関連の会議に出席するための出張がある。それは一九九三年のことで、オーストラリアのシドニーでＡＩＤＡＢ（当時のオーストラリア開発援助局）と仕事をしたときのことである。出発前、私たちはヴォー・ヴァン・キエット首相に次のことを報告し、首相はそれに同意していた。次の会計年度のオーストラリアの援助予算ではクアンハウ橋（クアンビン省）と二〇メートル以上の長さのいくつかの小さな橋を作ること。そして、世銀の援助予算では国道一号線のヴィンリンからザイン川南までの道路と二〇メートル未満の橋を作ること（ザイン川の橋はフランスが援助する）。

シドニーに着くと、ＡＩＤＡＢ副総局長のティム・テリー氏が、次の会計年度で、対ベトナム援助額を五〇％増額する決定をオーストラリア政府が下したことを知らせた。私は心のなかで、その金額があればミートゥアン橋に必要な七〇％の資金をカバーできると計算した。その日の昼、私は訪問団（在オーストラリアベトナム大使館、政府官房のキエウ・ティエン・クアン氏、ズオン・ドゥック・ウン氏、ホー・クアン・ミン氏とあと数名）と意見を交わした。私は次のように言った。方法を変更し、援助額が多いのならミートゥアン橋に特化した方がよい。不足する三〇％は国内の該当する予算から持ってくる。オーストラリアには、幅の広い川に橋をかける大変優れた技術があるので、私たちはこの機会にその技術を学ぶ。小さな橋の建設は自分たちでできるし、クアンハウ橋は他の資金や国内予算を使用すればよい。

誰もが妥当だと思ったものの、首相の意見を得られていないために躊躇していた。当時の通信状況は厳しかった。皆遠慮して「あなたに責任がある、あなたがしっかりと考えなければなりません」と言った。

私は言った。

「いいでしょう、ミートゥアン橋にしましょう。帰国して何かあれば私が責任を負います。最悪の場合、処罰も受けます」

しかし私は、サウ・ザン氏が国家計画委員長を務めていたころから彼の性格を知っていた。民、国の益になることでありさえすれば、彼は手続きを咎めることは決してなく、時に褒めるのである！　こうあってこそ、政府の規定に従いODAを効果的、合理的に手配、使用すると言えるのだ。会議に出席した私たちは、そこで新しい案件を提案した。ミートゥアン橋は事前に送付した案件リストには入っていなかったのでティム・テリー氏はかなり驚き、すぐさま案件の内容を尋ねた。他の案件の準備のための出張だったので、私はCG会合のためのODA案件リストを準備した際の記憶に基づいてアドリブで話さなければならなかった。地図がないため、私はミートゥアン橋の見取り図を描き、メコンデルタの発展におけるこの橋の役割を強調した。もしミートゥアン橋を作ったら、それはオーストラリアの対ベトナム開発援助の象徴となるであろう、と。

先方は、ベトナムが三〇％相当の資金を担えるのかと疑問を投げかけた。私たちは不足なく手配することを保証した。最終的に、両者はミートゥアン橋建設に合意した。オーストラリア側は政府にあげて承認し、プロジェクト立案・設計に早急に着手することになった。

その会議以降、私たちとＡＩＤＡＢ、特にティム・テリー氏との関係は親密になった。私は今でもティム・テリー氏を「心優しいおじいさん」と呼んでいる！　翌年、ベトナムで会議を開いた際、私は彼をハロン湾に招待し、仲はますます深まった。今に至るまで、私はティム・テリーという名前をずっと記憶しており、彼の長身痩軀な容姿と悠長な様子を忘れることはできない！

ハノイに戻ってきて飛行機を降りると、私は首相官邸に直行して出張の結果の報告をした。私が予想した通りであった。首相は主体的で柔軟だと褒めた。国家計画委員会に戻ってドー・クォック・サム氏に報告すると、サム氏はこう言った。

「とてもよいではないですか。メコンデルタ地区の交通プロジェクトの資金を探していたところなんです。重点プロジェクトの資金が見つかりました！」

一九九五年、ベトナムと国際社会の関係は強く発展した。二年間の積極的な交渉の後、一九九五年七月一七日、ベトナムと欧州連合の枠組み協定が締結され、私たちは、一九九三年の西欧出張で首相から任された仕事を全うできた。一九九五年七月にベトナムはＡＳＥＡＮのメンバーとなり、アメリカはベトナムとの関係を正常化した。国際関係が発展し、ベトナムが発展するための新しい時代、新しい時節がやってきたのだ。

一九九五年一〇月、国家協力投資委員会と国家計画委員会の合併を基礎として、計画投資省が設立された。副委員長は次官と呼ばれるようになった。

一九九五年は第八回全国党大会に向けた準備の年であった。私たちは各報告書の作成という職務に従い、大会に向けた準備を行った。

一九九五年初め頃、計画投資省事務局には対処せねばならないデリケートな問題があった。それは霊魂に関わることであった。一九八四年、国家計画委員会が本棟に連結した建物を新設する際に、大きな井戸をふさがなければならなかった。それは破壊的な戦争中の用水設備の爆撃時の給水に備えて掘られたものだった。建物が完成して数年の間に、多くの人が亡くなり、大半が突然死であった。亡くなった人たちが働いていた部屋は新しい棟にあり、その周囲にはトイレがあった。昼食後に仕事部屋で亡くなった人もいた。

多くの人が心配し、霊媒師にみてもらった。霊媒師は、あなたたちは井戸をふさいで龍脈[25]を汚してしまったので、龍脈を開通させる儀礼が必要である、と言った。井戸をふさいだことを覚えている人は少なかった。事務所長のグー氏は私に尋ね、私はその出来事、および井戸がトイレの下に位置していたことを認めた。私たちはますます不安になった。グー氏は龍脈を開通させる儀礼をさせてほしいと言った。

25　風水思想において、大地の山の尾根伝いに流れる「気」のルートのこと。

私はサム氏に報告した。サム氏は落ち着いた様子でたばこに火をつけ、一息吸うと、遠くに目をやった。これは熟慮する必要があることを話す前の彼のしぐさである！　彼はゆっくりと話した。

「これはとてもデリケートな問題で、皆さんが安心できるように対応は必須です。しかし今、あなたは離れていないといけません。あなたにだけ話しますが、私たちはあなたを中央執行委員会に推薦する予定で、ムオイさん、サウ・ザンさん、サウ・ナムさん（レー・ドゥック・アイン氏）は大賛成しています。あなたは大事を取らないといけません。この問題は私に任せてください！」

この時になって私は初めて、私の中央執行委員会への推薦が検討されていることを知った。数日後、事務局の人たちが子の時刻に龍脈を再び開通する儀礼を執り行い、グー氏が儀礼の主を務め、サム氏は私を行かせなかった。すみずみまで行き届いたリーダーである。

一九九六年四月、中央経済ブロック党委大会が行われた。私は計画投資省の党委代表団の一員として大会に参加した。大会は全国党大会に出席する代表団を選出した。計画投資省党委書記のファム・ザー・キエム氏が代表団に選出された（たいてい、一つの省から一人の代表者が選ばれた）。

ブロック党委大会後、私が会議やシンポジウムに行くと、何人かの友人がこう言った。

「星がのぼっているね！」

私は冗談で返した。

「のぼっているけれど流れ星だ！」

それからしばらくして、一九九六年五月末頃になると、今期に計画投資省は中央にザー氏、キエム氏、バイ・ハー氏（ドー・ゴック・チン氏）と私の四人を推薦しているらしいと皆がひそひそと話すようになった。私は、一つの省から選ばれるのはいくら優秀でも二人で、それはバイ・ハー氏とザー氏だと考えていた。普通は一つの省から一人しか選ばれないので、そうであれば女性枠があるのでバイ・ハー氏だろう。どうして四人全員が選出されよう！

通知によれば、第八回党大会は一九九六年六月二八日朝八時に開幕するとのことだった。その前には内部大会がある。選挙関連のことはすべて内部大会で執り行われる。私は大会に出席する代表者ではなかったので、いつも通りに仕事を続けており、大会の日程は知らなかった。

六月二六日夜中の一時ごろ、卓上電話のベルが鳴った。当時携帯電話は大変少なかった。私は睡眠を邪魔されたのでいらっとしながら机のところまで行って受話器を取り、尋ねた。

「誰ですか？」

電話線の向こうから話し声が聞こえた。

「チュン・ターです、チュン・ターです！」

私は言いました。

「ああ、ターさんですね！　いったいどうしたんです？」

電話線の向こうからはまたこう聴こえた。

「チュン・ターです、チュン・ターです！　逆さにしてみて！」

そして相手は電話を切ったのだ！

戻って寝ようとすると、私の妻は、いったい誰が何を言ったのか、と尋ねた。私は、ター氏が電話をかけてきたのだが、ただ「チュン・ターです」と繰り返し、それからそれを逆さにしてくれと言うのだが、何のことだかさっぱりわからない！と言った。妻は、チュン・ターの逆は我々《ター・チュン》が当選、もしかするとあなたが中央に当選したと言っていたのでは？と言った。私は、どうして知ることができよう、一つの省から四人も推薦したんだ、と言い、再び眠りについた。

翌朝六時三〇分、党中央事務局から電話があり、今日開かれる中央執行委員会第一回会合に参加できるよう、第八回党大会に参加するための資料・徽章と招待状を、今朝のうちに中央事務局がグエンカインチャン通り八番へ持っていくとのことだった。そのとき私はようやく、第八期党中央執行委員会に選出されたことに気がついた。その任期には、推薦された計画投資省の四人ともが中央執行委員会に選出された。

中央執行委員会会合に赴くと、ドー・チュン・ター氏に会った。ター氏は笑いながら私に言った。

「いつもは頭が回るのに、どうして昨日はそんなに理解が遅かったんだい？」

これが、昔私が党中央執行委員会に入った時の話である！

二、

一九九六年六月、第八回全国党大会において、計画投資省の四人の次官が党中央執行委員に選出された。一九九六年一一月に任命と省指導部の配置換えがあった。ドー・クォック・サム氏は大臣を退任し、チャン・スアン・ザー氏が計画投資大臣に就任した。ファム・ザー・キエム氏は科学技術大臣になった。バイ・ハー氏は中央事務局副秘書長に異動した。私は引き続き計画投資省次官を務めた。サム氏は大臣でなくなったが、首相は彼を国家審査評議会に留め置き、これまでと同じ、私の部屋の近くの部屋で働き続けることになった。デリケートな対外・対内案件がある際、私はいつも彼の部屋を訪れて意見交換し、彼からアドバイスをもらっていた。

一九九六年末、日本での援助のロビー活動から戻ってきた後、私はドー・ムオイ書記長に報告に伺った。最後に書記長が私に尋ねた。

「あなたの故郷のハティン省では省党委書記は中央に当選していません。他の省では省党委書記が中央執行委員会の委員で、全くやりにくいのです。今、もし政治局があなたをハティン省党委書記に指名したら、あなたはどう思われますか?」

私はこう答えた。

「書記長に申し上げます。既に中央執行委員会に入っていたら、党中央、政治局の人事に従わなければなりません。私は党の人事の通りに実行いたします」

書記長は言った。

「心の準備をしておいてくださいね。もう少し検討しますから」

第八回党大会ではハティン出身の四人の同志が政治局に選出され、一人、つまり私が中央執行委員会に入ったのに対して、省党委書記からは誰も中央執行委員会に選出されていなかった。当時多くの人は、「ハティンは四・一・〇の編隊で戦っている!」と冗談を言っていた。

その日の仕事が終わり、私はハティンで省党委書記を務める心の準備をした。一九九七年初めのある日、書記長への報告後に彼は私を引き留め、次のように言った。

「政治局で議論しました。あなたは計画投資省に残り、常務次官と党幹事委員会副書記をお願いすることになりました。これからザーさんと入れ替わる準備をしておいてください」

私はその人事を受け入れた。一度ゲアン省に出張に行ったとき、私はゲアン省党委書記のグエン・バー氏に会った。バー氏は笑って私に言った。

「君はなぜムオイさんがハティン省党委書記に就くように言ったのに結局そうしなかったかわかりますか」

私がわからないと答えると、バー氏は次のように語った。

「ムオイさんは僕に電話をして、『政治局はフックをハティン省党委書記に配属させるつもりだ。以前君はゲティン（ゲアンとハティンが合併して一つの省になっていたとき、ゲティンと呼ばれていた）の書記を務めていたので現地の様子がわかると思うが、問題ないだろうか』と言ったんだ。僕は即座にこう答えた。

『フックの故郷はハティンですが、生まれはヴィン、育ったのはハノイで、今は北部の言葉で話します。彼が書記を務めてうまくやっているうちは大丈夫ですが、何かあって民衆が嫌だと思ったとき、フックが何か言えば彼らは「書記さん、何言ってみえるか。よ〜わからんわ〜！」と言うでしょう。現在フックはそちらで働いていて万事順調で、何より海外からの信用が篤く、外国資本をしっかりと誘致しています。皆さんが彼奴をこちらに遣っても、彼奴の得意分野とは合わないでしょうし、全体の仕事にも支障が出て、むしろ彼奴にとってはマイナスになるかもしれません』

するとムオイ氏は『そのとおりだ！』と言って、それで君をハティンに遣らなかったんだよ」

私は答えた。

「なるほど、そういうことでしたか！」

そういうわけで私は安心して計画投資省に留まり、幹事委員会副書記と常務次官を務めることになったのだった。

第八期中央執行委員会に選出された私は、党の基本方針を検討、提出するための党中央執行委員会の会合に参加した。執行委員会の各会合では、決議につながる大きな提案を通過させる準備の際には、常に、グループ討論と会議場での全体討論という二回の討論があった。全体の意見に基づいて初めて決議草案を提示し、表決できる。最初の頃、私はグループ会議でのみ発表していて会議場では発表していなかった。任期が終わりに近づいた頃、私はようやく会議場での発表に参加するようになった。

第八期の任期中に一二の中央会合と一回の臨時会合があったが、そのなかで三つの会合が私に最も深い印象を残した。それは第四回中央会合、第六回中央会合（二回目）、そして臨時会合である。

一九九七年九月に開催された臨時会合は、国会投票のために上層部の人事推薦をしたのだが、これは中央執行委員会での愉快な話でもある。

一九九七年一二月末に開催された第四回中央会合では、以前の党と国家の三名の最高指導部を中央執行委員会顧問に推挙した。党の事業に大きく寄与し、指導部の信用が最も高い時期に退いて後続の指導者に地位を譲った党・国家の三名の最高指導部に対し、党中央は高い評価を下していた。

この会合で、党中央もまた活発、民主的に議論し、タイビン省の農民と退職後の役人による事件[26]とその解決方法についての政治局の報告に強い同意を示した。全員が同じ判断を下した。それは、事件は敵・味方の衝突ではなく、一部の末端行政単位の公務員が、指導方法やいくつかの予算の執行・管理方法において多くの誤りを犯したことから、民衆との間に起こった衝突である、という判断だった。

それに基づき、一九九八年二月、政治局は末端における民主主義規定についての決議を公布した。一九九八年五月に政府は、末端における民主主義規定についての法令を出した。タ

26　一九九七年にタイビン省で起こった住民の抗議騒動。官吏の汚職や法に定められていない重税に対し、暴動に近い抗議が行われた。

イビンでの事件は二〇〇〇年初頭に簡潔かつ徹底的に対処され、民衆と公務員、党員の心に美しく刻まれたのである！

第六回中央会合（二回目）は党の建設・改造運動を開始し、まず党内の規律を再整備した。党の最大の危機である汚職の対策の遂行は、第七期任期中の中間全国代表者会議で採択されていた。しかしその後は、何事も思うように進んだわけではなかった。

この任期中の忘れがたいことの一つが、多くの中央執行委員があまりにも早くに亡くなってしまったことである。大半がまだ若かった。多くの親しい同志の急逝は私に冷めることのない追慕の気持ちを残した。一番忘れられないのが、テニスクラブで一緒だったトゥー・ロップ氏だ。このあいだ一緒にテニスをしたところなのに、その二日後に彼の訃報を受け取った。中央会合があるとほとんどそのたびに、私たちは起立して誰かに黙祷を捧げなければならなかった。

この時期、私たちの対外活動は非常に盛んだった。一九九七年一一月にハノイでフランコフォニー会議が開催され、ジャック・シラク仏大統領も公式に訪問した。一九九八年一一月にマレーシアで開催された首脳会議では、ベトナムはアジア太平洋経済協力（ＡＰＥＣ）に加盟した。ベトナム・米国間の通商協定交渉もうまく進んでいた。一九九九年にニュージーランドで開催されるＡＰＥＣ会合でこの協定が締結されることを誰もが期待していたが、小さなトラブルが生じ、一年遅らせなければならなかった。そして二〇〇〇年七月、両国の代表が米越通商協定に署名した。

党・国家指導部は諸外国を立て続けに訪問した。各国の上級指導者たちの訪越も多かった。私はほとんどの歓迎と訪問の場に参加した。

各国の上級指導者の訪問のなかで一番覚えているのが、二〇〇〇年一一月一六日から一九日にかけてのビル・クリントン米大統領の訪越だ。ハノイの民衆、特に若者たちはビル・クリントン大統領に対してたぐいまれな熱狂を見せた。大統領は深夜にハノイに到着したにもかかわらず、訪問団が通過する道の両側では大勢の民衆が列を成して出迎えた。

米大統領の公式歓迎式典は一一月一七日午前一〇時に開催され、そのすぐ後に大統領とチャン・ドゥック・ルオン国家主席の会談が行われた。一四時には大統領とファン・ヴァン・カイ首相の会見があった。私はすべての場に参加し、いずれも順調に進んだ。続いて、米大統領と書記長の会談があったが、私は参加しなかった。その夜私は、チャン・ドゥック・ルオン氏が大統領をもてなす晩餐会に参加した。ここでのビル・クリントン大統領の演説は二国間関係の歴史に美しく刻まれた。そのなかにはキエウ物語からの二節の引用もあった。

蓮が散れば菊が花を開かせる

長夜短日の冬もあっという間に春に移り変わる

ベトナム文化らしさとアメリカ文明らしさに満ちた、アメリカの対ベトナム政策に対する前向きな姿勢が表れた宣言であった。この宣言を通して、アメリカとベトナムの全面的な協力関係の発展への希望が示されたのであった。ビル・クリントン大統領はまた、画家ドー・クアン・エムの絵画がアメリカの人々に愛され、高く評価されており、文化交流の促進に寄与していると述べた。両国間の人民の交流はますます活発化している。大統領の演説はあの時代に大きく響き、それを聞いた人に、趣があり、経験豊富で、博識で、気さくで誠実な大統領であるという深い印象を残したのであった。

我が国から外国への指導層の訪問において、私はほとんどすべてにおいて公式メンバーとなり、企業団の責任者を務めた。最も幸せだったのがヨーロッパ、日本、韓国、オーストラリアを訪問した時である。一九九九年七月のキューバとスウェーデン訪問でも多くの思い出があり、議論すべき話もある。

計画投資省での仕事に話を戻すと、私は次官であり、大臣であるチャン・スアン・ザー氏の配分と指導に従って業務を遂行した。政権の業務においては政権の原則に従うのであり、大臣はそれに対する責任と決定権を有していた。党の業務は党の原則に従い、集団決定した。私たちは何が党幹事委員会の業務で、何が大臣の責任下での業務か、などという業務の分類において意見は一致しており、いずれも原則に従って行った。幹事委員会の職権に属する業務は、上層部で同意されたものについてはあまり議論をしなくてよく、まだ同意されていないものは集団討論を行って多数決をとった。どの仕事も順調で、うまくいっていた。

任期中、私たちがずっと熱心に議論して表決で決定しなければならなかったことが一つある。なぜなら幹事委員会書記の意見と各メンバーの意見が異なっていたからだ。それは三人の次官を抜擢する時のことだった。

一九九七年初め、計画投資省の多くの指導部が定年を迎えて転職した。政府は通貨財政、農業・地方経済、外国投資という三つの分野を担当する三人の次官を補充することになった。省内部の人材を優先し、もしいなければ外部の人を異動させることになっていた。

幹部組織局長は省内の者たちの意見を調査し、全員が三つの役職いずれも、三つの関連する分野の局長という内部の人材を希望していた。内部の者がふさわしい、彼らには局長としての長年の経験があり、専門レベルも高く、指導に関する信用もある、という考えだ。しかし年齢に関しては疑問視する意見もあった。というのも二人の局長はやや高齢だったからだ。外国投資局長は最も若くて四四歳、農業局長と通貨財政局の局長はかなり高齢で、当時、それぞれ五五歳と五七歳で、私より三~五歳年上だった。当時、次官は六二歳まで務めることができた。

幹部組織局長は私とザー氏に報告した。私は、農業と通貨財政という二分野の担当次官は経験があり、指導に関する省内外からの信用が必要であり、一番年上でもまだ五年仕事ができるという観点から、内部の人材を活かす方法に賛成していた。ザー氏は違う意見で、彼らが若ければ同意するが、二人の次官が五五歳と五七歳となれば抜擢すべきではなく、外部機関から選ぶべきだ、というものだった。

私はサム氏に報告して意見を伺ったところ、サム氏は私の意見に賛同したうえで、「この件は中央組織委員会の賛同がなければならず、政治局常務への報告にあたっては、積極的に擁護して十二分に説明できる人がいて初めて実現できます！」と言った。

幹事委員会に提出してからの議論もかなり白熱した。最終的に表決が行われた。皆が私の意見に賛同した。ザー氏は笑って次のように結論づけた。「集団の意見を受け入れよう。幹部組織局は政治局常務と政府首相に送る文書を作成し、私の署名をもらうように」。翌日、ザー氏は文書に署名した。

党幹事委員会書記の文書ができた後、私は中央組織委員会に行って次官抜擢に関して具体的に報告した。私の報告を聞き終えた中央組織委員長のグエン・ヴァン・アン氏はこう言った。

「私たちは省の幹事委員会の要請に賛同しますが、この仕事は政治局常務に報告するためには念入りに準備しなければならず、チュー・リさんがフックさんと綿密に話し合ってから、報告に適した内容と時期を準備します。高齢のケースについてこの上なく説得的な理由があって初めて上層部は受け入れるでしょう」

当時、次官を抜擢する際には、推挙する各機関の党幹事委員会の書記もしくは副書記がその必要性について政治局常務に直接報告し、抜擢される人の政治的素質、専門的な業務遂行能力、その他の各側面を保証しなければならなかった。また、同時に政治局常務委員の質問にも答えなければならなかった。これは、要請する側の責任向上を目的とした大変よい規定だったが、その後なくなってしまった！

計画投資省党幹事委員会の次官抜擢の通過について政治局常務が見解を述べる会議の日、ザー氏は国外出張に行っていた。私は党幹事委員会副書記だったので代わりに参加した。会議室に入ると、政治局常務メンバーの五名――書記長、国家主席、首相、レー・カー・ヒュウ政治局常務局員、グエン・タン・ズン中央経済委員長――がそろっていた。他に中央組織委員長グエン・ヴァン・アン氏と中央組織副委員長チュー・リ氏がいた。

私は報告を読み上げ、政治局常務委員からの質問、特に年齢と専門能力に関する質問に、抜かりなく返答した。書記長は、計画投資省の党幹事委員会の要請を通過させると結論づけた。仕事が終わり、グエン・ヴァン・アン氏とチュー・リ氏は、私の返答が大変優れていたと言ってくれた。

それから一週間ほどして、抜擢された三人全員が計画投資省次官への任命決定を受け取った。一人は四四歳、一人は五五歳、一番年上のL．Q．T．氏は当時既に五七歳だった！計画投資省の皆はふざけて、「若くても通るし年寄りでもまだすり抜ける！」と言った。
L．Q．T．氏の次官在任中、一九九九年にラオスが財政難に陥り、インフレが起こった。ラオス政府はベトナム政府に専門家を派遣してインフレ対策を支援するよう要請した。私がL．Q．T．氏を推挙すると首相は承諾した。L．Q．T．氏は省庁横断型の専門家団の団長も務めた。専門家団はインフレ対策支援に行って良い結果を残し、ラオスでも高い評価を得た。ラオス政府指導部はプロジェクト期間を延長し、いくつかの中期的経済政策への助言を要請した。二〇〇五年にL．Q．T．氏は引退したが、その後もラオスは彼を専門家として招聘した。
一九九七年末に上層部の配置替えがあり、枢要の指導者三名は執行部から顧問へと退いた。ファン・ヴァン・カイ氏が首相になった。ある日、カイ氏が私に会いに来てこう言った。「お前は計画投資省に残ってこれまでのポストを継続し、対外経済についてザーを助けてやるんだぞ。その後のことは後で考えよう」。私は、「どうぞ安心してください。私は常に党の人事に従いますから」と答えた。

新政府は経済開発のために刷新政策を強固に推進し続けた。一九九七年にアジア通貨危機が起こったとき、ベトナムにも影響が及んだ。外国からの投資は徐々に減少したが、政府の時宜を得た対処により、この危機の負の影響を抑えられた。計画投資省はその対処法の提案にあたって建設的に貢献した。この時、国内の民間経済セクター発展の強力な推進を目的として、企業法（二〇〇〇年）が施行された。民間経済セクターは実際に経済発展の動力となった。計画投資省はこの過程に積極的に関わったのであった。

第九回全国党大会の準備を進めていた二〇〇〇年末、人事推薦の準備中にファン・ヴァン・カイ氏は私にこう言った。

「今期の人事では、政府は依然として二人ともを推薦するつもりだ。お前とチャン・スアン・ザーが再任するんだ。その後の配置については後で考えよう」

推薦の段階になったとき、人事小委員会の代表が省に来て次のように通達した。

「計画投資省からは、第九期中央執行委員会への再選者を一人しか推薦できません」

枢要幹部を集めて投票を行い、幹部たちは大臣か常務次官かを選ばなければならなかった。国家計画委員会、現在の計画投資省がこのような状況に置かれるのは初めてのことだった。上から示された方針はなく、皆それぞれの意志で選択した。投票結果は、枢要幹部の大半の票が私に集まったのであった。

私は中央執行委員会会合に出て、再任者として推薦された。

二〇〇一年四月、第九回全国党大会は社会経済発展十ヵ年戦略（二〇〇一－二〇一〇年）と五ヵ年計画（二〇〇一－二〇〇五年）を通過させた。大会が通過させた各文書は党のドイモイ路線を継続し、二〇二〇年までにベトナムを現代志向の工業国にするという目標を掲げて、ベトナムを新しい世紀へと導いていった。世界貿易機関（ＷＴＯ）への早期加盟という目標をもって、世界経済への参入という方針も引き続き肯定された。

その目標の下で、投資環境を整備し、市場経済体制を整備すること、まず初めにＷＴＯ加盟基準に適合した経済関係の法制度を整備すること、これが私たちの次期の任務であった。これは、ベトナムの経済競争力の向上と、ベトナムが二一世紀の新しい発展の時代に踏み込むための土台形成につながるものであった。

党大会で、私は引き続き第九期中央執行委員会に選出された。

二〇〇二年二月、私は第一一期国会議員候補者として、政府に推薦される予定となった。二〇〇二年三月には、国会議員立候補の手続きを進めた。二〇〇二年四月、私はラオカイ省国会議員候補者として推薦を受けた。私は、大学卒業直後から第五・二四地質調査団との仕事の中で馴染みのあった土地に立ち返ることになった。国家計画委員会の工業副局長だったときからの多くの思い出があり、多くの人が私のことを知っている。まさにそうだからこそ、選挙運動で有権者との対話集会に行った際には、あっと驚く愉快なこともあったのだった。

二〇〇二年七月、私はラオカイ省の国会議員に選出された。同年八月には、計画投資大臣に任命され、大臣としての二任期が幕開けした。

三、

二〇〇二年八月、私は計画投資大臣の地位を拝命した。最初の仕事は、計画投資省指導部で会議を開いて大臣と各次官の業務を割り振ることだった。続いて各局指導者全体の会議で、同省指導部内での業務の割り振りを公表し、当面の業務について話し合った。この会議で、私はラオカイ省で有権者と対話集会を開いた時の二つの話をした（「民はずっと覚えている！」と「水牛の顔を眺めている方がましだ」という話を本書に掲載している）。その目的は仕事に対する姿勢と公務員としての道徳心を念押しすることだった。この会議で私は仲間たちに次のように言った。

「私はいつもチャン[27]聖人の次の教えに従っています。「鴻鵠が高く飛べるのは六つの翼を

27　陳朝の王族として生まれた武将チャン・フン・ダオ（陳興道　一二二六－一三〇〇）のこと。元寇を迎え討った民族の英雄であり、死後に神格化され祀られている。

支える六つの軸があってこそである」。私には大して才能があるわけではないが、ただあなた方が、信頼して協力してくれて、ともに仕事を完遂できるよう助けてくれることを願っている。あなた方への接し方では、「将軍たるものの道、仁義を根とし、知謀と武勇を枝とする」という名士グエン・チャイ[28]の教えを見習わせていただきたい。計画投資省では今や私が将軍であり、将軍たるものの道に従うこととしたい」

大臣在任中ずっと、私は常にこの教えに従ってきたのだ！　今に至るまで、計画投資省の仲間たちは覚えていることだろう！

大臣を拝命して二か月が経ち、私は二〇〇二年一〇月に書記長の訪日出張団に参加した。計画投資省の者たちは皆いまだに、私には日本に友人が多く日本側との業務に精通しているために、日本を訪れる際には大臣であれ次官であれ必ず私がいる、と面白おかしく言っている。

その直後、私たちは同省の通常業務に着手した。まずは二〇〇三年の社会経済開発計画の作成だった。これは私にとってあまりにも慣れた仕事だった。次々に他の各省庁、地方とやりとりをした。財政省とは収入源を確定し、収支案を出した。それから政府への報告、中央

28　グエン・チャイ（阮廌　一三八〇－一四四二）は黎朝創立期の重臣の一人で、明に抵抗する戦いには参謀格として参加した。

会議への報告、国会への報告の準備をした。すべての仕事は順調に始まった。

年末、私たちは世銀と面会して二〇〇二年の年次CG会合に向けて準備した。これも私にとってあまりに馴染みある仕事だった。私は一九九三年からCG会合の準備に携わっており、これまで九回の会議を経てきた。今年唯一異なるのは、私が世銀の代表者とともに共同議長を務めたことだ。

ベトナムの世銀代表はクラウス・ローランド氏で、アンドリュー・スティア氏に代わってベトナムに来たばかりだった。私は会合に向けて準備するためにクラウス・ローランド氏に会った。クラウス・ローランド氏は賢明で、誠実で、慎重で、穏やかで、協力的で、私は初対面からすぐに好意を抱いた。クラウス・ローランド氏も私もCG会合を仕切るのは初めてだった。会合の前、各大使や大手援助機関のトップは私に会うと皆、会合の成功と二人の共同議長の連携を気にかける言葉を投げかけた。私は「皆さん安心してください。すべてはうまくいくでしょう！」と言った。

CG会合は二〇〇二年一二月一〇、一一日の二日間で開催され、私とクラウス・ローランド氏は、とりわけデリケートな問題を議論するときには、とても良いチームワークで取りまとめた。確約された援助の内容についても資金源についても、非常に満足のいく結果を得られたと言えるだろう。それから私とクラウス・ローランド氏は五年間ともに働き、この上ない成果を出し、ＣＧ会合に成功をもたらし、ＯＤＡを誘致する時代への寄与はかなり高いものだった。

二〇〇二年のＣＧ会合を締めくくるにあたり、私は演説で、援助機関との合意内容について不足なく結論づけた。会合の後、新聞やラジオの記者は私に演説原稿を求めた。私はこう言った。

「私は会合の締めの演説のための原稿を用意していません。各援助機関の発表内容に基づいて話しました。恐れ入りますが、皆さんは録音を聴いてください」

私は会合の締めの演説で用意された原稿を読むことが大嫌いだ。もし結論が先に書かれているのだとしたら、時間をかけて会議を開く必要などない。私はしばしばアドリブで話すし、そうすることが得意なのだ。アドリブで話して初めて自身の考えていること、言いたいことを言い切ることができる。国会や党中央の会合、その後の全国大会においてでさえ、私はアドリブで話した。大臣になって最初の五か月間、国内の仕事も対外的な仕事も順調に進んだ。

二〇〇三年以降、グエン・ヴァン・アン国会議長のもとで国会活動に刷新の時代が訪れた。私はこの変化に積極的に携わった。それは会議場、特に答弁の場での論争だ。各国会会期では、立法作業、各報告、提案、年次の社会経済状況の通過、政府の運営業務において論争することが推奨された。相反する様々な意見が飛び交って討論された。政府メンバーに対する質疑では活発な論争が起こり、有権者たちの関心を集めた。

政府の各メンバー、特にファン・ヴァン・カイ首相は答弁を重視し、これが全国の有権者が政府の活動を知ることのできる機会であり、意見に相違があって人民の関心を集めている問題について、政府が有権者に説明する機会であると見なしていた。したがって、答弁する大臣の選出は首相によって慎重に検討されていた。

私は口達者で歯に衣着せぬ物言いで、仕事の覚えも記憶力もよいことで有名で、国会議員と反対意見の質疑を提出することも多く、議会での議論を盛り上げていたので、首相によく選ばれた。特に二〇〇五年末の会期で、私は国会常務委員会が提出した答弁者名簿に名前が入っていなかったにもかかわらず、自ら志願して質問に答えた。国会がとても盛んに活動していた時代のことだ！

この任期で政府は、ドイモイ路線に従った国家の発展の歴史に残る多くの出来事を成し遂げた。世界経済への統合プロセスも強力に推し進められていた。次から次へと対外活動が行われた。二〇〇四年一〇月にアジア欧州会合がハノイで開催されて成功を収めた。WTO加盟申請をした直後、多国間交渉が実施され、まずは二〇〇四年にEU、最終的に二〇〇六年にはアメリカの合意を取り付けた。そして二〇〇七年一月に、ベトナムはWTOの正式なメンバーになったのであった。

ファン・ヴァン・カイ首相は二〇〇三年四月に訪日し、ベトナムの計画投資省と日本の外務省が提出していた日越共同イニシアティブの開催提案について、日本の小泉首相とともに批准した。これはベトナム政府の各機関と日本の各企業、企業団体の間の対話の場で、投資環境の整備、外国からの投資、特に日本からの資金の誘引に向けて具体的方法を提案することを目的としていた。この場はまた、ベトナムにおける市場経済体制を整備し、ベトナムの経済競争力を高めることも目指していた。

二〇〇五年初頭、ノン・ドゥック・マイン書記長がフランス共和国を訪問した。この時、ロンビエン橋修築プロジェクトの援助意向表明書に、フランスの貿易大臣クリスティーヌ・ラガルド氏と私が署名した。これはベトナムがフランスに度々要請しながらも長年フランスが受諾してこなかったものである。残念ながら二〇〇八年にプレ・フィジビリティスタディが完了した後、ベトナムとフランスの関係諸機関はロンビエン橋修築プロジェクトの内容と総費用において合意に至らなかった。すべてが停止してしまった。ロンビエン橋の状態は日に日に悪化していった！

この時期、行政改革および国家管理方式刷新のプログラムが強力に推進されていた。企業法執行班の連続的な活動により、国内の民間セクターからの投資の環境整備や誘発のための各対応策が恒常的に取られていた。日越合同イニシアティブの実現と併せて、投資環境の整備は留まることなく進められ、国内外双方の投資を誘引した。計画投資省はそれらの活動に大きく寄与した。

WTO加盟条件を満たす法体系を整備するために、政府は国会に、経済に関する法体系改善プログラムを提出した。時間はなく、国会は報告を聞き、討論し、一つの会期中にそれを通過させた（以前は二つの会期をまたいでいた）。

私たちは国内外の企業に共通する法律を新たに三つ策定することとなった。それは投資法、企業法、入札法である。時間は限られていて、準備、さらに国会での討論から通過までを一〇か月で行わなければならなかった。作業は煩雑で、特に国内外の企業の区別については相反する意見も多かったが、最終的にすべて順調に終わった。私たちは刷新と統合への熱気の中で、張り切って疲れ知らずに働いた。政府の会議はよく朝六時に始まり、朝食をとりながら会議をしていたので、六時、六時半には職場に到着して朝早くから仕事をする習慣が身に付いてしまった。忘れることのない発展期である！

二〇〇三年、ずっと忘れられないことになる仕事があった。それは二〇〇四年計画の予算配分である。財政省と計画投資省の意見は異なっていた。財政省は裕福で大きな収入源のある地方により多い予算配分を求めていた。そうすれば、貧しい地方、特に北部の山岳地帯や中部高原、西南部に対する配分は減ってしまう。計画投資省は反対の意見だった。首相は財政省の意見に同意した。

私は意見を変えず、計画投資省の党幹事委員会の人たちは私の意見に強く賛同した。財政・予算担当の次官ライ・クアン・トゥック氏は政治局に意見をあげるための報告書作成に多くの力を貸してくれた。

国会での報告に備えて政治局に報告する際、私は計画投資省の党幹事委員会書記として、私の意見、そして同時に計画投資省党幹事委員会の意見を説明した（各省庁の党幹事委員会は政治局から直接指導を受ける）。

私の説明が終わると首相は言った。

「この件について、計画投資省の意見は首相の意見とは違う」

議論は活発に行われた。私は自分の意見を追加説明する機会を与えられた。経済発展・貧困削減戦略および上述の三地域の貧困削減を優先するという目標について多くのことを話した。最終的に、政治局は計画投資省の案を国会に報告することを認めた。

会議の後、私は首相に話しかけた。

「どうかこれからも私に、参謀機関としての役割を務めさせてください！」

首相は笑った。ライ・クアン・トゥック氏や一緒に参加した公務員たちは、私のことが気が気でなかった。しかし最終的にすべてうまくいった。

二〇〇五年初頭、対応に多くの時間をとられた煩雑な仕事があった。それは台湾のＣＴ＆Ｄグループ傘下のフーミーフン社の法人所得税である。フーミーフン社とホーチミン市行政委員会は首相に対して、困難な状況に置かれた地域への投資だからという理由で、法人所得税率を規定の二五％から一〇％にする優遇措置の要請文書を提出した。財政省と司法省はホーチミン市とフーミーフン社の要請を支持する文書を出した。

私はグエン・ビック・ダット次官に、役人数名と具体的に検討するよう指示した。具体的な検討の後、計画投資省は法人所得税法の通りに二五％の法人所得税を維持するよう、首相に要請した。理由は、住宅を販売する都市区域への投資は利益が高いからである。私はフーミーフンに対して減税の働きかけに時間を割くべきでないと説得した。当時のメディアには二通りの意見があった。片方は計画投資省を支持し、もう片方はホーチミン市の意見を支持した。正反対の意見のあいだで論争は白熱した。

度重なる会議の後、首相は、フーミーフンの法人所得税を従来の二五％に維持するという計画投資省の案に同意した。これで国は、法人所得税で何億ドルもの損失をしないで済んだのである。

それから間もなく、私はＣＴ＆Ｄグループの会長が急逝したというニュースを聞いた。実に心が痛み、私は弔電を送った。

引退後の二〇一一年九月、台湾企業連合が私と役人数名を台湾に招待した。CT&Dの会長の継承者は逝去した会長の息子であり、とても丁重に私をもてなしてくれた。皆驚かずにはいられなかった！　二〇二二年現在に至るまで、フーミーフンの人たちは私と誠意のある関係を保っており、私たちはいまだに昔の記憶を思い返している。そうして初めて、誠実な対応は常に、揺るがない尊重と愛情につながるということがわかったのだった！

フーミーフンの件の直後、時間をとられた出来事がもう一つあった。ルサルカプロジェクトに関するグエン・ドゥック・チー氏の事件[29]である。これは二〇〇〇年から認可されていた案件で、初めての外資一〇〇％の投資案件だった。投資主はロシア連邦の各企業で、チー氏は所有者代表だった。

許可を得た直後から同社は多くの事業を展開し、許可範囲内で一五ヘクタールの海域を干拓し、別荘群を途中まで建設していた。ロシア製品の輸出を手がける南部食糧総公社直属のチャーヴィン食糧会社に対する保証義務を果たすため、グエン・ドゥック・チー氏はルサルカの株の六〇％を他の外国人投資家に移譲することを申し出た。カインホア省は賛同する文書を出した。チャーヴィン食糧会社には解決困難な問題だった。

29　ニャチャン開発を行うルサルカプロジェクトをめぐってグエン・ドゥック・チーが詐欺に問われ、懲役判決を受けた事件。

二〇〇五年、中央執行委員会の会合の機会に、チャーヴィン省党委書記のグエン・タイ・ビン氏はチャーヴィン食糧会社社長と南部食糧総公社社長とともに私のところにやってきて、チャーヴィン食糧会社に支払うお金を回収するための投資家とカインホア省の要請を支持するよう要請した。

私と次官のグエン・ビック・ダット氏、そして副局長のマイ・トゥー氏は一緒に対応した。投資家、カインホア省、チャーヴィン省党委書記の要請、つまり、チー氏が保証義務を果たすための資金確保のために、他の外国人投資家に資本の六〇%を移譲し、貧しい地方省の国営会社であるチャーヴィン食糧会社に元金を返済する、という要請に私たちは同意した。私たちは首相に対し、一九九六年制定の外国投資法第三四条に基づいて承認するよう要請したのだった。

調査機関は、外国人投資家の活動管理を十分に行わなかったとして、私とグエン・ビック・ダット氏、マイ・トゥー氏の管理責任を問うた。これにより関係者たちは一時期大変な苦労をすることとなった。調査機関はダット氏とマイ・トゥー氏を呼びつけて取り調べをした。メディアは立て続けに報道し、二人の罪の証拠が十分にあるかのように仕立て上げた。どうやら、調査機関が何かをするたびに新聞雑誌記者に情報が与えられていたようだ。彼らは二人を精神的に追いやり、見ていて気が気でなかった。

ある休日に、ある人はクアンタイン神社を歩き回っていたダット氏に会い、またある人は、玉山祠で歩き回っている彼に会った。皆が私に言った。ダット氏が変なことを考え、自身の潔白を証明するために愚かなことをしでかさないかと怖い、と。私はダット氏を監視する人を派遣しなければならなかった。ダット氏はそれを知って笑いながら私に言った。

「安心してください。私は散歩に行って、憂さ晴らしに神社や祠に入っただけです。私は、合法的なことをしているのに、彼らが私たちに責任を押し付けようとしてくるので、ただただ怒っているんです」

私はしばらくのあいだ、親しい記者たちが提供してくれた情報を通して事件の状況を聞き、検証し、はっきりと理解したところで、ダット氏とトゥー氏に尋ねた。

「二人はグエン・ドゥック・チーさんと個人的な関係はありますか？　チーさんから何か贈答品を受け取ったりしましたか？」

二人とも、個人的関係は全くなく、何の贈り物も、なんなら一本のお酒すら受け取っていないことを保証した。

私は言った。

「この件は、彼らには違う目的があるのです。もしお二人がたとえ一本のお酒であっても贈り物を受け取っていたら、私は守ってあげられませんし、私にも影響が及ぶでしょう。なぜなら組織のなかでよくないことを起こしたのですし、関係者が局長、次官級の公務員となれば、大臣は責任をとらなければなりませんから。しかしあなたたちがそのように保証したので、私は信じます。私は最大限あなたたちを守りますし、その方法を見つけます」

そのときは国会会期中で答弁に入る準備をしていた。私は答弁者名簿には入っていなかった。私はグエン・ヴァン・アン国会議長に会いに行った。そこにはグエン・ヴァン・ユー国会副議長もいた。私は事件について説明し、国会および全国の有権者の前で事件について明確に話し、いかなる質問にも答えられるよう、今期に答弁したいと要請した。ユー氏は言った。

「フックさんは正しいことを言っています。世論の前で公開して話し、法規定に従って正しいか誤りかをはっきりさせる必要があります」

国会議長も私が答弁することに同意した。その直後、メディアは情報を仕入れ、すぐに新聞にこう掲載した。「ヴォー・ホン・フック大臣が答弁を志願」。

二〇〇五年一一月二五日、国会の演壇の前で私は、計画投資省の者たちが一九九六年外国投資法第三四、五六、五八条に従って、合法的に業務をこなしており、プロジェクト管理責任についても本来地方に割り当てられた業務であるという理由ゆえに、十分に果たしていたと証明した。私はまた、彼らはチー氏と何の関係も持っておらず、カインホア省とチャーヴィン省とのみ仕事をしてきたことから、この案件において何ら負の側面を持たないことも主張した。

ある人は、計画投資省はなぜ、地方が管理、監査するように監督、忠告しなかったのかと言った。私は、法で定められているのだから、誰かに忠告されて初めて実行されるというものではない、検査や監査の際に法規定に従って実行されていないことが発見された場合に法規定に従って対処するのだ、と答えた。

私が国会答弁を終えても、調査機関のグエン・ビック・ダット氏とマイ・トゥー氏への調査は緊張を孕んでいた。私は状況報告のために政府首相に面会した。サウ・カイ氏は会うなり朗らかに笑って言った。

「今会期の大臣は高得点で、素晴らしい！　答弁も、特にグエン・ドゥック・チー案件については非常に明快で、論理的で、法律も暗記していたし、説得力もあったぞ」

私も笑って、返答した。

「大臣を務めていながら自分の仕事に関連する法律を暗記していなかったらおしまいですから」

それから私はサウ・カイ氏に、私が国会の場で事態を明確にしたのにもかかわらず、調査機関がいまだにマイ・トゥー氏とダット氏を取り調べ、罪を着せて起訴しようとしているのだと告げた。私は言った。

「白黒はっきりさせるために、彼らが関連諸機関と直接かつ公開で対話をできるよう、公安省に意見をあげていただけませんか。私も対話に参加します」

サウ・カイ氏は黙り込んでしばらく考え、それからゆっくりと言った。

「お前からバー・ズンさん（グエン・タン・ズン常務副首相）に言って様子を見てくれ」

私はサウ・カイ氏の言葉に従って、発電所建設にあたって地鎮祭に参加するためにカーマウ省を訪れていたバー・ズン氏に飛行機で会いに行き、サウ・カイ氏に言ったように要請を伝えた。私はダット氏とマイ・トゥー氏が法律に即して業務をこなしていることを証明した。バー・ズン氏は、調査機関がダット氏とマイ・トゥー氏がチー氏と個人的関係を持っていたり贈り物をもらったりしたという証拠を持っているわけではない、と言った。彼はまた、調査機関に検討し直すよう伝えるとも言った。何事も徐々に順調に進むようになった。グエン・ビック・ダット氏と計画投資省の公務員たちは、行政処分も含め、処分されなかった。これは公務員を守るための一つの教訓となった。この事件は、デリケートなことも数多く含んでおり、時間が経ったらさらに話そうと思う。渦中にいた人たちだけが明確に理解していることだ。ある人が私に話したところによれば、彼らは当時ただ、私がチー氏と会って関係を持っていることがわかる写真や証言か何かが欲しく、もしあったら「大変なことになる」

ところだった。残念ながら二〇二二年現在に至るまで、私は二〇〇五年の逮捕時に新聞に掲載された写真でしかチー氏を知らない！

最近、カインホアの知人たちがハノイに来たとき、グエン・ドゥック・チー氏のルサルカプロジェクトは大成功を収めたと言った。彼は出所後、頓挫していたプロジェクトの継続にすぐに着手した。それはカインホア省のなかでもロシアからの観光客を多く誘致できる場所だ。もしも彼が何年も刑務所にいなければもっとよかっただろうに！

この事件のなかで、アウコー聖母神社に私が植えたガジュマルの木に関する愉快な話がある。私がアウコー聖母神社に植えたガジュマルが気根を出し、私の名前の記されたプレートを巻き込んだとき（これについては第六章「忘れられない話」で改めて語ろうと思う）、多くの人がアウコー聖母神社にそれを見に来た。二〇〇七年末、当時副首相だったチュオン・ヴィン・チョン氏が聖母神社を訪れて庭園を見学し、それから私の植えたガジュマルの場所まで来て、すかさず言った。

「聖母はあのように庇護している。それなのにあれやこれやと並べ立てて彼を叩こうとしたところで叩けるわけがない！」

グエン・ドゥック・チー事件が起こった時、チュオン・ヴィン・チョン氏は中央内政委員長で、彼はすべてをよく知っていた。答弁を行って国会で問題を公にさせていただきたいと私が言ったときには強く賛成してくれて、公にすればするほどよいと励まし、抜かりなく準備するよう私にアドバイスをくれたのだった。

第一〇回党大会の準備をしている時にPMU事件[30]が起きた。これは大会前に世間を騒がせる事件であった。それは大会人事にも影響を与え、何人かの大臣再任にも影響を与えることだった。

この時期、第九期第三中央議決の精神に従い、大規模な国営の経済グループが設立され始めていた。しかし試験的な段階をとばし、期待する目標に従ってあまりにも急速に発展した。グループ設立にあたってもともとの能力や実行力を考慮しなかったため、その後の経済に看過できない損失をもたらしたのである。

二〇〇五年、政府は外国債券の借り入れ交渉を財政省に委任し、結果として七・五億ドルの借入れが決まった。財政省はヴィナシン〔ベトナム造船産業公社〕に融資するよう要請した。しかし計画投資省は反対した。なぜならこれは商業金利での融資であり、一つの経営組織に集中的に貸し出すのは高いリスクを伴うからだ。それでも、ヴィナシンに経営グループ設立のための資金を与えたいという理由で、政府首相は財政省の要請に従った決定を出し、

30　交通運輸プロジェクト管理委員会（PMU一八）の賭博・公金横領事件。

ヴィナシンに七・五億ドルすべてを融資したのであった。

二〇〇六年五月にヴィナシングループが設立された。あまりに多くの現金を手にした時、ヴィナシンは四方八方に投資をし、多大なる負の結果を残した。数年後にようやく、計画投資省の意見が正しかったと皆知ることになったのだった。

＊＊＊

二〇〇三年、私はチュオン・タン・サン氏が班長を務めたドイモイ二〇年総括班に参加した。これは第一〇回党大会に提出する報告の作成に向けて、理論と実践についての教訓を得ることを目的としていた。政府は社会経済開発五ヵ年計画（二〇〇六－二〇一〇年）についての報告作成を任されていた。計画投資省は再び、五ヵ年計画を作る「季節」に突入した。

今回の大会報告の準備では、ドイモイ二〇年の総括を基本として活発な議論を行い、そのプロセスを経て、相異なる意見が多くあった大きな諸問題について合意にこぎつけ、政治報告、五ヵ年計画、党条例修正報告に取り入れる準備ができた。大きな問題とは、社会主義経済の特徴、民間経済の役割、そして党員による民間資本経済への参加である。

社会主義経済の特徴については、一九九一年綱領で次のように策定していた。「現代的な生産力と主要な生産物資の公有制度に依拠した高度に発展した経済を持つ」。今回、各報告の草案ではいずれも次のように修正された。「現代的な生産力と適切な生産関係に依拠した高度に発展した経済を持つ」。

民間経済の役割については、第九回党大会決議によれば、民間経済を国民経済の一部分としてようやく認めただけだった。今回合意された各報告草案ではいずれにおいても、「民間経済は国民経済の重要な動力である」と記された。

党員の民間経済活動については、以前は党条例で限定的な規模で認めていただけであったが、今回、民間資本主義経済を認め、規模についての制限を設けないことになった。

二〇〇六年四月、第一〇回党大会はすべての報告を通過させることに合意した。それは経済発展の考え方における党の、強力で画期的な刷新の一歩であった。それは長期的な発展の道を開く一歩であると見なされた。「社会主義であるならば生産物資は公有制度が必要である」という古い観念を廃止できた。動力としての民間経済の役割と民間経済発展における党員の役割が確定されたのだった。

第一〇回党大会の人事プロセスでは、人事小委員会、政治局、中央執行委員会はいずれも高い賛同率で、第一〇期中央執行委員会の再任者に私を推薦することを決定した。

第一〇回全国党大会で、私は中央執行委員に選出された。六〇歳を過ぎて再選された数少ない委員の一人だった。これは私にとって中央執行委員会での第三期目であった。

四、

第一〇回党大会後の二〇〇六年六月、チャン・ドゥック・ルオン氏、ファン・ヴァン・カイ氏、グエン・ヴァン・アン氏が退き、グエン・ミン・チエット氏、グエン・タン・ズン氏、グエン・フー・チョン氏がその後を継いだ。政府の他のメンバーにはまだ変更はなかった。

二〇〇七年五月に第七期国会選挙が行われた。第一〇回党大会決議に従い、党大会後に必ず新しい国会と政府をもてるようにするため、今期の国会任期は一年縮められて党大会の時期に合わせられた。今回の国会任期で私は、タインホア省において国会議員候補として推薦され、当選を果たした。私は再び、国で一番広く、人口の多い省の社会経済状況について深く理解する場を、そしてタインホアの民衆や仲間たちと広大な土地の発展に寄与する機会を探る場を与えられたのである。

二〇〇七年七月、第七期国会が開幕した。国会では新政府の選挙が行われ、引退する政府メンバーもかなり多かったが、私は計画投資大臣に再選され、二期目に突入した。

これは多くの意見のあった発展期だった。年平均成長率七・五％で何年も安定した発展を続けたのち、二〇〇六年には八・五％に上昇した。経済の高度成長に寄与したのは、不動産市場、特に重点経済地区における都市区域やリゾート地の建設の過度に強力な発展であった。

二〇〇七年になって首都拡張プロジェクトの議論が始まった時、この地域における不動産市場はますます盛り上がりを見せた。不動産関連の各事業は怒涛の勢いで承認され、異常な信用成長を招き、二〇〇七年は二〇〇六年の倍になる勢いだった（それまでの五年では二〇－二五％にとどまっていた）。私たちは政府会合に警告したが、誰もが依然として、このような信用の成長率は発展途上国において通常のレベルであると考えていた。二〇〇七年に信用の成長率は五〇％を超えた。

同じ頃、二〇〇七年に米国から始まった金融危機が、二〇〇八年になると世界中に急速に広がり、その影響がベトナムにも押し寄せた。二〇〇七年、消費者物価指数は一二・六％に上昇、二〇〇八年には二〇％近くになり、証券市場の衰退を招いた。さらに新たなインフレ対策の時期が重なった。二〇〇八年に政府は計画投資省に対し、関連機関と連携してインフレ対策プログラムを提出するよう言い渡した。二〇〇八年四月、計画投資省は各省、部門と連携して八つの対策群を含んだインフレ対策プログラムの草案を作り、それが政府を通過して実行に移された。プログラムは成果を上げ、消費者物価指数は徐々に下がり、それに従い毎年の成長率も低下した。大変な時期であった！

この時期には、タンロン・ハノイ一〇〇〇年記念[31]の建設事業の準備もあった。二〇〇七年には消費者物価指数が上昇しており、公的投資を減らす必要があった。計画投資省は、必要不可欠な事業にのみ投資し、病院や学校、当時のハノイの喫緊の課題を優先するよう要請した。よっていくつかの事業は切り捨てて中止としなければならなかった。一例がハノイ博物館だ。私たちの持論はこうだった。ハノイには既にベトナム歴史博物館、ベトナム革命博物館、軍隊博物館、ベトナム美術博物館がある。とすればハノイ博物館に何を陳列するのか。これらの博物館に行った後、誰が見に来るのか。私たちは政府会合に問題提起した。グエン・タン・ズン首相は私たちの意見に理解を示した。

後日会議に行くと、首相は、やはりやらねばならない、ハノイ市の指導部が首相に電話をかけてきて激しく反対したと言った。ハノイ市は自身のメディアや通信システムを動員して私たちを攻撃した。彼らによれば、計画投資省は文化を理解していないという。タンロン・ハノイ一〇〇〇年記念は一〇〇〇年に一度しかないのだから、それを歴史に残す文化的建造物が必要である、と。

最終的に、首相は実行することに同意した。当時の予算金額で二三兆ドンを投資する建造

31　一〇一〇年に李朝（一〇〇九－一二二五）はホアルーからタンロン（昇龍、現ハノイ）に遷都した。二〇一〇年には国を挙げて遷都一〇〇〇年の祝賀事業が実施された。

物だった！　タンロン・ハノイを記念する代表的な建造物のハノイ博物館はまだあるが、内部がどうなっているかはわからず、外装は「どこか」の建物[32]と同じように見える。異なっているのは、あちらはより大きくて赤色なのに対し、私たちのものは小さく灰色をしているということだけだ！　ハノイ博物館が完成して以来、私はまだ入ったことがない！　なぜなら、私はベトナム歴史博物館、ベトナム革命博物館、軍隊博物館に何度も訪れたからだ。

二〇〇八年の一つの大きな出来事は、ハータイ省のハノイへの編入であった。ハノイの拡張は長らく議論されていた。二〇〇四年に建設省は一人の副首相の指導の下で計画案の研究の取りまとめを任された。最終的に、二〇〇七年に政府に五つの案が提出された。第一案が決定されて現在に至っている。

議論は盛り上がり、私と政府メンバーの一部は第一案に賛成していなかった。なぜならこの案では、首都が大きすぎ、郊外があまりにも広く、都市管理に適していない上にドアイ地方の文化地区を失ってしまうからだ。タンロン・ハノイと言えば、今も昔も、ドン地方、ドアイ地方、キンバック、ソンナムという隣接した四つの文化地区と密接な関係にあったのだ。さらに、行政管理と経済的なつながりやインフラは区別するべきである。

32　上海にある中国芸術宮を指している。

第一案への賛同者たちは北京モデルを参照した。私たちはパリモデルを取り上げ、首都地域と首都行政単位を区別すべきだと言った。活発な議論が行われた。私たちの意見は少数派だった。政府が政治局に提出し、第一案が政治局を通過し、国会に提出された。

国会がハータイ省をハノイに編入する議決を通過させた二〇〇八年五月二九日は、悲しい日だった。会議の冒頭や休憩時間には、会議室のスピーカーからひたすら「絹のふるさと・ハータイ」という歌が流されていた。聴いていると胸が熱くなった。とりわけハータイ省全体をハノイに組み込む案に反対していた私たちのような人たちにとっては。

世界統合については、ベトナムがWTOの正式なメンバーになって以来（二〇〇七年一月）、統合の動きはますます活発になった。国内では、行政改革、投資環境の整備、国際公約の実現が進められた。経済の効率の向上や競争性の保証をめぐる提案が議論された。対外活動も多かった。

首相の各国への訪問が多く、私はそのいずれにも参加した。二〇〇六年一〇月、首相が日本を訪問した。二〇〇七年一月にはイタリアを訪問して教皇に謁見した。これはベトナムの首相による初めての教皇謁見だった。翌日首相はスイスに行って世界経済フォーラムに参加した。二〇〇七年九月にはニューヨークで開催された国際連合総会に参加し、その後フランス共和国を公式訪問し、二〇〇七年一〇月一日にフランスの首相、大統領との会談と会見が行われた。

首相は二〇〇八年三月三日から一一日にかけてイギリス、ドイツ、アイルランド共和国を訪問、二〇〇八年六月二二日には訪米し、ジョージ・W・ブッシュ大統領との会談を行った。同年一〇月末には中国を訪れた。中国は首相の最初の任期の終盤に訪問した国であった。訪中の際にはまず海南、さらに深圳を訪れてから北京に向かった。

北京での公式歓迎式典は私たちがこれまで何度も参加してきたベトナム上層部の訪中時の歓迎式典とは少し様子が異なっていた。これまではこうだった。私たちは、人民大会堂に着くとベトナム訪問団のための待合室で座って待機する。相手国の接待係に呼ばれてベトナムと中国の官僚は一緒に出る。両国の官僚は迎賓ホールで会い、握手を交わして挨拶し、それから接待係の案内に従いホールの両側に立つ。私たちの指導部の車が入ってくるとすぐに相手国の指導部がそちらに向かい、車が停車してドアが開くタイミングで相手国の指導者もそこに来て、ちょうどよいタイミングで握手をするのであった。

今回は違っていた。ベトナムの官僚たちは中国の接待係に先に招かれ、ホール側に列を成して立ち、少ししてから相手国の官僚たちがようやく現れ、私たちの方に来て握手をした。グエン・タン・ズン首相の車が到着しても、温家宝首相はまだ出てこず、しばらく外広場に車を停めて待つことになった。数分後に温家宝首相がようやく現れ、車も前に進み、それから歓迎式典があった。注意深く観察し、かつ何度も参加している人でなければ気がつかないことだ。中国の儀典局にとっては、ほんの些細な変化にも理由がある。

北京滞在中、相手国は私たち訪問団を北京都市計画展覧館に招いた。首相は興味深く受け止め、ハノイにこのようなものを作るべきかを研究、検討するよう建設大臣に命じた。ハノイに戻り、建設大臣は即座に実行に移した。資金は建設省に直接支給された。建築都市計画建設展覧館はハノイ博物館のすぐ裏にある。今その中で何を展示しているのか、知る由もない。私は一度も中に入ったことがない。

二〇〇七年一一月、グエン・ミン・チエット国家主席が国賓として訪日した。私も訪問団に参加した。日本が、皇室が各種儀礼を執り行う国賓としてベトナム指導部を招いたのはこれが初めてだった。これまで、首相は公式実務訪問賓客として、書記長は公賓として招かれており、いずれも日本の首相が執り行っていた。まさにベトナムと日本の全面的な協力関係に適った親しみと、日本の国賓のプロトコール通りの厳粛さを兼ね備えた接遇であった！

二〇〇八年、ＰＣＩ事件[33]が起こり、日本のＯＤＡに対する働きかけとその使用に影響が及んだ。残念な事件であり、もし私たちが日本側と連携して迅速に対処できていれば、さら

33　日本の円借款事業「サイゴン東西ハイウェイ建設計画」に関して起こった、ＰＣＩ社（パシフィックコンサルタンツインターナショナル）とホーチミン市幹部の間での贈収賄事件。

に複雑化するようなことはなかった。特にホーチミン市上級官僚の演説により、我々は責任感に欠けていて協力的でないという印象が両国の世論において強まった。

ベトナム外務省の上級官僚が日本政府に対し、この事件についての情報や評論を日本の新聞雑誌やメディアにあまりあげないよう働きかけてほしいと要請したことで、日本の新聞雑誌、メディア上の世論はさらに激しく反応し、日本政府に強い圧力をかけた。ベトナム側は日本のメディアの役割と位置づけを理解しておらず、日本でも政府がメディアを管理していると考えていたのだ！

最終的に、日本政府は対ベトナム援助の凍結を宣言せざるを得なくなった。二〇〇八年一二月四日、対ベトナム支援国会合において、在ベトナム日本国大使館の坂場三男大使は正式に日本政府の決定を発表し、日本はこの会合で対ベトナム援助を確約しないと宣言した。

日本側の要請に従い、ベトナムにおける日本のＯＤＡプロジェクトを検討、監督するために、ベトナムと日本側の各機関の代表が参加し、計画投資省と日本国大使館が共同議長を務める日越ＯＤＡ腐敗防止合同委員会が設置された。両者は積極的に連携して活動し、ＯＤＡの各案件の実行における透明性を担保した。日本側はベトナム政府に対し、ＯＤＡ資金の効果的な管理と使用において議論を行い、日本政府の各機関との連携に積極的な姿勢を表明するために、政府メンバーを一人、特派員として日本に派遣することを要請した。それが行われ次第、日本政府は援助を再開するとのことであった。私たちは首相に報告し、私が派遣された。

二〇〇九年二月二二日、私たちは東京に到着した。その朝、私と長い付き合いがあり、ベトナムの親善大使であり、日本の公衆とメディア界で大きな影響力をもつ芸能人の杉良太郎氏に会った。二月二三日朝、元副総理の故渡辺美智雄氏の息子で、私と一九八九年以来の仲の渡辺喜美衆議院議員と討議をした。その日の午後、中曽根弘文外務大臣と会談を行い、一六時に麻生太郎首相と会見した。

麻生太郎首相との会見でODAの効果的な管理と使用、および日越ODA腐敗防止合同委員会の活動をめぐるベトナム政府の意見を陳述した直後の二月二三日午後、ベトナムと合意していた通り、日本政府はベトナムへの援助再開を宣言した。

その後の数日間では、日本側の友人たちからの援助に感謝を伝える面会が行われた。鳩山由紀夫衆議院議員民主党（野党）党首と意見交換し、二階俊博経済産業大臣、そして財務省、法務省の指導者、各衆議院・参議院議員、JICA事務局長、各経済団体や大手企業と面会した。

とりわけ印象に残っているのは、二月二六日に武部勤氏の取りまとめで開かれた日越友好議員連盟の昼食会である。ここには松田岩夫参議院議員、村田吉隆・東順治・岸田文雄・林幹雄・冨岡勉・近藤三津枝衆議院議員が参加していた。外務省の課長であった小野啓一氏も参加していた。彼らは皆、以前にハノイか東京で会って仕事をともにしたことのある人たちだった。

ベトナム側からは駐日ベトナム大使と訪問団メンバー全員が参加した。今日は私たち全員が成功したのだ、と誰もが言っていた。成功したのは、日本の対ベトナムODAは効果的に管理・使用されているということを両国の世論に説明したからである。成功できたのは、私たちが緊密に協力したからである。腐敗は厳罰に処されたのであり、これからもそうなるだろう。昼食会は親しい友人同士の友情と誠実さに満ちていた。

仕事が盛りだくさんの出張だったが、実に愛情に溢れたものだった。多くの側面から学びがあった。

二〇一〇年九月に私たちは、中国の改革発展委員会の招待のもとで、西部開発プログラムの研究と開発政策・戦略策定機関の組織モデルの研究のために中国を訪問した。私は中国を何度も訪れていたが、どれも書記長、国家主席、首相訪問団への随行か、国際会議への参加であり、今回は初めて、大臣として独自に訪問した。

訪問プログラムは中国側が周到に準備していた。北京到着後、彼らは私たちを甘粛省での西部開発プログラムの視察に案内した。甘粛省ではまず蘭州市を訪問し、それから九月一五日に敦煌市に移動した。敦煌市に着くと、私は一〇年以上前に李家忠氏が私に話してくれた言葉を思い出した。「あなたは敦煌に来るべきです！」

李家忠大使は、私が計画投資省で次官、そして大臣を務めていた一九年近くを通してずっと、最も密接な関係を持っていた中国大使である。当時、庚辰年（二〇〇〇年）の旧正月を迎えるにあたり、李家忠中国大使は年末にパーティーを開催して計画投資省の指導部を招待してくれた。大臣のザー氏は参加できず、私と何人かの役人が参加しただけであった。社交辞令的な話をいくつかした後、私たちは中国文学について、唐詩について、それから中国の歴史について話をした。李家忠大使はベトナム語が達者で、私は中国の文学と歴史を少しばかり知っていたので、私たちの会話は盛り上がった。

歴史について話しているとき、大使は私にこう尋ねた。

「あなたは中国史のうちでどの時代が好きですか」

私は答えた。

「私は南北朝時代から隋唐時代、そして明、清の時代が好きです。文化がとても多様で発展していた時代ですので」

私たちは、その時代の歴史について話を続けた。話は広がって夜の一一時を回り、対外経済局のホー・クアン・ミン氏が知らせてくれて初めて帰宅時間であることに気がついた。別れ際、大使は私に、中国ではどこに行ったかを尋ねた。私は中国で訪れた場所を列挙した。大使は即座に言った。

「あなたは敦煌に来るべきです！　そこに来れば、あなたは南北朝から隋唐時代にかけての文化の形跡を見ることができるでしょう」

私は社交辞令的に返事をした。

「その機会があることを願います」

李家忠氏は定年後も、中国の対外委員会と外務省の顧問を務めていた。私が中国を訪れた時には、訪問団の接待の席で彼に再会していた。

敦煌に来た時の話に戻ろう！　何事も一〇年以上前に李家忠大使が言ったとおりだった！　敦煌訪問時に私たちは気の利いたおもてなしを受けた。私たちは莫高窟を訪れ、月牙泉を散策した。莫高窟では、私たちは保存されている壁画や彫刻作品、現物や史料を見ることができ、まるで南北朝時代から一〇〇〇年近く続く歴史を振り返ったように感じた。

私たちをもてなした市長は、多くの唐詩を理解し、暗記していた。別れる前のランチ会食では、彼が中国語で一つの詩を詠むのに続いて私が漢越語読みで詠み直したり、その逆のことをしたりした。最終的には対決となり、幼い時の暗記試験のように、片方が詠んだのにもう片方がその音に従って詠めなかったらそちらが負け、という始末であった。市長が敗れ、感服して私を「師匠」と呼んだ。私が詠んだ唐詩はいずれも、「黄鶴楼」、「楓橋夜泊」、「涼州詞」などの有名な詩であった。私が詠めたのに市長が詠めなかったのは、滕王閣の詩である。

訪問団の者たちはこの送別会で、楽しくにぎやかに談笑した。蘭州に着き、北京行きの飛行機に乗り換えてようやく酔いが覚めた人がいたほどだった。思い出すだけで楽しい気分になる！　中国人は実に綿密で具体的に考える人々だ。

それから、私たちは北京に戻って出張を続けた。

＊＊＊

この時期にヴィナシンのプロジェクトの監査、検査が始まった。投資・建設の管理工作において多くの違反が見つかっていた。計画投資省は中央監査委員会の監査団に役人を参加させた。上述したように、財政省が外国債券で借り入れた七・五億ドル全てをヴィナシンに融資したことなど、いくつかの点については、計画投資省は以前から警告していた。

この時期に行われたＥＰＣの方式〔設計・調達・建設を一括して請け負う契約方式〕での大規模工業プロジェクトへの投資にも、普通でない点が多くあり、中国の業者がほとんどすべてのプロジェクトを落札していた。多くの経済専門家が意見を寄せた。計画投資省は政府指導部の各会合やその他の指導部の会議、さらに文書を通して、何度も警告していた。

国営石油会社の各大規模事業にも問題があった。タイビン第二火力発電所の案件、対ベネズエラ投資案件など、計画投資省が合意しない文書がたくさんあった。特に、対ベネズエラ投資案件は、計画投資省とその他多くの省庁が異議を唱えていた対外投資案件である。しかし最終的に、上層部からの指示に従い承認しなければならなかった。国会に決定権限のある国家の重要投資案件であったにもかかわらず国会に提出していなかったため、二〇一〇年一〇月末に私たちが投資ライセンス文書に署名する際、ベトナム社会主義共和国憲法を拠り所とせねばならなかったのだ！　これらのことについてはまた機会を改めて記すことにしたい。

＊＊＊

二〇〇七年、私たちは次回党大会、つまり第一一回党大会での報告に向けて準備に取りかかった。この任期の大会は、通常報告に加え、中央執行委員会が一九九一年綱領の改訂・補足の必要性について決定を下していた。政府メンバーのほとんどが、社会経済発展戦略（二〇一一－二〇二〇年）と五ヵ年計画（二〇一一－二〇一五年）の報告の準備小委員会に参加していた。

加えて計画投資省は首相の指示に従い、各報告の準備に参画した。一九九一年綱領の改訂・補足草案の準備では、ある大きな問題がかなり熱心に議論された。それはベトナムの社会主義経済の特徴についての問題であった。綱領改訂草案編集委員会の大半のメンバーは一九九一年綱領、つまり「現代的な生産力と主要な生産物資の公有制度に依拠した高度に発展した経済を持つ」という内容をそのまま維持したいと考えていた。

党中央委員の中には、私を含め、第一〇回党大会決議が認めた内容を踏まえ、「進歩」という二文字を追加すること、つまり「適切で進歩的な生産関係を伴う、現代的な生産力に依拠した高度に発展した経済を持つ」という内容にしたいと考える者もいた。私たちの持論は次の通りである。刷新二〇年の総括を通して、第九期中央執行委員会はようやく大多数の合意を得てその改訂を提案するに至った。それはベトナムの発展の二〇年からの実践的教訓であり、ソ連と東欧における失敗の教訓である。その改訂は第一〇回党大会で認められ、党大会決議にも取り入れられていた。

しかしながら、私たちの意見は綱領改訂草案委員会のメンバーの大半には受け入れられなかった。政治局は綱領改訂草案委員会の意見に同意し、一九九一年綱領をそのまま維持し、第一〇回党大会決議のようには変更しない姿勢をとった。この問題は中央執行委員会第一四回会合に提出され、議論と表決が行われた。投票結果は、五五％以上が政治局の意見、つまり一九九一年綱領の確定内容に回帰することに同意したのだった。私たちは少数派だった。

私は同じ観点を持つ仲間たちにこう言った。「回れ右！　元の位置に戻れ！」

大会では、私はタインホア代表団に参加した。それに先立って私は、大会組織側に対し、「社会経済発展十ヵ年戦略（二〇〇一－二〇一〇年）の遂行の成功からの教訓」という主題で会議場での討論会で演説することを申請していた。演説内容は前もって書かれ、各代表に事前に配るために印刷されていた。私の演説は簡潔に短くまとめ、深く分析したものではなかった。班での討論の際も、この問題は活発に議論された。

会議場での討論会では、まずタ・ゴック・タン氏が報告を読み上げ、二人目が私だった。大会では報告者は通常演壇に立ち、「報告を読む」という字義通り、事前に配布された発表原稿を読み上げていた。私の報告の番が来たとき、各代表に配られている原稿を読み直さないことを許していただきたいと述べた。そして配布資料で取り上げた四つの教訓のうち、二つの教訓を深く掘り下げた。それは正しい路線と党内の団結である。

私はアドリブで話した。これは私の得意分野である。まず刷新二〇年総括報告について話をした。それがあって第一〇回党大会はベトナムの社会主義経済の特徴の見解を変更するという結論を提示したのである。それはドイモイ二〇年の理論的、実践的総括からの結論である。それは正しく実践、証明され、近年の国家の発展に成功をもたらした。第一〇回党大会では表決で各報告を通過させ、その中で刷新路線と国家の発展の趨勢に適した正しい結論を提示したのに、なぜ今再び放棄するのか。

もしそれを放棄したら、第一〇回党大会に比べて一歩後退し、発展のための刷新の趨勢に逆行することになる。社会主義経済とは主要な生産物資の公有制度であるという特徴を掲げたとして、誰があえてベトナムに投資するというのか。国内外の投資家たちを慎重にさせ、ベトナムにおける投資を制限することもありうる。投資なしにどうして発展できようか。

私はソ連と東欧の崩壊の教訓について話した。その根本的な原因は従来型の社会主義経済の特徴、つまり生産物資の公有制度に対する保守的な考え方である！　最後に私は大会に対して、ベトナムの社会主義経済の特徴について表決をとるよう要請した。

二つ目の話は、権力や職位を追い求める趨勢ゆえに当時顕著になってきていた、党内の団結という問題である。私は党員としての責任について述べ、党の配置に従って働くようにと話した。自身の経験からわかるのは、そのことがそれぞれの党員個人に成功をもたらすということだ。

私は流暢に、しっかりと論理立てて話したが、やや長く、決められた時間を超えてしまった。私は規定時間を超えて演説したことについて大会に謝罪した。各代表は熱烈な拍手を送り、賛同する姿勢を見せた。会議場での討論会の最後には、レー・ドゥック・トゥイ氏も代表者席で立ち上がって演説し、この問題について表決をとるよう大会に要請した。

大会で表決がとられ、結果は、第一〇期中央執行委員会第一四回会合での表決結果とも、大会に出された草案とも逆だった。大会に参加していた代表の大半は私たちの意見を認め、第一〇回党大会決議の通り、ベトナムの社会主義経済の特徴に「進歩」の二文字を追加することを認めた。大会での一つの大きな成功であり、発展のための刷新事業は継続されたのである！　第一一回党大会は大変民主的で責任感のある大会となったのだった。

会議場での各文書をめぐる議論は公開会議だったため、新聞雑誌は早速取り上げた。翌日、新聞雑誌は私の演説をめぐるニュースを数多く取り上げ、中には「ヴォー・ホン・フック大臣、本音を語る」というタイトルの記事を掲載した新聞すらあった。あたかも私が最後の言葉を残してどこかに去ってしまうかのように！

＊＊＊

二〇一一年初頭、ホーチミン共産青年団結成八〇周年記念の機会に、新聞雑誌の記者が若手の活用について私にインタビューした。私は、それは私たちの幹部工作の成功の一つであると答えた。そうありたければ、リーダーや省指導部全体が公平無私を貫かねばならず、私利私欲に走ってはならない。職を得るために袖の下を使う現象を断ち切らねばならない。幹部工作は公開されねばならない。大衆の意見に耳を傾けねばならない。

当時の計画投資省は三〇歳の副局長や三四、五歳の局長を多く抜擢し、その後の若手層を築いていた。

引退の日が近づくと、多くの記者が、仕事における経験や成功の教訓について私にインタビューしに来た。私は第一一回党大会で演説したように答えた。それは団結である。ともに支え合える集団を形成することである。私一人では成し遂げられない。専門員から局レベルの役人、そして各次官まで、私とともにあった集団全体の成功なのである。

私が大臣を務めていたとき、計画投資省の指導者層はすべて兄弟のように固く結びついた集団だった。苦楽をともにし、仕事の責任を互いに分かちあった。毎日の勤務前、ライ・クアン・トゥック氏、ファン・クアン・チュン氏、チャン・ディン・キエン氏、チュオン・ヴァン・ドアン氏、グエン・ビック・ダット氏、カオ・ヴィエット・シン氏は朝の七時から一緒に私の部屋にやってきて、お茶を飲みながら世間話や仕事の話をしていた。

このような恒常的な非公式の時間は、楽しく、親密で、気楽で、開放的な空気を生み出した。正式な会議では誰も口にしないような情報を交換した。非公式に顔を合わせることで仕事に大きな益があったのである。長く続けているうちに徐々に習慣となり、後の次官たちもその習慣を継承している。顔を合わせて世間話や仕事の打ち合わせをした朝の時間のことを忘れることなどできない！

今の今まで、私たちは恒常的に顔を合わせ、年を取っても互いに親しくそばにいて、昔の記憶を思い出している。そうありたければ、先頭に立つ者は周りに皆を集められなければならない。私が大臣として仕切る計画投資省の枢要メンバーとの最初の会議で話したように、鴻鵠をめぐるチャン聖人の教えと将軍を務めることについての名士グエン・チャイの教えに従わねばならないのである。

＊＊＊

二〇一一年八月八日は計画投資省で私が働く最後の日だった。その日の朝は、私と後任大臣のブイ・クアン・ヴィン氏の間での引継ぎ会議だった。ヴィン氏は同省の常務次官で業務内容もしっかりと把握していたため、引継ぎ会議は手早く行われ、皆で楽しく会話をするのが主だった。その日の昼は私の仕事を助けてくれた公務員たちと、職場の食堂での最後の昼食をとった。昼食が終わると、私は秘書のヴィエット・アイン氏にこう伝えた。

「午後、アーカイブの者たちを呼んで、資料棚を全部アーカイブ室に持っていって分類し、必要なものについては機密資料として保管し、不要なものについては処分するように伝えてください。本棚は図書室に運んでください。贈り物の品々は私とよく一緒に仕事をしてきた者たちを呼んで、一人一つずつ、気に入ったものを記念に持っていくように伝えてください。

たんすのネクタイが吊ってあるところは、よく接待をする者たちに使うように言ってください（私はよく外国からの来客を接待し、彼らはしばしばネクタイをプレゼントしてくれた。私は新しいネクタイを着けたくていつもおろしたてのネクタイを身に着けたので、たんすにはかなり多くのネクタイがあった）」

その日の午後、私は各局員たちに挨拶に行った。午後の終わりに仕事部屋に戻ってくると、V．A．とH．M．とHが、目を赤くして空っぽの部屋に座っていた。私は尋ねた。

「なんでお前たちは泣いているんだ？」

V．A．が言う。

「明日仕事に来てもこの部屋に先生がいないんだと考えていたんです」

私は笑った。

「死ぬわけでもあるまいし泣くことはないだろう。恋しくなったら俺の家に遊びに来なさい。家もまあまあ近いのだから！」

その夜はブイ・クアン・ヴィン氏が私の送別会を開いてくれて、とても多くの人が参加してくれた。私と同世代で既に引退した人もいた。誰もが昔の話、四〇年も前の話を思い返し、本当に楽しかった！

送別会もお開きとなり、私は車に乗って、私がまだ学生だった一九六三年の夏に初めて足を踏み入れたホアンジウ通り六Bの建物に別れを告げた。一九六九年一月に二回目に足を踏み入れて以来、毎日の仕事時間の三分の一以上を、四三年近くにわたって居座ってきた建物である。ほぼ一生を通して私の身近にあった建物である。人生の中で最も長く過ごした建物である！

その日から今までで、私がその建物に戻ったのは、省指導部や退職連絡会から招待があった時のみである。

＊＊＊

二〇一二年四月二三日、私は国を代表するチュオン・タン・サン国家主席から一等独立勲章を授与された。その年末にラオスに行き、イサラ勲章を受章した。二〇一二年一一月には東京に行き、旭日重光章を受章し、日本の天皇にも謁見した。

引退して数か月後の二〇一一年末、国家主席のチュオン・タン・サン氏は、開発政策に関する国家主席顧問班に私を招待した。顧問班にはファン・ジエン氏、ヴー・コアン氏、そして引退したばかりの大臣数名と経済専門家が参加していた。顧問班はたいてい数か月に一回集まった。私はそれらの会議すべてに参加した。

二〇一二年の初めに、私がトゥー・サン氏の顧問班に参画していることを知った交通運輸省の現役公務員が私に電話をかけてきたことがあった。彼は、近年投資された陸路プロジェクト、特にODAによる投資案件について私が詳しいことを知り、ODAの投資を受けたいくつかの幹線道路の料金徴収権の売却について報告した。その売却は競争入札を通さず、国家に損失をもたらした。その後、他の投資家たちの手に渡り、乗り物の所有者の費用負担が増し、道路を利用する民衆の怒りを招いていたのだった。

私は公務員たちの報告を再度確認した。私が知らされたことの通りだった。私は顧問班の会議で演説して不足なく具体的に発表した。国家主席は調査させた。事は私が話した通りだったが、その後は順調に進むようになった。どうやらデリケートな諸関係に触れていたようだった。

私は引退したが、計画投資省の仲間たちや昔から知っている者たちは、現役であっても引退していても関係なく会っている。同省指導部や長年仕事で付き合いのあった組織の指導部の者たちともときどき顔を合わせて昔話をしている。私はふざけて「心が通った」グループと呼んでいる。ゴルフ仲間とも一週間に数回一緒にゴルフ場に行っている。仕事を通して知り合った外国の友人たちはベトナムに出張に来るたびに私に会い、話をしていく。

引退したてのころ、日本と台湾の企業が私たち夫婦を観光に招いてくれた。なぜなら現役時代に妻を連れていったことは一度もなかったからだ。二〇一四年九月、日本の根室市長とその仲間たちは、日本の最東北に位置する根室に招待してくれた。二〇一九年にはラオスの友人たちが私を招き、現役時代と変わらずにもてなしてくれて実に感動した。国内の友人たちも電話をかけては私を誘ってくれる。

最初のころはまだ移動ができたが、ここ数年はパンデミックのためにどこにも行けていない。それでも国内外を問わず誰もが、本当に厚い情をもって私に接してくれて、私はこのうえなく感激している。昔の人の言い回しがなおさら心にしみてくる。「何事も去り行くだろう、唯一残るのは人の心である！」

第五章　国際経済への参入の軌跡

一、初めての訪日

一九八九年八月末、国家計画委員会の出張団は陸路で中部各省に行き、その後、ホーチミン市との仕事をこなした。それが終わるとサウ・カイ委員長は全員に陸路でハノイに戻り、工業副局長の私にのみ、委員長とともに残って仕事をするように指示した。私も他の人たちも、カイ氏が同市の工業施設に残るのは、東欧の困難な情勢が生産状況に支障をきたしているためだと考えていた。

私はフォンセンホテルでのんびりと指令を待った。

九月一日午後に電話があり、九月二日の独立記念日を祝う夕食会と仕事の打ち合わせがあるのでサウ・カイ氏の家に来るように、とのことだった。

私が行くと、サウ・カイ氏と親しい間柄の人たちが一〇名ほど来ていた。そこには石油輸出入公社（ペテチム）社長チャン・ヒュウ・ラック氏、在外貿易総公社社長チャールス・ドゥック氏（チャールス・ドゥックはフランスとベトナム両方の国籍をもつ越僑で、芸術家バック・トゥエットの夫）がいた。

食事が終わって皆が帰宅し始めると、サウ氏は私、ラック氏、チャールス・ドゥック氏に残って仕事の打ち合わせをしていくように言った。三人とサウ・カイ氏だけになると、サウ氏はおおよそ次のようなことを言った。

「政治局が俺の訪日を許可した。この出張では、経済関連のビジネスの話し合い、企業や政界との交流、日本との関係の構築と拡大に加え、タックさん（グエン・コー・タック閣僚評議会副議長）からは、日本の一般的な対外政治の問題についての調査も行うように言われている。これは日本の政権与党の自由民主党のトップ二位の渡辺美智雄氏の招待に基づく訪問だ。彼が取り仕切ってくれる。小編成で行く。俺とお前（サウ氏は私を指差している）、チャールス・ドゥック、そして貿易銀行総裁のゼーだ。これは非公式訪問だ。準備して九月三日発つ。明日午後にゼーも加わる」

私は慌てて言った。

「あの、サウさん、私はこの出張で何着かの普段着しか持ってきていないですし、何といっても『ゴム草履』を履いているのですがどうしましょう?」

カイ氏は答えた。

「わかっているよ。だからペテチム社のラックにここに来るように言ったんだ。ラックに任せろ。くれぐれも抜かりなく準備するように、これは初めての訪日なのだから！　お前たち二人は戦友だから遠慮する必要はない。明朝、外務局から数名がホテルに来て写真を撮り、パスポートを作ってくれる。ハノイにいるサムさんにも電話をしたら、サムさんも『日本に行くならフックが行くのは当然だ』と言っていたよ。最近お前は日本の会社と多く仕事をしている。さあ、帰って支度をして、九月三日午後に出発だ。空港で会おう」（サム氏は当時、第一副委員長であり、同時に工業局の直接責任者でもあり、カイ氏はとても敬意を払っていた）

その夜のうちに、ラック氏は洋服を購入するために、私をドンコイ通りにある顔見知りの仕立屋に連れて行ってくれた。仕立屋の主人は、少し肩がきついが他の客がオーダーしたがまだ取りに来ていないグレーのスーツがある、あまりにも急なのでそれを持っていくしかない、と言った。翌朝、レータイントン通りで靴を、ベンタイン市場でスーツケースを購入した。

当時、ハノイの公務員はとても貧しかった。衣類は不足していて、普段着はたいてい交換用に二着あるだけだった。冬には誰もが同じような格好で、青いダウンを羽織るか、より贅沢ができた場合はドイツのファー付きコートを着ていた。立派なスーツを買える人は少なかった。外国に行くにも、暖かくきちんとした服はそろっていなかった。財政省はハンボット通り（トンドゥックタン通り）の教会近くに、外国出張に行く公務員に貸すための衣類倉庫を持っていた。外国出張が決まると、所属機関の決定を受け次第皆で待ち合わせて衣類倉庫に行き、試着し、スーツケースに入れるのだった。後日、倉庫の管理者が衣服の数を数えてようやく受け取ることができた。たいてい身長約一・六〜一・七メートル用のサイズがあり、痩せている人や太っている人のために幅広や幅狭のものなど様々に用意されていた。私は一・七六メートルあったのでぴったりのものはなかなか見つからなかった。一九七五年にサイゴンに行ったとき、私は自分のためにスーツを一着購入した。ここでもう一着増えたのだ！

一九八九年九月三日朝、私たちはタンソンニャット空港にいた。一行を見るとかなり立派な身なりをしていた。服は一人一人違う色で、美しく仕立てられていた。ハノイから出発したときとは違っていた。あのときは皆同じ縫製、同じ色の同じ布の服を着て、木箱のような同じ黒いスーツケースを持ち、まるで制服のような服装だったのだから。

一〇時過ぎ、私たちは豪奢な内装の八人乗りの小さな飛行機に搭乗した。これはスマグループ会長のチャーター機だった。私たちはまずマニラ（フィリピン）へ、そこから香港へ、そして香港から東京に行くことになっていた。

マニラに着くと、ジョナサン・ハイン・グエンが私たちを空港で出迎えてくれ、マニラにいる間、ビザのことから移動のことまで、きめ細かに面倒を見てくれた。その日の夜、マニラで歓迎会があった。フィリピンの要人が勢ぞろいで、ベトナム側からは大使も参加した。

翌朝、私たちは香港に飛び、香港空港で待機してから、さらに東京に向かった。九月五日の早朝、私たちは東京に到着した。東京の駐日ベトナム大使館と渡辺美智雄氏の専属秘書の丸目氏が成田空港で私たちを出迎えてくれた。それから私たちは滞在先である帝国ホテルに行って休養をとった。

九月六日の朝、私たちは渡辺氏と経済問題について議論した。ベトナムからの訪問団全員とヴォー・ヴァン・スン大使、経済参事官のグエン・ダン・クアン氏、大使館第一書記で日本語通訳のグエン・カイン・ズオン氏が参加した。日本側からは、渡辺氏の秘書の丸目氏と堀越氏、そして名前を忘れてしまったが、もう一人が参加していた。

九月六日午後と九月七日午前、渡辺氏は対外政治問題についてカイ氏と個別で話し合った。その場にいたのはほかにヴォー・ヴァン・スン大使と通訳のズオン氏のみで、私たちは参加しなかった。私たちは各日本企業からの顔なじみの来客と会っていた。

九月六日の夜、渡辺氏は訪問団を会食に招いてくれた。参加メンバーは九月六日朝と同じだった。日本側では加えて渡辺美智雄氏の息子の渡辺喜美氏が参加した。真心がこもった打ち解けた雰囲気の会食で、格式ばったものではなく、形式的なものでもなかった。会食が始まって乾杯をすると、渡辺美智雄氏は自ら、自分が党内ではストレートで遠慮がない「歯に衣着せぬ物言い」をする人間だと言われていると言った。彼は息子の喜美氏と私を指してこう言った。

「関係を長く保つためには、若手同士に付き合いがなければいけない！」

喜美氏は一九五二年生まれで当時三七歳、私より七つ年下だった。父親の言葉を聞き入れ、喜美氏は今の今まで私との交友関係を保っている！

渡辺氏は続けて言った。

「日本政府と日本の人々は東南アジアにおけるベトナムの役割と位置づけを高く評価しています。私たちは似通った発展の歴史と文化を持っています。さまざまな理由から、私たちはベトナムとの全面的な関係の発展を希求しているのです。一九九〇年から二〇〇〇年は日越関係の時代です。日越関係が最も強力に発展する一〇年にせねばなりません。来たる一〇年の日越関係発展戦略は、政府、企業、そして人々の交流という三つの側面で発展するでしょう。政府間関係については、日本は対ベトナムODAを再開し、毎年の援助を速やかに増額します。ベトナムは日本の中心的な援助受取国となるでしょう。日本のODAはベトナムの社会経済インフラの開発を助け、投資しやすい環境の整備につながるでしょう。日本企業はベトナムに積極的に投資します。日本には多くの資本と高い技術があります。日本の投資家たちは戦略的な投資家です。ベトナムに来たからには、ベトナムとともに、長期的に発展するのです！　政府、企業の関係は、人々の交流に勢いを与えるでしょう。旅行が発展するでしょう。ベトナム人、日本人は互いに互いの国を訪れるでしょう。ベトナム人は日本に留学し、働き、治療に行くでしょう。日本人もそうするでしょう。両国の人々は盛んに往来するのです！　私たちの党内には五つの派がありますが、対越関係については一つの派しかありません。それは日本の人々皆の願いなのです！　それを実現したければ、私たちは目前の障壁を取り除かなければなりません！」

渡辺氏は間を置くことなく一気に話した。それはまるで遊説者のようであった。

それから話題は東南アジア地域の各国の関係に移った。渡辺氏は特に、東南アジア地域におけるベトナムとインドネシアの役割と位置づけを強調した。

その夜の会話は誠実で、力強く、心のこもった、印象的なものだった！

まさに歯に衣着せぬ物言いだ！

渡辺氏のいう障壁とは、米国の禁輸措置であった。米国の禁輸措置の解除のためには、ベトナム軍がカンボジアから撤退しなければならないということだ！

渡辺氏が初めてベトナムにやってきたのは一九九〇年五月のことだった。それ以降、自身が言ったことを進めるために何度も訪越した。

九月七日、私たちは衆議院議員の柿澤弘治氏と討議した。彼は出世の最中にある政治家で、後に日本の外務大臣を務めたこともある。

その後数日は、訪問団全員で政治家、経済界の大手グループ、企業団体、学者、そして越僑の方々と面会した。どの場においても、渡辺氏と同じことを口にしていた。あらゆる意見はひとつの方向に統一されていた。それはベトナムと日本の全面的な協力関係の発展である！

私たちが日本にいるあいだ、故ルオン・ディン・クア教授の夫人と娘が私を訪ねてくれた。私は夫人をカイ氏に紹介し、二人はとても和やかに言葉を交わした。カイ氏は笑顔で「あなた方のご家族は越日関係を代表するご家族です」と言った。私はカイ氏に、「クアさんが食糧作物研究所で所長をされていたとき、私の義父は副所長だったんですよ。私たちの家族は親しい間柄なんです」と伝えた。

出張の最終日、私たちは各地を散策した。皇居に行き、東京で一番洒落たショッピング街である銀座に行った。それから秋葉原の電気街にも行き、そのほかにも東京のいくつかの場所を訪れた。カイ氏と私にとって、初めての訪日だった。一九八六年以来、私はハノイに駐在員事務所を持ついくつかの日本企業と、特に日商岩井とは日商岩井・ベトナム合同委員会を通してともに仕事をしており、日本という国の奇跡的な発展について耳にはしていた。そしてこの時、世界有数の工業発展国であり、模範的な文明社会であり、しかし日本の色濃い文化を残している国をこの目で確かめられたのだ！　まさしく一九四五年の焼け跡から登り詰めた国である。四四年かけてこのようになったのだ！

日本の人々に感服せずにはいられない。

カイ氏は私に言った。

「なあ、見てみろよ、日本人はこれをやり遂げたんだ！　俺たちは彼らを見習わずに誰を見習うっていうんだ？　彼らの発展の状況は俺たちのものと共通することも多い。これからは頑張って彼らを巻き込んでいこう。渡辺さんが言ったとおり、彼らも俺らを必要としているんだ！　俺らには彼らが必要だ。なんとか彼らを助け、導きながら、彼らを巻き込んでいくんだぞ！」

私は冗談でこう言った。

「親日だと言ってくる連中もいるんですよ」

カイ氏は答えた。

「付き合う相手は選べ！　言いたいことは言わせておけばいい。民にとって、国にとって良いことをやるのみだ！」

私はそのとおりに行動した！

もう三〇年以上経ってしまった！　既に多くの方々が亡くなってしまった。物事は今も発展の最中にある。すべては渡辺氏の言葉のとおりになっている。両国の政府、企業の関係は絶え間なく発展している。両国の人々の交流は活気にあふれている。越日関係は今なお発展している。それは両民族の長期的な益ゆえの発展だ。まさに昔の世代の願望であり、そしてそれは共通の利益であるがゆえに、継承していく世代の願望でもある。永遠の益なのだ！

二、渡辺美智雄氏とベトナム

一九八九年九月の別れ際のファン・ヴァン・カイ氏の約束を守り、渡辺美智雄氏は一九九〇年五月頭に訪越した。

渡辺氏は、一九七三年の外交関係樹立以降に訪越した日本の高官の中で、当時最も地位が高い人物であった。

ホーチミン市人民委員長グエン・ヴィン・ギエップ氏がタンソンニャット空港で一行を出迎えた。私も歓迎式典に参加した。

ホーチミン市で、渡辺氏はグエン・ヴァン・リン書記長を訪問し（当時書記長は南部各省との仕事をしていた）、その後ホーチミン市人民委員長と討議をしてから数か所を訪れた。

五月六日午後、渡辺美智雄氏はハノイへ移動した。ハノイではドー・ムオイ閣僚評議会議長、グエン・コー・タック副議長兼外務大臣、ファン・ヴァン・カイ国家計画委員長といくつかの関連機関と仕事をした。

ここでドー・ムオイ閣僚評議会議長との会合について語らせていただきたい。

ドー・ムオイ議長は国家計画委員会に対し、状況を把握している人物を歓迎会に参加させるように指示し、ファン・ヴァン・カイ氏は私を参加させた。日本人は普通、ストレートで、強く早い口調で、口うるさい人のことを「歯に衣着せぬ物言い《バオゴン》」という。そしてそれはまさに、歯に衣着せぬ物言いの二人の対面であった！

一七時ちょうどに渡辺氏が国家主席官邸の応接室に現れた。握手を交わして着席するとすぐに、ドー・ムオイ議長は一気に次のことを言った。

「ようこそおいでくださいました。実にふさわしい時期に訪問くださいました。これは歴史的に意義のある訪問です。越日関係を強力に前進、発展させるための訪問です。日本とベトナムは長い歴史的関係を持っています。私たちはその美しい伝統を、引き続き力強く発展させていく必要があります。この面会では、一般的な諸問題について議論しましょう。具体的な問題は、政治についてはグエン・コー・タック氏、経済についてはファン・ヴァン・カイ氏とダウ・ゴック・スアン氏と話し合ってください。聞いたところによると、この訪問のすぐ後に中国に行かれるのですか。もしそうでしたら、どうか私たちが二国間関係を早急に正常化したいと考えているとお伝えいただきたいと思っています」

渡辺氏は言った。

「このベトナム訪問のすぐ後に中国に行きます。私の知る限りでは、中国もベトナムとの関係正常化を早く実現させたいと考えています。これは両国にとっての益でもあります。この問題については彼らと話してきましょう。越日関係については、私は一九八九年にファン・ヴァン・カイ氏が訪日された際に話し合いました。今回はより具体的なことを議論しましょう。私たちは一九九〇年から二〇〇〇年を日越関係の強力な発展の一〇年にしたいと考えています」

さて、ここまで話すと二人は「歯に衣着せぬ物言い」の得意分野へと突入した。二人とも、過去や未来の日越関係について、ベトナムと中国、ベトナムと米国の関係、カンボジア問題や各国の役割について、夢中で話していた。渡辺氏はとりわけ、東南アジア地域におけるベトナムとインドネシアの立ち位置と役割を強調した。渡辺氏は閣僚評議会議長を日本に招待する言葉を送り、ドー・ムオイ議長は「是非伺いたいです！」と返事をした。意見交換は一時間以上続いた。グエン・コー・タック氏との夕食の約束の時間になり、秘書がリマインドしても二人ともお構いなしだった。

渡辺氏は立ち上がって握手をし、別れ際に建物を見て尋ねた。

「とても素敵な建物ですね！　ここは以前ホー・チ・ミン主席がいたところですか」

ドー・ムオイ閣僚評議会議長は答えた。

「いいえ、ここは高官の接待と会談のための場所で、ホー・チ・ミン主席が生活し、仕事をしていたのは別の家です」

渡辺氏は尋ねた。

「ここから近いですか」

ドー・ムオイ閣僚評議会議長は答えた。

「この近くですが、ご覧になりますか」

渡辺氏は言った。

「行きましょう！　是非見てみたい！」

ロビー後方の出口から皆でぞろぞろと高床式のホー・チ・ミンの家に移動した。守衛も秘書も、どたばたと電気をつけたりドアを開けたりした。予定外のプログラムだった。

渡辺氏は高床式の家の周りを一周し、池のところまで行き、歩きながら「なんて質素なんだ！」と言った。道を歩きながら二人はまた話を続けていたが、遠かったため、私にははっきりと聞こえなかった。ドー・ムオイ閣僚評議会議長は別れ際に手を握って強く振りながらこう言った。「私たちはもう友人です。つまり私たちはたくさん会わなければなりません。あなたは私を訪ね、私もあなたを訪ねるのです！」

その夜のグエン・コー・タック氏との夕食には四〇分以上も遅れてしまった！

それ以来、渡辺氏は何度も訪越した。一九九〇年八月に再びやってきた。

一九九一年一一月、渡辺氏は日本の副総理、外務大臣になった。彼は日越関係にますます寄与できる立場となった。彼は一九九二年末に、約四五〇億円の円借款の交渉を指示した。それ以来、日本による対ベトナム政府開発援助（ＯＤＡ）が開始された。彼は一九九三年初めのヴォー・ヴァン・キエット首相の初訪日を推し進めた。また一九九三年初頭に、ベトナムと米国の関係正常化を目的としたヴォー・ヴァン・キエット越首相の書簡をビル・クリントン米国大統領に届けた。彼はアメリカに対する経済封鎖の解除とベトナムとの早期の外交関係樹立の働きかけにおいて、大きな貢献をしたのである。

ドー・ムオイ閣僚評議会議長とサウ・カイ氏との関係はますます親密なものになった。後にドー・ムオイ閣僚評議会議長が総書記、ファン・ヴァン・カイ氏が副首相となると、関係はより一層緊密になった。その密接な関係は渡辺美智雄氏が逝去した一九九五年九月一五日まで続いた。

私には、彼との忘れられない思い出がある。

一九九二年一月の終わり、当時国家計画委員会工業局長だった私は、東京で日本のとある大手グループとの会合に参加していた。会議の途中、日本の友人の一人が私に「三〇分後に渡辺氏のところにご案内します」と告げた。私は当惑した。なぜ副総理たる人物が、私が東京にいることを知っているのか。会って何をするのだろうか。

三〇分後に私が訪ねると、渡辺氏は私を仕事部屋に招き入れた。社交辞令はなく、彼はすぐにベトナムの経済情勢や投資誘致の状況、ベトナムにおける日本企業の投資状況を尋ねた。それから彼はドー・ムオイ氏とファン・ヴァン・カイ氏の近況を尋ねた。彼は日越関係の未来について、長期的な関係を築くことに常に注意を払わねばならないと私に語った。彼はとても詳細に、心のこもった言葉で、気さくに話してくれた。面会は三〇分ほど続いた。彼は階段のところまで来て私を見送ってくれた。日本の副総理がベトナムの局長を真心をもってもてなしてくれたのだ。こんなことはめったにない。

渡辺美智雄という人物は、私たちが尊敬する、心からの友人である！ 彼は日越関係を前進させ、ベトナムと日本の全面的な協力関係の発展に大きく寄与した。ベトナムの心からの友人である！

三、リー・クアンユー氏

一九九三年一〇月、国家計画委員長のドー・クォック・サム氏は私（当時私は副委員長だった）を部屋に呼んでこう言った。

「サウ・ザンさんが、あなたをシンガポールに派遣して、リー・クアンユー氏にベトナムの経済状況について報告し、一一月半ばの彼の訪越に向けた準備をするようにと言っています。これはとてもデリケートな仕事ですよ」

私は間を置かずに、「はい、承知しています」と言った。私はサム氏の考えていることがわかった。当時の高官のなかで、ベトナムにとってのリー氏の役割や関係を評価する意見は様々だったのだ。

サム氏は続けた。

「ですので、慎重に準備しなくてはなりません。資料は今年末にパリで開催される支援国会合で発表するための政府の報告書を使えるかもしれません（サム氏は極めて慎重で気を配る人なので、他の人に仕事を提案する際には常に推量表現を用いた）。この資料は一一月末には公開されます。フックさんは過不足なく詳細に記録を取れる方を同行させてください。帰国したらその記録を添えていくつかの機関に報告します」

一九九三年一〇月二一日、私たちはシンガポールに発った。同行者には国家計画委員会対外経済副局長ホー・クアン・ミン氏、外務省東南アジア・南太平洋副局長ヴー・ダン・ズン氏がいた。ミン氏は記録、ズン氏は通訳を担当した。一〇月二一日夜、私たちはシンガポールに到着した。

一〇月二二日の朝、相手国の接待係がスケジュールを通達した。私たちはリー氏が先に目を通せるように、パリでの支援国会合で発表予定の政府の報告書を渡した。接待係は、リー氏との面会は、リー氏とシンガポールの指導者たちが仕事や接待をするためのイスタナにて、一九九三年一〇月二二日一五時に開始すると告げた。

私はリー氏と主体的な議論ができるように、政府の報告書をもう一度丁寧に読み直した。

一〇月二二日午後、私たちはリー氏に面会に行った。グエン・マイン・フン在シンガポールベトナム大使も同行した。一四時五五分に私たちはイスタナの応接室に着いた。一五時ちょうどになり、リー氏は脇の扉から部屋に入ってきた。私や他の皆と握手を交わすと、彼は席まで素早く移動し、椅子を引きながら私に尋ねた。

「あなたは国家計画委員会の方ですか」

「はい、私は副委員長を務めています」

「委員長は誰ですか」

「ドー・クォック・サムさんです」

「サムさんはどこで何を勉強した方でしょうか」

「サムさんは中国で建設技術を学び、ロシアで博士論文を書きました」

「ヴォー・ヴァン・キエットさんも委員長でしたか」

「はい、彼は一九八二年から一九八八年まで委員長でした」

「国家計画委員会というのは何をしているのでしょうか」

ここまで来て、私はやや長く答えた。政策立案と社会経済開発の体制構築という国家計画委員会の現在の任務について話し、体制構築についてより具体的に説明した。リー氏は静かに耳を傾け、それからまた尋ねた。

「首相は国家計画委員長の意見を聞き入れていますか」

私は答えた。

「ヴォー・ヴァン・キエット首相はドー・クォック・サム氏の意見をとても尊重し、聞き入れています」

彼は政府の報告書集を手に取って言った。

「この資料を読みました。とてもよく準備された資料です！　誰がこの資料作りを手伝ったのですか」

私は、シンガポールの役人たちが彼に報告したのだろうと思い、こう答えた。

「世界銀行の専門家です。この報告書は国連開発計画（ＵＮＤＰ）の技術援助プロジェクトの一つとして作られました」

「彼らは素晴らしい専門家です！」

リー氏が報告書に言及したついでに、私は一九九三年一一月にパリで初めて、対ベトナム支援国会合が開催されることを伝え、会合の目的とゲスト、ベトナムのパートナーについて説明した。彼はじっと耳を傾けて聴いていた。投資パートナーについて話すと、彼は私の言葉を遮って尋ねた。

「現在ベトナムで最大の投資家は誰ですか。その次はどこですか？」

私は確約した投資額の順に一番から八番まで投資家を列挙した。彼はうなずいていた。さらにそれぞれの投資家についての私の見解を求めた。その日の面会は次第に、それぞれの投資家の強みと弱みについて議論し、分析する場となっていった。彼は、ベトナムはまだ戦略的な投資家を誘致できていないと考えていた！　最後に彼はこう言った。

「米国、西欧、日本からの投資家がベトナムで第一の投資家となるときに初めて、あなたたちは成功できるのです！　そうありたければ、あなたたちは好条件で透明性のある投資環境を作らなければなりません！　援助者たちがあなたたちの国を訪れたときに、喩えて言えば、旅客者がなじみのない空港に降り立ち、誰にも尋ねずとも案内標識を見てホテルまでたどり着けるような、そういう環境を作らなければなりません！　そうありたければ、強靭でクリーンで、指導者層、政策立案者から実行者まで、汚職のない政権を作らなければなりません！　そうありたければ、あなたたちの政権は、有能でクリーンで、最大限の給与を支払われる人々で構成されている必要があります！」

リー氏は有能でクリーンな公務員や政治家について、養成や給与体系の問題、特に有能な若者を採用すること、しかし同時に厳密な監視体制を持たなければならないことについて、ひたすら語った。

「さあ、このあたりでやめにしましょう。ハノイでの再会を楽しみにしています！」

私と彼は一緒に立ち上がり、部屋から出るところで握手を交わした。それから彼はすぐに脇の扉から出ていった。

面会は一時間以上にもなっていた。

この面会は私のなかに、賢明で、才能があり、剛直で、決断力があり、求心力があり、戦略的な見通しを持った素晴らしい人物についての深い印象を残した。指導者としての生まれ持った才能である。

後日私たちはハノイに戻った。サム氏の指示に基づき、私たちは報告書を作成し、過不足ない記録を添付して党中央事務局に提出し、政府首相にも提出した。皆それを見て、良い面会を行ったと褒めてくれた。仕事は順調だった！

一九九三年一一月一七日、ヴォー・ヴァン・キエット首相の招待でリー氏が訪越した。これは彼にとって二度目の訪越だった。私もホーチミン市に派遣されて加わった。

彼はサイゴン・フローティングホテルに滞在した。ホーチミン市とビンズオン省で二日間仕事をしたのちハノイに移動し、政府の賓客宿舎（ゴークエン通り一二番）に滞在した。

ハノイでは、リー氏はヴォー・ヴァン・キエット首相、国家計画委員長、国家協力投資委員長、ハノイ市人民委員長、建設大臣と面会し、専門家が参加するいくつかの会議にも出席した。私はヴォー・ヴァン・キエット首相とリー氏のみでの会談以外はすべてに参加した。

話し合いの内容は大きく四つに集中していた。

――経済開発と投資誘致の政策

――工業団地の計画・開発

――都市計画

――人材育成

リー氏は特に、英語教育と現在の統合の潮流における英語の位置づけについて強調した。議論を交わすなかで、誰もが、シンガポールの成功について多くの質問を投げかけた。

リー氏は、シンガポールの成功の背景には多くの要因があると言ったが、特に彼の掲げる国家建設の四つの哲学を強調した。それは、強靭な国家の建設、多民族国家としての調和、大国や工業発展国との調和のとれた発展、イデオロギーから脱却した市場経済である。

リー氏は強靭な国家、政権を作ることについて多くを語った。そうありたければ、有能な人材が政権を担わねばならない。優秀でクリーンで汚職のない公務員と政治家が必要である。そうありたければ、彼らは高給を支払われなければならず、同時に厳密な監視体制も必要である。リー氏は有権者や独立系メディア、対立する政治家たちによる監視の重要性を強調した。

彼はまた、イデオロギーから脱却した経済体制の建設を強調した。それがシンガポールのみならず、多くの国家にとって価値のある教訓であると考えていたのだ！

一九九三年のこの訪問以来、リー氏は二国間関係のために度々ベトナムを訪れ、ベトナムの開発を熱心に支えた。ビンズオンにある最初のベトナム・シンガポール工業団地に始まり、今ではそのような工業団地が南北各地に数多くできている。シンガポールの援助による数々の案件、大規模ホテル事業、特にシンガポールで実施されたベトナムのための多数の教育プログラムなどが展開されている。

その後、リー氏の訪越の頻度は徐々に減っていった。最後の訪越は二〇〇九年のことだった。

聞いたところによると、亡くなる数年前に、リー氏は全世界、各大陸、各地域、各大国、各新興国の発展の展望について非常に興味深いインタビューを受けていた。そこでリー氏は、かつて多くの時間を割き、発展の道筋について多くの助言をしたベトナムについてはほとんど語らなかったという。

四、ヴォー・ヴァン・キエット首相に随行して対ヨーロッパ関係を切り拓く

一九九三年六月中旬のある日、ドー・クォック・サム氏は私に告げた。
「今期は首相のヨーロッパ出張に同行してください。期間はやや長く、約二週間近くです」
サム氏は私に首相訪問団についての決定文書を見せた。首相に随行する公式訪問団のメンバーには次の人物が含まれていた。
——首相の政治顧問　グエン・ドゥック・ビン氏
——グエン・マイン・カム外務大臣
——ダウ・ゴック・スアン国家協力投資委員長・大臣

——レー・スアン・チン政府官房長官・大臣
——レー・ヴァン・チエット商業大臣
——カオ・シー・キエム国家銀行総裁
——国家計画委員会などの各省庁・機関指導部

出張期間は一九九三年六月二三日から七月一一日。ヨーロッパ訪問後はキューバに行く予定だ。

文書では指導部について、副局長レベルを派遣することのみが記載されていた。誰を派遣するかは各機関の大臣、長官が決定した。

私はサム氏に言った。

「期間が長すぎます。私はたったついこの間、サウ・カイ氏と日本に一〇日間出張して帰国したばかりなのです。そこでさらに二週間行くことになります。副委員長に昇格して六か月しか経っていないのに（私は一九九二年一二月二五日に副委員長に任命された）出張ばかりです！　他の方を派遣するよう検討くださいませんか？」

サム氏は笑顔で言った。

「それはできません、仕事ですから。何より、カム氏がサウ氏と話をしたうえで、あなたに行ってほしいということです」

私は名簿を見て、訪問団の中の肩書で政治顧問というものがあるのに気が付き、続けてサム氏に尋ねた。

「なぜ政治顧問がいるのですか」

サム氏は微笑み、低い声で言った。

「デリケートな問題があるのです」

ドー・クォック・サム氏がこのようなことについて話すときの低い声色はとても魅力的で、聞く人に問題の深さを理解させ、さらなる質問を不要にしてしまった。

私は首相随行のための準備に再び取りかかった。フランス、ドイツ、ベルギー、EC（当時はまだECで、一九九三年一一月になってEUが誕生した）、そして首相の訪問予定の場所との経済協力に関連する資料を見直した。

一九九三年六月二三日、ヴォー・ヴァン・キエット首相はヨーロッパとの関係を切り拓く訪問に出発した。当時はまだタンロン橋を通って空港に行くルートはなかった。官庁のメンバーと首相は外務省の門のところに集合した。夜中の二時に送迎車に乗り込み、国道二号線に沿ったチュオンズオン橋を通るルートでノイバイ空港に向かった。随行団が先に乗り込み、席に落ち着いたところで首相が乗り込んだ。朝四時に飛行機が離陸した。

当時は中型旅客機しかなかったので、ドバイで一度着陸する必要があった。六月二三日一五時ちょうどに、一行はパリに到着した。歓迎式典が空港で厳粛に行われた。パリでは、コンコルド広場の目の前にあるホテル・ド・クリトンに滞在した。

その夜は外務省の迎賓館にてフランス政府による盛大な歓迎会が行われた。六月二四、二五、二六日には会談が開かれ、首相、上院、下院、フランス政府の各機関とフランスの経済団体や企業と仕事をした。ベトナムは米国の禁輸措置を受けていたが、伝統的な関係のあるフランスとは一定の関係を維持していた。ヴォー・ヴァン・キエット首相のこの訪問は既存の関係を再起動し、より強く発展させるものだった。両国首相は次のことを合意した。

——仏越経済科学教育協力大委員会の活動

——フランス国庫金を財源とする開発援助の強化

——フランス開発庁の活動を拡大すること

——フランスの対ベトナム投資を推奨すること

——フランス政府は一九九三年一一月にパリで開催の対ベトナム支援国会合の実施を歓迎すること

首相は越僑の方々にも面会した。ある日の朝食時、首相はグエン・ドゥック・ビン氏に次のように告げた。

「ビンさん、ホアン・スアン・ハン氏との面会を調整してください。彼は少しばかりの贈り物をしてくださったのです」

　ホアン・スアン・ハン氏はその時八五歳で、ハティン省ドゥックト県のヤンホー出身だった。グエン・ドゥック・ビン氏はチュンルオン出身だ。二つの村は隣り合っている。ビン氏は帰ってからこう語った。

「ハン老人はとても衰弱していました。私が訪ね、チュンルオン出身だとわかると、ただ故郷のこと、例えばチュンルオン鍛冶村のことから田舎の市場、チョー市場、ハオ船着場のことなどを尋ねるのです。ヤンホー村で過ごした若かりし頃の話をしていました。また彼は、図書館を丸ごと漢喃《ハンノム》研究所に寄付すると言ってくださいました」

　その三年後に彼は亡くなった。知的で、博識で、有能な方の死が悼まれる！　人生の最期には故郷のことしか覚えていなかった！

　六月二七日、私たちはロワール川の古城を見学した。

　夕方早めに戻って訪問団のスケジュールを確認すると、何も予定が入っておらず、ダウ・ゴック・スアン氏は私に言った。

「今晩何をするつもりだい。部屋で顔を拝みあって過ごすわけじゃないだろう。パリで何かおもしろいところがあったらちょっと見に行ってみようじゃないか。君はよく知っているからアレンジしてくれ！　明日ドイツに移動したら、向こうでは何も見るところもないだろうからつまらないよ!」

スアン氏は愉快で情が深い人だ。彼は私と同郷で、私の以前の上司でもある。サム氏と同様に「師匠」にあたる人で、とても親密な仲だった。私はフランスにいる友人たちと連絡をとり、その夜は皆をクレイジーホースに連れていくことにした。

出かける前にスアン氏は言った。

「せっかくなのでビンさんも行きましょうよ! カムさんは行けないのです。カムさんが行ったら明日、首相の行動計画と見なされてフランスの新聞に載るでしょうね!」

カム氏は笑いながら言った。

「今日は行きたいけれど行けないんだ。夜は首相のために資料を見直さないといけない。明日はドイツで仕事だ」

ビン氏も断った。

「僕も行かないよ」

スアン氏はビン氏が思慮深く、乗り気でないことを知っていて、笑いながら言った。

「見に行ってフランス文化を知ろうじゃないか。手足を使って初めて道徳の範疇に入るのであって、目を使うだけなら芸術の範疇だ。これは目を使うだけだ、さあさあ、フランス文化を知るために行こうじゃないか」

ビン氏はそれでも行かないと言い、スアン氏はこう言った。

「わかった、私たちは行ってくるよ。ビンさんとカムさんは顔を拝みあってくださいな！」

スアン氏とビン氏は同い年（一九二七年生まれ）で、以前はともに党学校で働いており、さらに同郷だったので、遠慮なく話をしていた。この訪問であるが、振り返ってみればメンバーの半分はラー川岸、ラム川〔ゲアン省、ハティン省を流れる川〕岸の人ではないか！

＊＊＊

六月二八日朝、訪問団はパリを発ってハンブルク（ドイツ）に移動し、港とエアバスの航空機製造工場を見学した。六月二九日の朝に飛行機でボンに移動した。滞在したホテルは丘の上にあり、ライン川の向こうには都市の中心地が広がっていた。ホテルからはボンとライン川の全景が眺められた。実に美しい景色だった。

ヴォー・ヴァン・キエット首相の歓迎式典は六月二九日に行われた。

ヘルムート・コール首相が歓迎式典を執り行った。厳粛な式典だった。

この訪問で、両国首相は次の内容を合意した。

――旧東ドイツでのベトナム人労働者問題の解決、教育・養成についての協力と併せた対ベトナム政府開発援助の強化

投資・貿易協力の発展
——ドイツによる一九九三年一一月パリにおける対ベトナム支援国会合の支持

私たちはドイツ政府の各機関、ドイツの企業と数多くの面会を行った。小さなアクシデントゆえに首相はエッセンにある施設の視察には行かず、カム氏に一行の引率を任せた。六月三〇日、訪問団はボンからブリュッセル（ベルギー）に移動した。

ブリュッセルでは、首相はブリュッセル開発協力大臣を迎え、教育、養成、医療、エネルギー、インフラ分野におけるブリュッセルの支援プログラムについて話し合った。訪問団はブリュッセルのいろいろな場所も訪れた。

ここでは特に、ヴォー・ヴァン・キエット首相がEC首脳部と協議してECとの基本的合意の取り付けに成功し、両者の長期的協力関係の基盤を築いた。その内容は、ベトナムとECの間での協力枠組み協定（FCA）調印のための交渉団を設置するというものだった。首相はグエン・マイン・カム氏に直接の指揮を任せた。国家計画委員会には多くの関連機関が含まれた交渉団を設置するよう指示し、私は交渉団長となった。

一九九三年の首相の訪問は全ヨーロッパとの関係を切り拓いた。EU、特にフランスとドイツの積極的な支援により、一九九三年一一月にはパリでの対ベトナム支援国会合が成功に終わった。EU加盟諸国の政府や民間からベトナムへの一連の大型資金が次々に決まった。

新しい市場が拡大したのである！

　この訪問が関係を切り拓いたのである！

　首相訪問の直後、ベトナムとＥＵ両者の交渉団が始動した。二年近くかけたのち、一九九五年七月一七日に、グエン・マイン・カム外務大臣とＥＵ首脳部によってベトナム・ＥＵ間のＦＣＡが調印され、それは以後、両者の全面的な協力関係拡大に向けた数々の合意の法的基盤となった。

　ＦＣＡ調印に向けた合意の取り付けは、度重なる交渉を経る苦難続きの歩みだった。ブリュッセルで最終段階の交渉を行った後、私はカム氏に電話して意見を求めた。カム氏は相手国の合意案に同意したが、次のように付け加えた。

「これは複雑な問題だから、党の意見も聞いた方がよい。一番良いのはムオイさんに直接報告することだろう」

　私は返答した。

「はい、承知しました。他の誰でもなく、ムオイ氏にのみ報告します」

　その夜は相手国から夕食に招かれていた。会食が終わり帰ると夜一〇時、つまりハノイでは夜中の三時だった。私は在ベルギー大使（ブリュッセル）のディン・フー・ディン氏に言った。

「ムオイ氏に電話をつないでください。すぐにお願いします」

ディン氏は驚いていた。

「ムオイ氏に電話ですか。今ハノイはようやく三時になったところですが」

私はこう話した。

「こちらに来る前、ムオイ氏の意見を伺ったところ、何かあればいつでも電話をするようにと言いました。この時間に電話するのが一番良いのです。あの方は夜三時ごろまでしか寝ません。早朝三時になると仕事机に向かい、報告書や本を読んでいらっしゃいます。この時間に仕事の報告の電話を受けるのを好むのです」

私が電話をかけると、書記長はすぐに受話器を取った。交渉の状況を細かく尋ねた後、書記長は私たちの案に同意した。枠組み協定は合意に至った。二年間の交渉を経て、一九九五年七月一七日に正式に調印されたのである。

私個人に関して言えば、その訪問以来二〇一一年に至るまでの長年にわたり、私は政府開発援助の交渉と投資促進のためにパリとブリュッセルをたびたび訪問し、馴染みある場所になった。何度も訪れていると道を覚え、それらの場所についてかなり詳しくなった！　やむを得ず道案内をしないといけないこともたくさんあった。一緒に出張した仲間たちはふざけて「ツアーガイド大臣」と呼んだ。

それらの訪問を忘れることはない！

五、ドー・ムオイ書記長と石川プロジェクト

一九九五年四月一七日、ドー・ムオイ書記長は日本の首相村山富市氏の招待により日本を公式訪問した。これはベトナム共産党書記長による、G7メンバーの先進工業国への初めての訪問だった。この訪日には重要な目的があったため、書記長は国家計画委員会から二名同行させることを決定した。委員長のドー・クォック・サム氏は公式訪問団に参加した。副委員長の私は企業訪問団の団長として同行した。

四月一七日午後、迎賓館赤坂離宮で公賓の儀礼に則った公式の歓迎式典が開催された（公賓の儀礼は首相のために開かれた公式実務賓客の儀礼より格式高い）。公式訪問団は迎賓館赤坂離宮に、企業訪問団は迎賓館のすぐそばにあるホテルニューオータニに滞在した。このホテルには迎賓館の裏門に行ける出入口があった。書記長に報告や相談がある際は、毎回裏門を通っていった。

企業訪問団は当時のベトナムの第一級企業の指導部から構成された。レー・リエム氏（EVN）、ホー・シー・トアン氏（PVN）、ファム・チー・ラン氏（VCCI）、ドー・チュ

ン・ター氏（VNPT）、ドアン・ヴァン・キエン氏（ベトナム石炭）、グエン・フイ・ファン氏（ベトナム鉄鋼）、ドアン・セー氏（ベトナム鉄道）、ファム・ゴック・ミン氏（ベトナム航空）、チュオン・ザー・ビン氏（FPT）、レー・クオック・アン氏（繊維）、ヴー・コア氏、ニン・ヴァン・ミエン氏、そのほか数名だ。ルオン・ゴック・アイン氏とグエン・スアン・ティエン氏が訪問団秘書を務めた。強力な企業団が書記長に随行したと言わねばならない！

これはベトナムの大企業の訪問団による初めての訪日だった。書記長は、長期的な協力関係を築くために、今回はあらゆる分野の大企業を日本に連れていくように指示した。東京に着くと日本側は、今回の訪日において企業訪問団は日本経済団体連合会（経団連）の来賓でありパートナーであると告げた。

四月一八日、公式訪問団は首相と会談を行い、国会や各政治家、各政党と討議した。企業訪問団は経団連と日本企業と仕事をした。

四月一九日、書記長が経団連、日本企業と仕事をし、企業訪問団も参加した。

四月一九日午後、書記長は関西を訪れ、私たちも同行した。

四月二一日午後、訪問団は帰国し、一八時三〇分にハノイに到着した。

ドー・ムオイ書記長の訪問は、彼の誠実で気さくな人柄ゆえに、日本の政界や経営者、書記長が交流した人々に深い印象を残した。この訪問は日越関係の強力な発展の時代の幕を開いた。

帰国する飛行機のなかで、書記長は私を呼んで隣に座らせ、日本での企業訪問団の活動を報告するように言った。私の報告を聞き終わった後、書記長はおおよそ次のようなことを言った。

「私は彼らがここまで発展しているとは思っていなかった。以前から、日本の奇跡についてよく耳にしたものだ。日本にいたことのある人たちも日頃からそう教えてくれた。しかし百聞は一見に如かず。これぞ飛躍的な発展だ！　たったの戦後五〇年で、焼け跡から偉業を成し遂げたのだ。何よりも重工業だ！　どこに行っても鉄鋼やコンクリートがある！　彼らとの会談や仕事のなかで、私は彼らに発展の経験についてたくさん尋ね、日本の原動力について多くのことを教えてもらった。戦後はアメリカの援助があったが多くはなく、世界銀行を通した貸付のみだった。ほとんどは内発的な力だったのだ！　私たちは彼らからたくさん学ばねばならない」

書記長は続けた。

「彼らは援助の増額に同意し、交通インフラとエネルギーの開発のために貸付してくれることになった。我々は借り入れし、返済するのであり、無条件に供与を受けるのではない。三、四層の道路や高速道路など、彼らのようにインフラを開発せねばならない。そうして初めて強力な発展を遂げられる。国はインフラ開発を担い、企業は生産を担う。日本からは、大手グループから中小企業まで、投資を誘致しなければならない。我々は彼らから学ばねばならない。会談で私は日本の首相に対し、党大会への提出に向けて準備する五ヵ年計画（一九九六－二〇〇〇年）についてアドバイスをもらうために優秀な専門家団を派遣してもらいたいと要請した。首相は同意した。私はサム氏と話し合い、あなたに彼らとの仕事を任せることにした。あなたはまだ先が長い。この機会に彼らの経験を学んでください！」

ハノイに戻ってすぐ、私は書記長と日本の首相のあいだの合意を実現させるために日本の国際協力機構（ＪＩＣＡ）と仕事に取りかかった。私たちはこの支援の内容について、「ベトナム国市場経済化支援開発政策調査」という名称で合意した。

このプロジェクトでの研究内容が書記長に報告され、それから政府首相に提出されて承認を受けた。私はベトナム側のコーディネーターを拝命した。日本側からは多くの経済専門家が参加し、経済学者の石川滋教授が主査を務めた。それゆえに、日本もベトナムも、このプロジェクトを「石川プロジェクト」と略称することで合意した。

ベトナム側の研究チームには、書記長補佐のレー・ドゥック・トゥイ氏、国家計画委員会からライ・クアン・トゥック氏、グエン・クアン・タイ氏、グエン・スアン・タオ氏ら、財政省からチャン・バン・ター氏、農業省からカオ・ドゥック・ファット氏、その他多くの機関から専門家が参加した。

プロジェクトが合意されてまもない一九九五年八月に、日本側はベトナムに専門家を派遣した。両者は一九九五年八月から一九九六年六月までの活動内容として、第八回党大会に向けた五ヵ年計画草案に助言することで同意していた。八月三〇日、書記長は専門家団と議論し、特に工業開発、農業・農村開発政策に関して調査が必要ないくつかの事項を挙げた。

一定期間の調査を経て、石川教授と日本の専門家団は第八回党大会に向けた五ヵ年計画草案に真摯で実際的な多くの助言を寄せてくれた。党大会に提出する文書に対し、資本主義先進国の経済学者が開発協力プロジェクトの正式なルートを通して助言したのはこれが初めてであり、日本とベトナムの信頼に基づく協力の時代を切り拓き、全面的協力へとつながっていった。

第八回党大会の直後、ドー・ムオイ書記長は再び計画投資省に対し、日本側と仕事をするように要求し、日本には、第八回党大会を通過した五ヵ年計画の実現手段に対する助言を求めるという新たな内容で、石川プロジェクトの活動の継続を要請した。

私たちはＪＩＣＡとともにプロジェクトの新たな内容を策定した。それは「ベトナム五ヵ年計画（一九九六－二〇〇〇年）の実施過程で生じた諸問題」についてのプロジェクトで、

「石川プロジェクト第二フェーズ」と略称された。このプロジェクトでは主に、各工業開発政策、およびASEAN自由貿易地域（AFTA）とAPECに加盟し、そしてWTO加入を目指すために必要な作業について、研究することとなった！

研究内容について合意が取れた直後、石川プロジェクトチームと私は書記長に報告に上がった。この時間は私に深い印象を残すことになった！

一九九六年九月、石川教授は書記長と面会した。書記長は教授に着席を促すとこう尋ねた。

「今年で何歳になられるのですか」

教授が答えると書記長は言った。

「私たちはどちらも年寄りですし、あなたのことを「ク」（敬意をもって老人を呼ぶ呼称）と呼ばせてください。あなた《ク》は七六歳、私は七九歳です。もう年寄りですが、まだ体力も頭脳もありますし、引き続き頑張って働きましょう。私からは、党大会に提出した五ヵ年計画草案に意見を寄せてくださったことに感謝を申し上げます。私は今期にあなた《ク》が協力しようとしてくれている内容について計画投資省の者から聞いています。とても嬉しく思います。計画はできましたが、実現することが重要です。あなた《ク》のご意見をお聞かせいただけますか」

石川教授が第二フェーズの研究内容を詳細に説明するのをじっと聞いた後、書記長はこう言った。

「私はあなたに全面的に同意します。工業化はとても重要です。日本には豊富な経験があります。私たちは日本で多くを学ばなければなりません。あなたと専門家の皆さんが真摯な意見を寄せてくださることを望むとともに、深く感謝します。党大会決議は経済統合に関する多くの問題を取り上げています。私たちはＡＳＥＡＮのメンバーであり、ＡＦＴＡとの公約を実現しなければなりません。私たちはＡＰＥＣにも加盟予定です。ＷＴＯにも加盟しなければなりません。加入するには競争の準備をしなければなりません。競争においては、損害を被ることはあってはなりません！」

書記長は工業化について夢中で語った。最後に、別れる間際、書記長はこう言った。

「私とあなたはもう年寄りですから、若い世代が今後協力しあっていくことを考えなければなりませんね！」

書記長はそう言いながら、後方の椅子に座っているベトナムと日本のメンバーを指差した。

第二フェーズが始まっていた一九九七年、アジア通貨危機が勃発した。当時書記長は中央委員会顧問へと退いており、ベトナム経済への悪影響を抑止するための方策について日本の専門家から提言をもらうよう指示を出した。そこで補填されたのが、「アジア通貨危機と経済統合問題において浮上する新政策についての提言」という続編である。

多くの提言がドー・ムオイ顧問に報告された。この時期、ドー・ムオイ顧問は以前より時間があったため、教授とも頻繁に面会して議論した。教授の提言は計画投資省に渡されて取り入れられ、問題があるときにはドー・ムオイ顧問がファン・ヴァン・カイ首相と直接議論を交わした。

一九九九年、第九回党大会の文書準備が始まった。準備しなければならない二つの重要な社会経済関連の文書は、社会経済発展十ヵ年戦略（二〇〇一―二〇一〇年）と五ヵ年計画（二〇〇一―二〇〇五年）だった。ドー・ムオイ顧問は日本の専門家団に、五ヵ年計画に対して、特に国際経済統合の問題について提言するよう要請した。それにより「五ヵ年計画（二〇〇一―二〇〇五年）策定についての提言」という名称で石川プロジェクトの第三フェーズが実行された。

三つのフェーズにわたる石川プロジェクトは、ドー・ムオイ書記長の積極的な指導のもとで、一九九五年八月から二〇〇一年三月にかけて五年七か月間続いた。それはベトナムの中長期開発政策に関する課題研究に対する日本からの唯一かつ最も代表的な支援プロジェクトだった。

このプロジェクトは、あらゆる経済セクターに共通する法律体系の整備、国内外の経済セクターの間の平等な競争環境の創出など、世界経済参入に向かう中で経済の法的枠組みを形成することに寄与した。加えてこのプロジェクトは、メーカー企業、特に民間企業の形成と発展を促すことにもつながり、ベトナムの世界経済参入への歩みを前進させた。

包括的な開発に関しては、日本は私たちの包括的貧困削減成長戦略を支援してくれた。それは単純な貧困削減戦略ではなく、複数のドナーが提案したものだった。短期的枠組みでは、このプロジェクトによりベトナムは、アジア地域の危機に対応するための金融・会計政策を持つことや、例えば金融危機後の対アジア諸国の宮澤新構想で示された日本からの支援スキームの活用のような、リスクの高い状況下での援助を取り付けることができるようになった。

このプロジェクトは政策形成において協力するという、ベトナムと日本の間の協力の新たな一歩を生み出し、実際に日越間の全面的な協力の促進に寄与したのであった。

しかしながら彼らの誠実な助言の中には、例えば産業建設、裾野産業の発展やその他いくつかの問題など、実際には私たちがまだ学びとって実現することができていない点もある。

二〇〇一年三月、プロジェクトは完了した。ドー・ムオイ顧問も第九回党大会後に顧問を退任した。石川教授も教鞭の道へと戻った。

長期にわたって私たちとともに歩んでくれた教授と日本の専門家団に深く感謝する。

ベトナムが世界経済参入への道を歩み始めたばかりの時代のことだ。

六、日本による対ベトナム援助の始まり

カンボジア問題が解決されると、国際ドナーは次々に対ベトナム援助を再開した。開発援助再開の交渉で先陣を切った国の一つが日本である。一九九一年一二月、日本の専門員団が状況を視察するために訪越した。

一九九二年三月、日本の高級官僚が省庁横断の訪問団を率いて、四五〇億円のブリッジローンの交渉にやってきた。日本側は、ベトナム共和国の日本政府に対する債務を返済する資金として、日本政府がベトナムに約四五〇億円を貸付すると通達した。これはダニム水力発電所建設をはじめとしたいくつかのプロジェクトのための貸付だった。この債務はベトナム共和国政府から継承されたものだった。

交渉は難航した。当初ベトナム側はベトナム共和国政府の債務継承を受け入れなかった。日本側の言い分はこうだ。ではベトナム共和国政府に対して国際法上では誰が継承者となるのか。同時に日本政府の過去の援助プロジェクトが人々の生活に大きく貢献したことも明言した。それらの建造物は今に至るまで効果を発揮しているのだ！

あらゆる角度から議論した後、我々は債務継承を受諾したが、日本側には帳消しにするよう依頼した。日本側は、日本からの融資を効果的に運用するという債務国政府の責任を高め

ることを狙いとして、帳消しにする慣例はないと告げた。最終的に我々は債務返済のために融資を受けることに同意し、同時に日本政府は対ベトナム開発援助の再開を宣言した。それゆえに、この貸付はブリッジローンと呼ばれている。

日本は援助再開を宣言するとすぐに、チョーライ病院とカントー大学農業学部の整備が日本国際協力機構（ＪＩＣＡ）からの無償資金協力で実施する最初のプロジェクトであること、国道五号線、国道一号線橋梁、南北統一鉄道橋梁の整備事業が、海外経済協力基金（ＯＥＣＦ）の貸付により実施する最初のプロジェクトであることを通達した。

同時に日本は、一九九三年一一月のパリでの支援国会合に向けた準備について、ベトナムを積極的に支援した。それ以降日本は、ベトナムにおける最大の二国間ドナーとなった。

一九九三年一月一日、私は国家計画副委員長に任命され、対外経済業務の担当になった。それから二〇一一年八月に引退するまで、私の仕事時間の一部は常に、日本の援助プログラムに密接に結びつくこととなった。

一九九三年末、日本はファーライ、フーミー火力発電所プロジェクトや大規模道路プロジェクト、医療、教育関連のプロジェクトの支援に向けた大規模事業を通達した。ベトナムにおける日本の各援助管理機関の仕事量は日に日に増えていった。ＪＩＣＡは無償資金協力の管理機関、ＯＥＣＦは有償資金協力の管理機関であり、すべて東京に持って帰って対応するわけにはいかないので、ＪＩＣＡとＯＥＣＦに対してハノイに常駐の駐在員事務所を設置するよう要求した。

当時ハノイでは、外国組織のための職場が大変不足していた。まずＪＩＣＡが来て、私たちは農業省の仲間たちに、同省傘下の会社のビルでいくつか部屋を借りられないかを相談した。その会社の社長はオン氏といったので、私たちはよくそのビルを「オンさんビル」と呼んでいた。

ＯＥＣＦは後からやってきて、ハノイ中を探したが適切な場所が見つからなかった。ハノイに常務機関がなくすべて東京に持ち帰って対応すれば、支払いに遅れが出てしまう！　ＯＥＣＦは当面、二〇平方メートルほどの部屋を二つ必要としていた。私が対外経済局の仲間たちに相談すると、少し窮屈だが、一八平方メートルの部屋を二つ、ＯＥＣＦの駐在員事務所設置のために用意してもらえることになった。

私は日本の友人たちに、これは無償で貸すのであり賃貸ではないと伝えた。何があってもお金を払ってはならない、なぜならもしお金を受け取ったら、本部を賃貸したとして悪い評判となるからだ。無償で貸すのであれば、どこかほかに場所を見つけたらそれで終わりだ。日本の友人たちは同意した。

国家計画委員会の本部のなかに外国組織の駐在員事務所を置くことはとても大胆なこと

であった。かつてこんなことはなかった。昔から、国家計画委員会は党と国家の参謀機関と呼ばれていた。参謀機関のなかに外国人が拠点を構えるのだ！　私は委員長であるドー・クォック・サム氏に報告した。彼はこう言った。

「正しいことです。情けは人のためならず。彼らがハノイに駐在員事務所を持てば、援助金の迅速な支払いにつながります。彼らのために部屋を用意してあげたことに私は心から賛成します。しかしこれは重大なことでもあります。あなたはまだ先が長いです。抜かりなくやらねばなりません。サウ・カイさんに報告してください。党側についてはムオイさんに報告した方がよいでしょう。どちらにも私が同意した、委員会はこれを機密事項とする、と伝えてください」

サム氏の指示に従い、私は報告に行った。両者とも同意した。それにもかかわらずくどくど言う人たちもいた。

「フックさんが国家計画委員会のなかに日本人が拠点を構えることを認めたぞ！　彼の部屋のすぐ隣にだ！」

実際には私たちの部屋は確かに二階にあったが、七部屋離れていた！　一方ムオイ氏とサウ・カイ氏のおかげで、高官の耳には入らなかった。サウ氏はこうも言った。

「あいつは場所を譲って国のための金を引き出しているのさ！」

何か言いたくて「口がかゆい」人は、国家計画委員会は日本委員会だ！とからかった。計画投資省に再編されてからは、彼らは「日本」省だと言った。ドー・クォック・サム氏は私に言った。

「気にしてはいけません。世間はおしゃべり好きなんです。我々の仕事は我々がやるのみ。国のためになればそれでよいのです！」

一九九四年一一月初め、OECFは国家計画委員会の本部のなかに、ベトナム駐在員事務所を正式に開設した。当時駐在員事務所には、所長の田辺氏、津野氏とベトナム人の秘書が一人いた。ハノイに駐在員事務所ができたおかげで、何事も迅速に解決できるようになり、プロジェクトの進展と資金の支払いも速やかに進んだ。

OECFの駐在員事務所は私の部屋から三〇メートルほどしか離れていなかった。私と田辺氏、津野氏はたびたび顔を合わせた。昼休みには、日本人たちは対外経済局アジア太平洋室の職員たちと省職員向けの食堂で昼ご飯を食べていた。私はいつも省の食堂で食べており、たびたび出くわして同席した！　ベトナムの食堂でのベトナムの食事とは、豚の角煮、魚の煮つけ、卵焼き、揚げ豆腐、空心菜、といったところだ。私は日本の友人たちに言った。

「日本の弁当には到底及びません！」

ひとつ屋根の下に暮らしているように親密だった！

一九九五年四月初頭、彼らは部屋を借りることができ、新しいオフィスに移った。私たちは日本の友人たちに冗談を言った。

「大人になったら一人暮らしをしないといけませんからね！」

五か月間同じ建物で仕事をしたことでお互いに理解を深め、親しくなり、その後の仕事にもよい影響を与えた。何かプロジェクトに問題が生じたとき、私たちは解決に向けてためらうことなく話し合い、問題を解きほぐし、共通の意見を模索することができた。日本人はベトナム人と多くの点で似通っている。親しくなると信頼するのだ。信頼があれば何事も容易に進む。私たちは互いの信頼を築いたのである！

この時期は一九九四年の村山首相の訪越と一九九五年四月のドー・ムオイ書記長の訪日の後であり、日本とベトナムの関係は強力に発展していた。日本は無償・有償資金協力双方において援助の強化を宣言した。当時有償資金協力は「円借款」と呼ばれていた。国道一八号線、国道一〇号線、バイチャイ橋、サイゴン港、カイラン港、タンソンニャット空港、ハムトアン水力発電所など、多くの交通、エネルギー関連事業が準備リストに入れられた。

しかしすべてが順調に進んでいたわけではない！「円借款」の効果について一部の人たちは疑念を抱いていた。彼らは、日本が円相場で「食おう」としていると考えていた。円の価値が上がると、ベトナムはドル建てで大きな債務を抱えることになる。以前は一ドル一二〇円だったのに対し、その当時は一ドル九〇円程度になっていたのだ。彼らはベトナムが債務返済に入る時期（二〇〇三年）には一ドル五〇円以下になっていると予想し、ベトナムの債務はドル換算で二倍に跳ね上がると算出したのである。

そこで私たちは、問題を明確化するために、日本の友人たちと協力して何度も会議を開き、国内外の専門家の意見を参考にし、世界の強い外貨に対する円の安定性を証明し、各国が恩恵を受けている「円借款」の効果を証明しなければならなかった。

続いて、日本の援助プログラムの金額を問題に上げる人もいた。彼らは日本のプロジェクト経費は国際的な相場より高いと考えていた。そこで私たちは改めて説明し、円借款を用いる事業はいずれも国際的な入札により、価格について競争的選択がなされていることを明言した。最終的に政府は、「円借款」が効果をもたらしていることを認めた！　それはベトナムに大規模な資金と先進的な技術をもたらしているのだ。日本の援助は交通とエネルギー関連のインフラ開発のために活用すべき、外部からの原動力なのである。

それ以来、交通とエネルギーのインフラ開発のための円借款プロジェクトが数多く締結、実現された。無償資金協力プロジェクトでは教育、医療、貧困削減が対象となり、石川プロジェクトも実行された。これらのプロジェクトは大きな効果をもたらした。日本のＯＤＡプロジェクトはベトナムに社会経済インフラ開発のために大きな資金を供与するだけでなく、いくつかの分野においてベトナムの技術レベルを高めることにも寄与し、多くの経験や新たな管理方式をもたらした。それは一九九六年から二〇〇〇年の期間のベトナムの強力な開発と二〇〇一年から二〇一〇年の貧困削減成長戦略の促進に寄与した。

一九九七年、田辺氏と津野氏は東京へ帰った。二人とも帰国後もＯＥＣＦで働いていた。津野氏はベトナム室長を、田辺氏は対ベトナム援助に関する業務を行う部署リーダーを務め、ベトナムを訪れる仲間たちとともにＯＥＣＦ内に「ベトナムチーム」を結成した！　それからＯＥＣＦは日本国際協力銀行（ＪＢＩＣ）へと再編されたが、チームはそのままだった。「ベトナムチーム」は私たちが援助のロビー活動で日本に行くたびによく取り計らってくれたほか、援助プロジェクトも推し進めてくれた。

二〇〇二年に私が大臣になってからも、以前のように密接な関係を保った。東京に行くたびにチームの者たちに会った。仕事外の時間には、田辺氏と津野氏が私を東京郊外の地域に連れていってくれた。それを通して私は、日本の農村や農民、文化について理解を深められた。

二〇〇八年一〇月、日本の援助資金（有償、無償資金協力とともに）はＪＩＣＡが一括して管理することが決定された。津野氏はＪＩＣＡ駐在員事務所長としてハノイに赴任した。このころ日本は長期的な発展を目標として、大規模な交通・エネルギーインフラ建設の支援を優先していた。それはカントー橋、ノイバイ空港、ニャッタン橋、ノイバイ空港への道路、ラックフエン港、カントーやタイビンの火力発電所、そのほか多くの大規模インフラ事業であった。

事業数はますます増えたが、仕事は迅速に行われていた。年次の支援国会合のたびに、日本側は私たちの支援に対する強い意志を表明してくれた！　仕事はますます増え、私たちと津野氏、そして日本の友人たちはますます多くの時間をともに過ごした。

各ドナーは皆、私が二〇一一年八月に引退することを知っていた。送別のために、二〇一一年六月の中間ＣＧ会合は私の故郷であるハティン省で開催された。会期の終盤に開かれたパーティーはお別れ会でもあった。津野氏はそこで歌を披露してくれた。「美しい昔」というベトナムの曲である。素晴らしい歌唱であった。歌詞もはっきりしていた。多くの人が小声で一緒に歌っていた。「流れ者が我を忘れて流離えるように」という部分に来ると、津野氏の目は涙で滲んでいた。私もナプキンをとって涙をぬぐわなければならなかった！

津野氏と田辺氏はともに現在は引退している。津野氏は故郷の和歌山にいる。引退してから私は東京に何度か行ったが、私たちは再会できていない。東京からは遠いのだ。私たちはFacebookで近況を確認し、「いいね」やコメントをし合っている。いまだ互いに懐かしんでいるのだ！　津野氏、田辺氏、森氏など、ＯＥＣＦやＪＩＣＡの「ベトナムチーム」の友人たち。苦しい初めの時期に私たちを助けてくれた日本の友人たち、大使や中富氏、佐渡島氏といった大使館職員、その他大勢の人たちが恋しくてたまらない！

七、日本における援助の働きかけ

一九九二年末、国際金融機関と日本をはじめとするいくつかの国々は対ベトナム援助の再開を宣言した。各ドナーとベトナム政府は、CG会合と略される支援国会合の組織を決定した。年次会合は毎年一二月に開かれることになった。ただし、第一回会合は一九九三年一一月に開催された。

会合に先立ち、ベトナム政府は対ベトナム援助の大規模ドナーに働きかけるため、高級官僚率いる訪問団を組織した。主な対象は世銀、アジア開発銀行（ADB）、日本、欧州連合である。訪問団はいつもCG会合の一か月前である一一月に援助のロビー活動を実施した。一九九三年については、最初の会合に備えるために大臣級の人物を団長とすることで意見が一致し、ドー・クォック・サム氏が率いた。

一九九四年から一九九五年には、日本とヨーロッパに行く二つの団体を組織した。一九九四年の訪日団はヴー・コアン氏が率い、私も参加した。一九九五年には私が訪日団を率いた。

一九九六年以降は日本、世銀、ＡＤＢ、フランスと欧州連合に特化する一団体のみを組織し、私が責任者を務めた。それ以降は日本とフランスのみに集中させた。なぜなら世銀とＡＤＢは我々と恒常的に経済政策について意見交換をしていたからだ。フランスについては毎年の議定書に従った援助交渉と併せて援助を働きかけた。日本は最大のドナー国であり、毎年直接働きかける必要があった。それ以来、毎年一一月頃に、私たちは日本を訪れた。

援助のロビー活動の内容は常に、来たる一二月のＣＧ会合の内容を通知することであった。具体的には、会合における政府の報告内容、援助に関する政府の一般的要求、優先プログラム、パートナーごとの具体的な要求である。

私たちは日本で、外務省、大蔵省、通商産業省、経済企画庁という四つの機関と仕事をした。二〇〇一年からは外務省、財務省、経済産業省（ＭＥＴＩ）という三つの機関となった。日本政府の開発援助機関（ＪＩＣＡ、ＯＥＣＦと後のＪＢＩＣ）とは恒常的に意見を交わし、ともに仕事をするようになった。ＯＤＡをめぐる衆議院の議員たちとのやりとりも大変重要だった。ここでは毎年の援助予算の総額や援助受入国ごとに優先する政策が決定されるからだ。

それ以外に私たちは、日本経済団体連合会（経団連）とも恒常的に仕事をした。これは日本の経済関連の「議院」とも喩えられている、経済に関して大きな権力を持つ民間の経済組織である。

日本での援助のロビー活動を重ねてきたなかで忘れられない訪問が二つある。それは一九九四年と一九九六年の訪問である。

一九九四年末、政府首相は援助のロビー活動のために訪問団を日本に派遣した。外務省常務次官のヴー・コアン氏が団長を務めた。国家計画副委員長の私とこれら二つの機関の役人何人かも訪問団に参加した。相手国の関連諸機関は大変丁重に迎え、日本でスケジュールを立ててくれた。

日本の関連諸機関すべてとの仕事をやり終え、最後に外務大臣と会うことになっていた。面会は一八時にセッティングされていた。私たちは大使館から向かった。グエン・タム・チエン大使も同行した。大使館から外務省までは九キロメートルほどであった。大使館職員は約束の時間より二〇分早く到着するように時間を計算していた。

しかし運の悪いことに、東京で最も混み合っている中心地区である渋谷のあたりを通るとき、大雨が降ってきた。この時期の東京では、雨が降るといつも渋滞が発生した。私たちの車も渋滞にはまり、身動きが取れなくなってしまった。そこから外務省まではまだ五キロメートルほどある。車が動くのを待っていたらいつ到着できるかわかったものではない。グエン・タム・チエン氏は地下鉄で移動することを勧めた。私たちは車を降り、地下鉄に乗るために渋谷駅へと向かった。渋滞にはまった場所から駅まではまだ四〇〇メートルほどあった。歩いていくには雨傘がいる。車には四本しかなく、ヴー・コアン氏、私、チエン氏と通訳だけが日本の外務大臣に会いに行くことになった。

地下鉄を降りて地上に上がると、そこからまた四〇〇メートルほど歩かねばならず、雨はまだ降っていた。私たちは五分ほど遅れて到着した。傘があっても両袖が濡れてしまった。相手国の受付の方が私たちを待合室に通し、服を拭かせてくれた。河野洋平大臣は私たちを待っており、握手をして挨拶をする際、明るい調子で「この時期の東京は最悪です。雨が降ると渋滞になるんです。私たちも、いつも約束時間ちょうどに到着したいときは地下鉄で移動しなければならず、それでも遅れてしまうんです」と言った。その後の討議は心のこもった楽しい時間となり、びしょ濡れで寒かった時間を埋め合わせることができた！

一九九六年一一月、政府首相は私を団長として日本にロビー活動に行くよう通達した。それ以来、これは計画投資省の毎年恒例の出張となった。その訪問は忘れられない多くの思い出を私の中に残すことになった！

相手国側の助言はこうであった。これは第八回党大会後の訪問であり、石川教授の開発政策研究の支援プロジェクトも実施されて一年になる。ベトナムはこの機会に、今後五年間の経済開発政策と日本に要求する支援について紹介するとよい。政府の高級官僚以外に、経済団体、大手企業経営者、その他名の知れた人物に会う必要がある。駐日ベトナム大使と在ベトナム日本国大使館は私たちとともにすばらしい訪問を実現してくれた。

一九九六年一一月二五日、私たちは東京に着いた。その日の午後、訪問団はグエン・クォック・ズン大使と打ち合わせをした。ズン氏は、今回相手国は大変丁重にもてなしてくれるのだと教えてくれた。関連分野の大臣が皆、訪問団に時間を割くというのだ。

一一月二六日から仕事が始まった。私たちは大蔵省、外務省、通商産業省、経済企画庁の大臣、長官、ＪＩＣＡやＪＢＩＣのような政府の援助管理機関と面会した。

一一月二六日午後、私とは以前からの知り合いで防衛庁長官に着任したばかりの衆議院議員の久間章生氏が訪問団を食事に招いてくれた。自由民主党（ＬＤＰ）副総裁の小渕恵三氏も参加した。食事中、小渕氏はベトナムの状況や、第八回党大会後の五ヵ年計画の実行について、私とたくさん意見を交えた。彼はさらに石川教授の政策研究プロジェクト、ドー・ムオイ書記長のプロジェクトへの関心、日越関係の展望などについても議論した。

小渕氏との夕食を通して、誠実で、まっすぐで、気さくで、決断力のある彼の人柄が心に強く残った。その後小渕氏は、一九九八年七月に日本の有名な総理大臣になった。

一一月二七日、私たちは以前から知り合いの衆議院議員である柿澤弘治氏、渡辺喜美氏と面会した。日越友好議員連盟会長の山崎拓衆議院議員との作業の準備をしているとき、彼はある発案をした。「明日、衆議院委員会でODAについて議論されます。皆さんは委員室の外で待っていてください。休憩時間になって議員たちが出てきたら、皆さんはそこで会うことができます。そうすれば皆さんはベトナムへの呼びかけを思う存分できるでしょう。一一時ごろに休憩時間になります。皆さんはそれより前に来ていてください」

一一月二八日一〇時四五分ごろ、私たちはグエン・クォック・ズン大使とともに国会議事堂に訪れ、衆議院委員会の委員室前の廊下に座って待機した。廊下はとても広く、休憩時間に皆が座れるようにずらっと椅子が並べられていた。

一一時ごろ、会議は休憩になった。皆が委員室から出てきた。山崎氏が最初に出てきた。私を見ると、彼はあたかも偶然かのように手をあげて私のところに来て、「ああ、ベトナムのフクさん！」と言った（私と交友の深い日本の友人たちは、私のことを漢越語のように音読みした。「フク」とは「福《フック》」の意である）。それから彼は私たちのこと、訪問の目的を紹介し、対ベトナムODAに関連する質問をするよう促した。日本の国会議事堂の廊下での対面は、まるで対ベトナムODAをめぐる討論会のようになった。

それ以来私たちは、山崎氏の手配に従い、日本の衆議院においてODAの働きかけをするためにこの方法を使うようになった。しかし成功させるためには、計画投資省、駐日ベトナム大使館や日本の誠実な友人たちと緊密に連携して時間を調整しなければならなかった。まさにロビー活動である！　まさにlobbyなのだ！　しかし友人たちの誠実な愛情のあるlobbyである！

その後は民間経済団体や社会活動家たちとの面会が行われた。

この訪問での忘れられないもう一つの出会いは、有名なアーティストの杉良太郎氏との出会いだった。彼は人気が高く、政治家の間でも名の知れたアーティストである。日本側は、私たちが彼に会って社会活動界からの支援を得られるようにセッティングしてくれた。彼は一九八九年以降公演のために訪越し、日越文化交流協会を創設し、ハノイに日本語学校を設立しており、多くの孤児の里親となった人、ベトナムに熱い想いを持った友人である。

一九九六年の援助のロビー活動は私にとって、日本の各分野と関係を拡大する機会となった。旧友を通して新しい友と出会い、その範囲は政界から経済界、そして社会活動家たちにも広がったのだ！

それ以来、日本における援助の働きかけは、念入りに立てられたスケジュールのもとでCG会合前に実行される、計画投資省の毎年恒例の活動となった。二国間関係がますます緊密になった二〇〇二年までには、援助プログラムの方向性が定まったため、計画投資大臣と日本の関連省庁による毎年の政策についての意見交換のなかで援助の働きかけが行われるようになり、まとまった時間を設けることはなくなった。

援助の働きかけのための出張のおかげで、私は多くの日本の友人と親しい関係を築けた。誰もが、日本人は情義に厚いと言っている。一九八九年の初訪日の時から知っている人、例えば柿澤弘治氏や渡辺喜美氏には、日本に行くたびに再会している。衆議院議員や大臣、中には首相在任中に出会った人たちもいる。麻生太郎氏、鳩山由紀夫氏などは、私が日本に出張するたびに会う時間を作ってくれた。二〇一二年一一月、私が旭日重光章受章にあたって訪日した際には、祝賀パーティーで、武部勤氏、渡辺喜美氏、松田岩夫氏など、多くの旧友に会えた。今に至るまでお互いに懐かしんでいる人がいる。

二〇一九年一一月末、私は日本に旅行に行った。ある夜、ホテルニューオータニ（東京）のレストランで服部元大使とナム大使と食事をしていた時、私たちは、以前から今までベトナムと密接な関係を持っている日本の政治家たちのことを振り返っていた。二〇一二年に引退した山崎拓衆議院議員の話になった時、服部大使は私に言った。

「彼とどうぞお話ししてくださいね」

服部大使が山崎氏に電話をかけてスピーカーをオンにすると、向こうから声が聞こえてきた。

「どなたですか?」

「服部はフクと一緒にいますよ!」

「どのフクですか？」

「ベトナムのフクです。フクはベトナムから来たところです」

「ああ、ベトナムのフク！　来たところですか？　福岡に来ませんか？　私は今、福岡にいて、友人たちと夕食を食べているところなんです……」

それは、国籍や国境に縛られることのない、義理堅い旧友との会話だった。まさに情義に厚い方々である！

日本からのＯＤＡ誘致の仕事を一九年近くずっと行ってきたことで、決して忘れることのできない数々の日本の政界の方々の名前が私の心の中に残された。それはまず、今はもう亡き友人たちである、渡辺美智雄、柿澤弘治、小渕恵三の名前である。それはまた、日本の政界でなじみがあり、ベトナムとの友好の印を永遠に深く刻んだ友人たちで、衆議院議員、参議院議員の山崎拓、武部勤、二階俊博、久間章生、松田岩夫、渡辺喜美をはじめとした多くの人たちの名前である。

これらの友人は自身の湧き上がる力をもって今も日越関係を育み続けている！　それは自由民主党であれ、民主党であれ、社会民主党であれ、私が様々な場面で個人的に関わりをもってきた日本の首相の名前である。どの首相もこう言っていた。ベトナムとの友好関係と開発支援は、どの政党が与党であるかにかかわらず日本政府の一貫した政策である、それは二国間の権利である、と。彼らは言ったとおりに行動したのである。

一九九二年の対ベトナム援助再開から現在に至るまでずっと、日本は常にベトナム第一の二国間ドナーであった。無償資金協力に基づく社会、貧困削減、農業・農村開発領域での開発プロジェクトは山間部から平野部まで各地で行われてきた。道路やエネルギー分野での大規模インフラ建設は、日本の優遇融資を財源として北から南まで各地で実現され、大きな経済効果をもたらしている！　日本の援助は長年にわたり私たちの発展に寄与してきた。私たちに財源、管理方法、日本の技術をもたらし、建造物や人材育成をもたらした。まさに誠実な友人である。

先達はこう説いている。「付き合う友は選べ！」この言葉が一層身に染みる！

八、日本企業が経団連とともにベトナムに再来、そして日越共同イニシアティブへ

戦時中、日本とベトナムの経済関係は主に農業、軽工業の設備物資、必需品の輸入と農産物の輸出を通した南部ベトナムとの貿易であった。当時日本政府は、ダニム水力発電所とファンラン灌漑建設によってベトナム共和国政府を援助し、日本企業がこの建設を請け負っ

ていた。一方、北部ベトナムとの貿易関係は小規模にとどまっていた。

北部ベトナムとの貿易関係を維持するため、日本側は一九五五年にいくつかの小規模企業からなる日越貿易会を設立した。ベトナムに拠点を置く会社は一つもなく、どの活動も同会を通して行われた。それにより私たちは、社会主義諸国にはない物資、設備を購入できた。

戦争が終結した一九七五年以降も貿易関係は維持された。一九七九年、北部国境沿いでの戦争とカンボジア事件が起こると、アメリカはベトナムに対して禁輸措置をとり、日越間の貿易関係は再び制限された。一九八六年にベトナムがドイモイ路線を実行し、一九八七年に外国投資法を施行したことを受け、経済はより開放され、諸外国との経済関係は日に日に発展していった。

日本の各企業はベトナムの市場開拓に関心を寄せていた。しかしアメリカが禁輸措置をとったため、三菱、伊藤忠、三井、住友などの日本の大手グループはベトナムで経済活動をするために子会社を設立し、子会社の名義で駐在員事務所を開いた。日商岩井グループだけが自社名義でハノイに駐在員事務所を開き、活動を続けた。ゆえにベトナム政府も日商岩井には特別な対応をしていた。

当時私たちにとって、明和、信越、新和、三和といった名前はそれらの親会社の名前よりもなじみがあった。日本企業によるこの時期の活動は、農産物の販売や生産に不可欠な物資供給を通してベトナムを大きく支えていた。ベトナムには輸入のための外貨が不足しており、日商岩井グループと三菱（明和経由）が肥料製品の延払購入の契約を締結した。

一九九〇年、ベトナム軍はカンボジアからの撤退を開始し、一九九一年にアメリカが禁輸措置を緩和した。一九九一年に国際金融機関や日本政府はベトナムに諸団体を派遣し、状況調査と経済関係回復の準備を始めた。日本の各グループや大企業も市場調査のために次々とベトナムにやってきた。

一九九〇年一二月、日商岩井のトップ層が訪越した。一九九一年三月一〇日には三井の会長が訪越し、駐在員事務所を開設すること、工業発展マスタープランの研究と毎年の研修プログラムを支援することを通達した。また、一九九一年四月一四日に三菱グループ社長の諸橋氏が訪越し、ベトナム駐在員事務所を開設すること、過去の債務返済と必要な物資輸入のために五〇〇億円を貸付することを知らせた。

私が一番覚えているのは、諸橋社長がファン・ヴァン・カイ国家計画委員長との会談の中で発した言葉だ。「三菱も他の日本の大手グループも、戦車と同じで、駆動するのに時間がかかります。しかし走り始めたら前進あるのみ、後退はしません！　彼らはベトナムで長期的に発展するでしょう！」

私は諸橋氏について、力強く決断力のある人間だという印象を抱いている。一九九二年末に五〇〇億円の融資プログラムに関する東京出張中に彼に会った後、特にそう感じた。

その後、住友、伊藤忠、丸紅のような他のグループやそのほかの多くの日本企業の会長やトップ層が次々に訪越し、ハノイに駐在員事務所を開設し、各グループの正式な活動の時代が幕開けした。

当時の駐在員たちは苦労の多い時代に活動していたが、しかしとても積極的で、協調的で、敏感であった。私は彼らの姿をずっと覚えている。それは日商岩井の松田氏、三菱と明和の宮森氏と山下氏、三井の安井氏、そしてそのほかの多くの人たちだ。彼らは海外の会社からやってきた仕事のパートナーであり、しかし同時に私の親しい友人でもある。彼らがまるで友人のように私の自宅を訪れていたことは、当時ではめずらしいことであった。

ファン・ヴァン・カイ国家計画委員長は、三菱との金融プログラムと三井の援助によるベトナム工業発展マスタープランの研究プロジェクトを私に任せた。三菱との金融プログラムについて、私はかなり長期間にわたって小泉氏と羽生氏と仕事をした。利子・返済条項についての具体的な議論の段階になると、外国貿易銀行〔ベトコムバンク〕が担当した。

三井の援助によるベトナム工業発展マスタープランの研究プロジェクトは一年余りにわたって実施された。これを通して私たちは、工業化について長期的視野を持てるようになり、十ヵ年戦略（一九九一-二〇〇〇年）の策定にも活かされた。同時にそれを通して、計画幹部の専門性の向上にもつながった。このプロジェクトの実施と併せて、三井は毎年二人の管理幹部の養成を支援しており、そこから「ハノイ三井研修生クラブ」が形成された。

商業・産業関連の各グループが活動を始動するのと時を同じくして、日本のゼネコンもまたベトナムに進出し、交通、灌漑、電力、医療分野における政府の重点投資計画を調査し、もうじき再開される日本政府のODAの援助プロジェクトに備えていた。

私が一番覚えているのは大成建設で、この企業は後に、国道五号線六キロメートルから四七キロメートル地点までの改良事業の入札を安い価格で勝ち取り、ほかの参加者を驚かせた。そこで私は、後に大成建設の会長となる葉山氏と知り合った。友人関係は今の今まで続いており、私と彼が定年退職し何年も経った後も、私たちは、時にハノイで、時に東京で会っている。二〇一九年一一月末に東京に行った時にも彼に再会した。それから二年以上、COVID‐19パンデミックにより往来できず、会えていない！

日本の各企業、経済団体のベトナムにおける活動は日に日に発展していった。日本企業の活動の補助を目的として、一九九一年一一月二六日に日本ベトナム経済委員会（経団連の中にある）が設立された。日本政府がブリッジローンを通して対ベトナム政府開発援助（ODA）を再開することを通知し、ベトナムとの経済関係が正式に開始されると、経団連の役員たちが訪越し、ハノイにおける日本ベトナム経済委員会第一回会合の実施に関して話し合った。国家計画委員会は経団連との仕事を担当することになった。第一回会合を一九九三年二月四日に開催することで合意した。

一九九三年二月三日午後、経団連に所属する一二〇以上の企業、経済団体の代表がＪＡＬの貸し切りのフライトでハノイに到着した。当時国家計画副委員長であった私と数名の役人で空港まで出迎えにいった。歓迎式典は訪越を祝福する旗と横断幕を伴って厳かに行われ、ベトナムと日本の経済協力関係の大きな転換点を歴史に刻んだ。

その時期、運輸手段と交通システムは大変なものだった。訪問団はソ連製の四〇席のバス車両で移動したが、空調システムはなかった。その日はとても日差しが強く、道は悪くがたがたで、ひどい土埃だった。当時はまだタンロン橋がなかったため、空港から滞在先の勝利《タンロイ》ホテルまでの移動は、ドゥオン橋とチュオンズオン橋のルートを使わねばならず、二時間近くかかった。ホテルに到着したときには皆疲れ切っていた。夜はホテルで夕飯を食べたのだが、米には多くの小石が交じっており、取り除きながら食べた。当時のハノイでの生活は実に大変だった。ハノイ第一級のホテルですらそのような状態だったのだ。

一九九三年二月四日、当時国際会議がいつも開催されていたクアンバー区の賓客宿舎区域の会議室で、日本ベトナム経済委員会の第一回正式会議が開幕した。ドー・クォック・サム国家計画委員長・大臣と日本ベトナム経済委員長で日商岩井社長の西尾氏が共同議長を務めた。ファン・ヴァン・カイ副首相が開幕の挨拶を行った。

会議では中期・長期の開発政策、ベトナムにおける投資・ビジネス環境、両国間の経済関係発展の潜在力、政府の優先政策、ODAプロジェクトとFDIプロジェクトのリストについて議論された。話し合いはとても誠実に包み隠さず行われ、越日関係の新たな段階を作り出した。

その翌日、会議は重工業グループ、軽工業グループ、建設業グループに分けて進められた。それぞれ関連機関の本部で行われた。ハイフォンに行って道路と港を視察したグループもあった。ハイフォンに行ったグループはかなり大変で、二台の車がすれ違えるだけの狭い悪路で、さらにフールオン橋ではいつも渋滞が発生していた。国道五号線とハイフォン港の改良は当時の日本からのODA事業で優先すべき案件であった。

二月五日午後、訪問団はレー・ドゥック・アイン国家主席とドー・ムオイ書記長を表敬訪問した。

日本ベトナム経済委員会第一回会議は大きな成功を収め、将来における二国間経済協力関係の発展の道を切り拓いたのだった！　それ以来、日本ベトナム経済委員会と国家計画委員会、後の計画投資省の面会や協議は、ほぼ毎年行われていった。

一九九三年春にヴォー・ヴァン・キエット首相が訪日し、一九九四年八月に村山首相が訪越した。両国の首相が互いに訪問しあったのはこれが初めてである。一九九五年四月にはドー・ムオイ書記長が訪日した。これらの訪問は両国間の経済関係の発展を後押しした。両国関係における経済団体や企業の役割もますます揺るぎないものになっていった。

国家級の人物の訪問や政府官僚の出張では、日本の大手経済グループや経済団体、特に経団連との面会や討議が欠かせなかった。私個人に関しては、一九九三年一月からの国家計画副委員長時代、計画投資省次官、大臣時代を通してずっと、投資の誘致と働きかけのために、日本出張の際には必ず経団連や日本の大手経済グループと仕事をした。

それらの会合において、日本の投資家を誘致するための投資・ビジネス環境の改善はいつも最初に取り上げられる内容であった。誰もが、ベトナムは移行期にある市場、国家であることを理解していた。法制度は市場メカニズムに適合するように整備されている只中であった。行政手続きも徐々に改善されていた。しかし差し迫ったビジネスニーズゆえに、誰もが短期的、長期的に解決が必要な問題を提示しなければならなかった。しかしながら、それらは問題解決の行程の提示ではなく、緊密な連携と実施状況の監視のための恒常的な仕組みを持つことができていなかった。

このような状況下で、両者高官の討議を経て、日本の経済産業大臣とベトナムの計画投資大臣である私は両国の首相に日越共同イニシアティブを提案した。そして二〇〇三年四月の日本への公式訪問の中で、ファン・ヴァン・カイ首相と小泉首相は日越共同イニシアティブに批准したのである。

これは両国の政府諸機関と企業が内容と具体的な行程・計画をもって活動するための共通の仕組みである。ベトナム側では、計画投資大臣が取りまとめ、駐日ベトナム大使が参加し、関連する官公庁、団体、企業の正式な代表者が参加した。日本側は日本ベトナム経済委員長が取りまとめ、在ベトナム日本国大使が参加した。日越共同イニシアティブは両国の企業と政府機関が直接対話するための場であり、外国企業とベトナム政府機関が対話するための最も効果的な場であった。この場は長期にわたって続いている。

日越共同イニシアティブの最初の会議は、計画投資大臣の私と服部則夫大使、日本ベトナム経済委員長宮原賢次氏を共同議長として、二〇〇三年一一月に開催された。この会議では、二〇〇三年一二月から二〇〇五年一一月までの第一フェーズの行動計画が採択され、実現に向けた指導がなされた。それは四四問題群・一二五項目から成り、第一フェーズ終了時、一二五項目中一〇五項目が完了した。

それから、二〇〇六年七月から二〇〇七年一一月までの第二フェーズにおいても、私は服部大使、岡素之氏とともに引き続き議長を務めた。

二〇〇八年一一月から二〇一〇年一一月の第三フェーズに入ると、私は谷崎泰明大使と日本ベトナム経済委員長の加藤進氏とともに議長を務めた。二〇一一年七月一日からは、私は谷崎大使と日本ベトナム経済委員長の高橋恭平氏とともに第四フェーズに向けた会議の共同議長を務めた。それからブイ・クアン・ヴィン大臣が実行指導を引き継いだ。

計画投資大臣を務めた二任期の間で、私は日本側とともに日越共同イニシアティブの三つのフェーズを取りまとめ、第四フェーズを始動させた。

三つのフェーズを通して、九七問題群・二六五実現項目が提示され、そのうち二二八項目が実現された。

二〇一一年八月に私は引退したが、日越共同イニシアティブは現在も続いている。ブイ・クアン・ヴィン大臣に続き、グエン・チー・ズン大臣の第一任期を経て、現在は同大臣の第二期目に入り、プログラムは今も続いている。二〇二一年八月に日越共同イニシアティブは第八フェーズに入り、二〇二三年三月に終了予定である[34]。

一九年以上をかけて七つのフェーズが完了し、二〇二二年時点で五二三項目中四三三項目が実現され、ベトナムにおける投資環境の整備に大きな影響を与えてきた。日本の研究者や経済界からの多くの提言は、ベトナム側の関連機関の代表者が受け取った後に上級の管理機

34　二〇二三年三月七日に最終評価会合が開催され、八一項目中六四項目の進捗が確認された。

関が修正し、法システムと既存もしくは新しく施行する法規文書の整備を進めてきた。行政手続き改革が進められた。提言の中にはベトナム側が継続して研究しているものもある。

それらを通してベトナムは、よい投資環境を持ち、民間セクターの投資を誘致しやすい条件を作り出せた。また、経済の競争力を高め、市場経済体制の整備を一歩ずつ進め、世界経済への参入とWTO加盟への歩みに貢献してきた。日越共同イニシアティブは、長年にわたりベトナムの刷新と発展の事業に大きく寄与してきたのである。それは外国の投資家、特に日本からの投資家たちによって高く評価されてきた。

日越共同イニシアティブの実現をもって、日本の投資家はベトナムを潜在力のある市場と見なすようになり、日本からベトナムにやってくる投資家は日に日に増え、日本はベトナム有数の投資国となった。それを通して、二国間の戦略的な友好関係はより緊密になっていったのである。

ハノイで日本ベトナム経済委員会の第一回会合が開催されてから二九年が経った。日越共同イニシアティブの始動がファン・ヴァン・カイ首相と小泉首相によって合意されてから一九年が経った。最初に足を踏み出すよう提唱した人たちがいて、それに続いて実行してきた人たちがいる。存命の人もいれば他界した人もいる。困難に見舞われた日々に始まり、今日まで長い発展の道を歩んできた。これらの活動は完全な足どりで今も継続されており、ますます好調になっている！　日越共同イニシアティブは今の今まで実行され、そしてこれからも実行されていくのだ！　誰もがひとつのことに寄与してきた。それは日本とベトナムの戦略的な友好関係を築くことである！

両国の関係は両国の人々の力によって今日のようになっている。個人的関係や企業間関係は国家の関係に結びついている。様々な地位、様々な世代の人々によって。

これからの世代も日越関係の一層の発展に力を注いでいくことを望んでやまない！

九、双日ベトナム会社

双日は日本の大企業である。前身は日商岩井とニチメンだ。ベトナムにおける双日の始まりを話すには、まず、この国での日商岩井の始まりから話さなければならない。

戦時中、ベトナムの対外経済活動の範囲は極めて狭く、社会主義の「兄弟」国に限られていた。その他の市場との貿易は、香港、フランス、日本の小企業を通して行われるのみであった。このあと、スウェーデン政府がベトナムで援助プロジェクトを展開すると、スウェーデンの各企業が加わった（この時期スウェーデンは、ベトナムのバイバン製紙工場、小児科といくつかの小さなプロジェクトを援助していた）。

一九六七年に中東戦争が勃発すると、石油価格がエスカレートして石油への渇望を引き起こした。各国政府は大企業を援助して新しい鉱床地帯、特に大陸棚地帯の探索に乗り出した。そこでベトナムの大陸棚地帯は世界の石油会社の関心を集めた。

一九七二年、パリ会議は最終段階を迎えていた。誰もが戦争の早期終結と和平協定の早期締結を願っていた。各企業、経済団体は戦後の発展期に向けて準備を進めていた。米国企業であるモービルとペクテンは南部の大陸棚における探索に関してベトナム共和国政府と協議を進め、合意書に署名した。日商岩井と合弁する石油公団（ＪＮＯＣ）は、ベトナムに関するパリ協定が締結されるよりも一日早い一九七三年一月二六日に、トンキン湾における石油天然ガス探索をめぐるベトナム民主共和国との合意書に署名した。

日本の各企業と協議して合意書に署名するとき、私はその場に居合わせなかった。しかしその直後から、物理探査船が活動できるように、クアトゥンからハロンまでの海岸沿いにレーダー測位所を設置するための各地点の準備を任された。

私たちは測位所の設置位置についての要求を聞くために、日本からの訪問団と面会した。そのときの訪問団には日商岩井副社長の荒木氏がいた。日本の訪問団が非常にきちんとした格好だったのに対し、私たちは冬に地質調査に行く隊員のような身なりだった。私は後に、日商岩井・ベトナム合同委員会の最初の会議で荒木氏と対面したときにこの話をした。当時の合同プロジェクトは成功には至らず、外的要因により中断せざるを得なかったが、一九七三年一月二六日は、ベトナム民主共和国政府の文書上において、日商岩井がベトナムに正式に登場した日であると見なすことができるだろう。

一九七三年九月、両国は正式に外交関係を樹立し、日商岩井は農産物、鉱産物、農業設備・資材、運搬設備の売買契約を通してベトナムとの貿易活動を強化した。南北ベトナム双方と行っていたが、南部との規模の方がずっと大きかった。

一九七五年にベトナムが統一されると、ベトナムにおける日商岩井の活動はますます強力に推進された。その狙いは、鉱産物・農水産物製品を中心としたベトナムの輸出市場のニーズに応じること、およびベトナムの各工業、特に織物・加工産業のために、物資・設備面の輸入に応じることであった。

一九七九年にクメールルージュ政権が南西部国境戦争を起こし、ベトナムが仕返しをし、それから中国が侵略すると、米国はベトナムに対して禁輸措置をとった。ベトナムが経済面で非常に多くの困難に直面した時期だった。工業生産施設では生産のための物資、代替部品、設備が不足し、農業と交通・運輸分野でも同様だった。特に以前は西洋各国から技術と設備の投資を受けていた南部各省の生産施設への影響は顕著だった。

生産は滞り、民衆に供給される必需品も制限された。民衆の生活は苦しい状況に置かれた。

政府はあらゆる代替の供給元を探し、物資・設備の注文・輸入のための強い外貨を探したが、ニーズに十分に応えることはできなかった。米国政府の制裁のもと、西洋各国の企業も徐々にベトナムとの貿易協定、貿易関係から撤退していった。

一方、日本の大手グループはそれよりも巧妙で、慎重で、親善的であった。彼らは今後の発展に備えるために関係を維持する方法を模索した。彼らは完全には撤退せず、子会社を設立する方法で活動範囲を狭めるのにとどめた。もし米国政府から懲罰を与えられた場合でも、三菱が明和を設立したように、その対象が子会社だけにとどまるようにしていた。

日商岩井だけは、まさに日商岩井という名義でベトナムと直接の貿易関係を維持した。ベトナムと日商岩井の貿易関係は、苦しい時期でありながらも留まることなく発展した。日商岩井は一九八六年に正式にハノイに駐在員事務所を開設した。それはベトナムが経済封鎖を受けるなかで、日本の大手グループの初めてかつ唯一の駐在員事務所であり、新たな発展の一歩を築いたのである。

それらの活動を記録、評価し、同時に日本の他の大手グループの背中を押すために、ベトナム政府は一九八七年三月に、日商岩井・ベトナム合同委員会を設立させた。ベトナム側では、貿易次官兼商工会議所会頭を務めるホアン・チョン・ダイ氏が委員長となり、日商岩井側からは副社長の荒木氏が共同委員長を務めた。私たちは当時なじみのあった、社会主義諸国との政府間経済協力委員会のモデルに従い活動した。この委員会のもとには小委員会があった。ベトナム側では約五〇人の政府官僚が参加した。関連業務ごとに、それぞれの政府官僚は自身の担当分野に参加した。

私は、総合小委員会と工業小委員会という二つの小委員会に、国家計画委員会工業副局長として参加した。委員会は毎年ハノイで、基本的には越ソ友好文化宮で実施された。私たちは貿易を中心に、各領域における毎年の協力プログラムについて意見交換をした。投資プロジェクトは長期的研究プログラムのなかにのみ挙げられていた。活動が盛んな時期で、ベトナムと日商岩井の関係は強力に発展した。この時期に、ベトナムの外貨面での困難を解決するために、同グループは、延払方式でいくつかの貿易協定を実現させた。実質は、物資購入のための貸付であった。

対外政治面でも、日商岩井の活動は日本側および日本の各経済団体がベトナム政府と連携するためのチャンネルとなった。一九八九年九月、国家計画委員長のファン・ヴァン・カイ氏が訪日し、経済協力関係の促進を狙いとして同グループと協議した。これはファン・ヴァン・カイ氏と私の初めての訪日でもあった。

ファン・ヴァン・カイ委員長との確約のとおり、同グループのトップ層は協力プログラムについて意見交換するために一九九二年一二月に訪越し、日本政府の対ベトナム政府開発援助（ＯＤＡ）再開と両国間の正常な経済関係の回復の時代に向けて準備を進めた。

このとき訪問団は、ヴォー・ヴァン・キエット常務副首相に迎えられて仕事をした。この時期の同グループの活動は実に活発で、いくつかの会議では、日商岩井による多くの意見や要請が、当時の多数の日本企業の意見かのように見なされていた。それは長期的な関係構築という大きな結果をもたらし、今日の発展のための基盤を生み出した。

日商岩井・ベトナム合同委員会の会議が開かれるようになったことで、私は荒木氏と再会した。私たちは頓挫したプロジェクトでのかつての出会いについて話した。私は日商岩井の織田氏、榊原氏、松田氏をはじめとした多くの友人たちに出会い、毎年会議の時期になると再会した。その後二国間関係が発展すると、より頻繁に会うようになった。特に織田氏は最も頻繁にベトナムを訪れた。彼はいまだにいつも私にこんな冗談を言う。

「織田《ＯＤＡ》がベトナムにたくさん来るということは、日本からのＯＤＡがもうじき再開してベトナムに日に日に集まってくるということだ！」

それから、私たちの関係はますます親密になった。松田氏に限っては、ハノイの駐在員だったために恒常的に会った。ベトナムの血を引いている彼はベトナムで大変な幼少期を過ごし、ハノイの人のようにベトナム語を話した。ゆえになおさら親しかった。

一九九一年一一月二六日、経団連下に対ベトナム協力委員会〔日本ベトナム経済委員会〕

が正式に設立された。日商岩井社長が委員長に任命された。一九九二年二月一九日に日商岩井社長西尾氏は、ベトナムとの協力の機会を把握してそれについて意見交換をするために訪越した。この訪問で西尾氏は、日商岩井・ベトナム合同委員会の活動を打ち切り、経団連の日本ベトナム経済委員会がそれに代わることを正式に発表した。西尾氏との意見交換の最中には国家計画委員長ドー・クォック・サム氏からも、ベトナム側では経団連との仕事を国家計画委員会が担当するよう政府から正式な任命があったと告げられた。一九九三年二月に予定されている初めての会議に向けて、両者はハノイで打ち合わせを行った。

一九九二年一〇月、経団連の役員団が第一回会議の内容を準備するために訪越した。私と松田氏は両者の調整役に任命された。一九九二年末、日本政府は対ベトナム政府開発援助(ODA)を再開することを正式に発表した。一九九三年二月三日、西尾氏が率いる、一二〇近い日本企業の代表者を伴う経団連訪問団がハノイにやってきた。一九九三年二月四日、日本ベトナム経済委員会の第一回会議がハノイで開幕した。

それ以来日商岩井はベトナムにおいて、日本の他の大手グループと同様に活動した。ベトナムにおける日本企業コミュニティーの活動に関連することは、経団連と同じ協力枠組みのなかに据えられた。

二〇〇六年一二月六日、双日グループはハノイ駐在員事務所開設二〇年記念パーティーを開催し、私はそこでベトナム政府を代表して友好勲章を授与した。そこで荒木氏や旧友たちと再会し、次のように喜ばしく言った。

「二〇年というのは駐在員事務所が開設された日から数えてのことです。日商岩井がベトナムに姿を現し、政府に正式に許可を受けたときから数えるのであれば、両者がトンキン湾での石油天然ガス調査の契約を結んだ一九七三年一月二六日から数えなければなりません。つまり三三年以上になるのです！」

二〇〇五年、日商岩井はニチメンと合併して双日グループとなった。ニチメンもまた、貿易や投資の多くの分野でベトナムと密接な関係を持ってきたグループだ。合併によって力も増強された。投資・貿易関係において、同グループは常に、ベトナムとの長期的で伝統のある関係を有する企業として存在してきた。貿易額は日に日に増加した。電力、肥料・化学製品の生産、林産物加工、食糧、家畜食料、スーパーマーケットのシステム、日本企業からの投資誘引のための工業団地の建設など、多くの投資案件が多様な分野で展開された。双日もまた、社会に寄り添う日本の大手グループとして責任を全うする姿を常に体現し、ベトナムの経済・社会の発展にも寄与してきた。今現在に至るまで、双日はベトナムで活動する日本の有数の経済グループとしての地位を維持している。

先述したように、私にとって日商岩井と日商岩井の人々は、一九七三年一月に私が初めて知り合った日本の会社であり、日本の友人たちである。おそらくそれがために、私は双日・日商岩井との永遠に忘れられない昔の思い出がある。私が定年退職してから一年あまり経った二〇一二年九月、双日グループ社長が私たち夫婦を日本に招待してくれた。旧友と再会するため、かつて訪れたことのある場所を再訪するために。運の悪いことに、そのとき私は盲腸の緊急手術のために入院しなければならなくなった。四三年の仕事人生の中で入院しなければならなかったのは、ベトナムで一九九四年にたったの一度だけで、それも盲腸というだけの理由だった。定年を迎えて日本を訪れた時に入院したのもただ盲腸のためなのだ！　この病気は実に器用に患者を選んだものだ！　腸が炎症を起こしていた上に二度目の破裂だったので、手術は六時間にわたる大変なものだった。二週間入院し、松田氏と日本の友人たちは細やかに世話をしてくれた。私が退院すると、昔からの知人たちと会うための会を帰国前に開いてくれた。そこには榊原氏、松田氏、首藤氏、あと数名いた。二〇一九年に私と妻が日本に旅行に訪れた時、松田氏は私たちを多くの場所に連れて行ってくれた。それから今（二〇二二年九月当時）まで、パンデミックにより再訪できていないが、私はいまだに双日ベトナム会社社長の木ノ下氏と密接な関係を持っているし、東京にいる友人たちの近況を尋ね、苦難に満ちた最初の日々を思い出している！

一〇、世界銀行と支援国会合の友人たち

国家計画委員会で働き始めたころ、私は世界銀行（世銀）が何かを知らなかった。一九七六年になってようやく、五ヵ年計画（一九七六－一九八〇年）についての議論にあたり、指導部が世界銀行からの資金に言及するのを耳にした。我々はサイゴン政権の世銀加盟国としての資格を継承することになっており、一九七六年九月に正式に継承した。それから一九七八年に世銀がザウティエン灌漑建設に対して正式に資金援助することになり、計画策定を行う我々は初めてこの組織について本当に知ることとなった。しかし一九八五年になると、確約に基づく債務返済ができなくなったために世銀は融資を停止した。関係は途切れてしまった。

第七回党大会後の一九九一年半ば、ベトナムの刷新、特にＵＮＤＰの支援による国有企業刷新と民間経済発展に関するプログラムの動きを把握できたことから、世銀の専門家たちはベトナムに状況調査にやってきた。このとき私は、ファン・ヴァン・カイ委員長からこれらの組織との仕事を任された。

世銀専門家団のなかにデイヴィッド・ドラーがいた。彼らはハノイ、ハイフォン、ホーチミン市にある中央・地方が管理権を握る国営工業生産施設の状況を視察し、当時形成されたた

ばかりの民間の生産・経営施設を訪れた。彼らはまた、私たちとともに、各国営企業の生産・経営状況についての会合を開催し、東欧で得られた国有企業民営化の教訓とモデルを紹介した。

一定期間の準備を経て、私たちは、国有企業改革と中小企業振興に関するVIE 九二‐〇一〇とVIE 九二‐〇一一という二つの技術協力プロジェクトを立ち上げた。資金援助はUNDPが、実行主体は国家計画委員会工業局が担い、世銀からの専門家たちの協力も得ることとなった。私はプロジェクト長となり、デイヴィッド・ドラーはプロジェクトの主任アドバイザーとなった。

デイヴィッド・ドラーは世銀の経済専門家である。彼は私にとって、苦難に満ちた最初の日々からともに働いた世銀の初めての友人であり、ずっと忘れることはない。一九九二年、プロジェクトの研究プログラムが始動した。各種会合が開催され、東欧諸国における国有企業改革モデルが紹介された。私たちは世銀の専門家たちと緊密に協力した。デイヴィッド・ドラーはプロジェクトの内容について私と恒常的に仕事をした人物であった。

意見交換のなかで、私たちは難なく合意を形成することができた。唯一、「民営化」のかわりに「株式化」という言葉を用いることについてのみ、私がデイヴィッド・ドラーを何度も説得してようやく彼は同意したのだった（第四章第一節で詳述した通りである）。

プロジェクト期間中、デイヴィッド・ドラーは仕事中でも生活の中でも、常に民間経済セクターの優越性を証明しようとしていた。外食の際は民営のレストランしか選ばなかった。当時ハノイには民営のレストランがまだ少なく、間取りは小さく広々とはしていなかった。私たちがよく通ったのはドゥオンタイン通りのピアノ喫茶食堂とチャンクォックトアン通り七五番の食堂である。

私はデイヴィッド・ドラーに陽気に言っていた。

「あなたが私を説得するのではないのです。私たちがうまく連携することで他の人たちを説得するのです！」

ある愉快なエピソードがある。東欧諸国での国有企業改革の経験を紹介する大きなシンポジウムの前のことであった。ここにはオーストラリアとニュージーランドの元大臣が登壇者として招聘されており、シンポジウムの前に私たちは彼らを食事に招待した。私たちはレータック通りにある政府賓客宿舎に招きたかった。そこにはより格式高いレストランがあるからだ。デイヴィッド・ドラーは認めず、ドゥオンタイン通りのピアノ喫茶食堂にするよう私たちを説得した。そこは小さく、広々としていない食堂だったので私は気が引けた。それに気づいた彼は、レストランに入るときに元大臣たちにこう尋ねた。「外食する際、皆さまはおいしい食べ物ときれいな内装のどちらを選びますか」。彼らはおいしい食べ物だと言った。

デイヴィッド・ドラーがお店選びでのひと悶着について話すと、皆笑っていた。

国有企業改革と中小企業振興という二つのプロジェクトの実行において、私たちは一九九二年いっぱい一緒に仕事をした。二つのプロジェクトを通して国有企業の改革のための改善策と行程についての提言に貢献した。国有企業は大きな人材源、大きな資金源、大規模な生産施設を有しているものの、非効率で施設の多くは赤字で、経済の負担となっている経済部門であり、二つのプロジェクトには、潜在力があり、経済発展の動力となっている民間経済セクターの発展に向けた改善策を提示する狙いもあった。

一九九三年一月一日、私は国家計画副委員長に任命された。私はプロジェクト長の役割を後任の局長に回したので、デイヴィッド・ドラーとはあまり会わなくなった。ほどなくして世銀による融資再開について議論するため、世銀は訪問団を派遣した。そこにデイヴィッド・ドラーも参加していた。私たちはまた恒常的に会うようになった。デイヴィッド・ドラーはよく言っていた。「ドラー《ドル》が来るということは、世銀からドルがますますたくさんベトナムにやってくるということだ！」

一九九三年五月頃、世銀とベトナム政府は、東南アジア諸国で組織してきたモデルに基づいて対ベトナム支援国会合を開催することに合意した。国家計画委員会はベトナム政府から、ＣＧ会合の開催にあたって世銀のパートナーを務めることを任された。ＵＮＤＰは、一九九三年一一月にパリで実施予定の第一回ＣＧ会合における政府報告の準備を支援しており、その事業の中で私たちはまた、デイヴィッド・ドラーや世銀の専門家たちと恒常的に仕事をするようになった。

一九九三年一〇月、ベトナム政府の債務がパリクラブで解決された後、世銀は対ベトナム融資を正式に再開した。一九九三年末にブラッドリー・バブソン氏が世銀駐在員としてベトナムにやってきた。一九九四年九月一四日には世銀がハノイに駐在員事務所を開設した。ＶＩＥ 九二-〇一〇とＶＩＥ 九二-〇一一のプロジェクトも完了した。デイヴィッド・ドラーはベトナムに来なくなり、世銀本部での職務に就いた。私たちが会うことはなくなったが、それでも連絡を取り合った。その後デイヴィッド・ドラーは引退の日まで、北京（中国）の世銀駐在員を務めた。

当時デイヴィッド・ドラーと一緒に仕事をした私たちは、よく彼を思い出していた。デイヴィッド・ドラーは、経済体制転換の初期、ベトナムにおいて世銀とＩＭＦの役割を疑いの目で見ていた人も多かった時期に、最初にベトナムにやってきた世銀の専門家の一人である。当時は米国の道具だと考える意見すらあったのである！

世銀がハノイに駐在員事務所を開設してから、私たちと世銀の関係はますます緊密になった。国道一号線の整備、灌漑事業、農業・農村開発や飢餓撲滅・貧困削減の事業といった世銀の支援事業の実施だけでなく、年次・中間ＣＧ会合に向けた準備と開催においても連携した。

年次・中間ＣＧ会合では、各ドナーが政策についてベトナム政府と対話した。世銀とＩＭＦはベトナム政府の経済政策に対し、常に自身の経済的観点に依拠してストレートに意見した。彼らはいつも、会計、金融、通貨政策について強硬的な改善策を提示した。それらの政策はベトナムの転換の道筋と適合していないことが多々あり、当時のベトナムの指導者たちから多くの反感を招いた。ＩＭＦと世銀について、経済体制の変化から政変を引き起こし、それによってベトナムの政治体制を変化させて制度転換に至らせることを目指していると考える意見もあった。次第に、個別の対話や意見交換を通して世銀とＩＭＦは問題を認識し、ベトナムの経済の刷新の道筋に適した政策への調整を行った。

欧州連合と米国のドナーたちは常に、法改革、民主化、人権問題の改善、非政府組織の発言力の向上を主眼としていた。このこともベトナムの指導層と世論の中に多くの反感を生んでいた。

日本とアジア開発銀行（ＡＤＢ）は穏便な姿勢で対応し、経済効果により踏み込んでいた。政策対話に関しては、彼らは常に、産業発展と国内の生産能力、経済的競争力の向上を目指して、投資環境の改善や国内外からの投資の誘致に取り組んだ。行政手続き改革、および政府とドナーを調整する仕組みの整備を重視していた。日本は石川プロジェクトや日越共同イニシアティブを通してこれらの提言を実行していった。

日本とADBは常に、大規模インフラ事業を支援して各経済圏の発展を促し、大都市の病院の改良や建設、農村での教育発展プログラムのための援助を重視した。それゆえに、ベトナム政府と国内世論の共感が得られたのだった。

二〇〇〇年、開発協力戦略（二〇〇一‐二〇一〇年）を作成しているとき、私たちと世銀の間に不和が生じた。世銀側はこの期間の開発協力戦略の主要な内容を、飢餓撲滅と貧困削減にしたいと考えており、そこから、名称を貧困削減戦略（二〇〇一‐二〇一〇年）とした。一方私たちは、経済成長と飢餓撲滅・貧困削減という内容で提案し、そこから名称を飢餓撲滅・貧困削減成長戦略（二〇〇一‐二〇一〇年）としたのだった。

もし世銀の内容に従えば、この期間の支援は主に中小規模のプロジェクトが対象となり、飢餓撲滅と貧困削減のプロジェクトが中心となる。私たちの提案では、小規模ドナーや非政府組織からの支援金は飢餓撲滅、貧困削減に優先して用いられる。大規模ドナーからの支援金は、主に大規模なインフラ事業に使用されることになり、長期的な発展が見込まれる。そこから飢餓撲滅、貧困削減の原動力も生み出せる。日本とADBはベトナム政府の考えを支持した。最終的に世銀も私たちの提案に同意し、次の一〇年の開発協力戦略は、飢餓撲滅・

貧困削減成長戦略となった。

バブソン氏は一九九七年までベトナムの世銀駐在員を務め、その後アンドリュー・スティア氏が着任した。この時期に世銀は、ベトナム政府と国際ドナーの政策対話に力を入れること、ODAプロジェクトの実行を促進することを目的として、年次CG会合に加えて中間CG会合の開催を提案した。中間会合は、国際ドナーがベトナムの状況を理解できる機会となるように地方各省で開催された。各ドナーとベトナム政府はCG会合前にベトナムビジネスフォーラム（VBF）を開催することで合意した。フォーラムは、ベトナム政府の政策をめぐる国内外の企業コミュニティーからの提言を集約し、政策討論会の中でCG会合の参加者に報告することを目的としていた。

二〇〇二年、アンドリュー・スティアの後任としてクラウス・ローランドが赴任した。クラウス・ローランドは温和で、誠実で、慎重で、協力的な人物で、皆の意見、政府諸機関からの意見に注意深く耳を傾けた。

クラウス・ローランドがベトナムに来たのは、私が計画投資大臣に就任したときでもあった。私たち二人はどちらも就任したばかりであった。二〇〇二年の年次CG会合では、共同議長を務める二人ともにとって初めての会議の運営であった。各ドナーはこの二人の共同議長による運営を気にかけ、心配し、会合の成功に影響がないか懸念していた。

会合で私たち二人はよいチームワークを発揮した。討論に多くの時間を割けるように、どちらも簡潔に過不足なく話した。会合は成功し、皆の心配は杞憂に終わった。会合が終わり、私はクラウス・ローランドに、二〇〇三年の中間CG会合をサパで開催しようと相談した。私は、自分がラオカイ省を選挙区とする国会議員であると紹介した。会合後に代表者たちに、ラオカイ、ライチャウの貧困地域を視察してもらいたいと考えていたのだ。ドナーたちに、国内最貧地帯である西北地方山間部の少数民族居住区に触れる機会を持ってもらいたかった。クラウス・ローランドは同意した。

二〇〇三年六月一八日、私たちはドナーたちと夜行列車でラオカイに向かった。六月一九日、私はラオカイの有権者たちとの対話集会を行い、クラウスは世銀の貧困削減プロジェクトについて検証した。六月二〇日は中間CG会合の日だった。主な内容は飢餓撲滅と貧困削減、山間部の開発だった。その夜は省の指導部による接待があった。

会食後、私たちはドナーたちとサパの町中を散歩した。それは金曜日の夜で、サパでは週末の観光客が増えており、夜が深まるにつれて通りはにぎやかになった。私たちは喫茶店に入って夜の山間の町並みを眺めた。空気はひんやりしていて、石油ストーブを囲んで一息つき、私は店主に、皆に焼き卵[35]をふるまうように言った。クラウスとドナーたちは焼き卵という食べ物に驚いていた。彼らはいつも卵を食べているが、焼き卵は食べたことがなかったのだ。皆焼き卵の独特な風味を味わった。真夜中を過ぎてようやくホテルへの帰路に就いた。誰もが夜の山間の町並みに感動していた。歩きながら歌う者もいた。中間CG会合は素晴らしい、誠実で心のこもったものとなり、各ドナーとベトナム政府関連機関の代表者たちの結びつきを固くした。ドナーたちとともに実施したこの会合のことをいつまでも忘れない。

サパでの会合の後、私たちと世銀の協力はますます緊密になった。どのような問題、プロジェクト、プログラムにおいても、私たちは共通の見解を導き出せた。サパの後の中間CG会合は、ヴィン（二〇〇四年六月一七日）、カントー（二〇〇五年六月三日）、ニャチャン（二〇〇六年六月九日）で開催された。そのたびに、クラウス・ローランドと各ドナーは私たちやベトナムの各地方への愛着を深めていった。

二〇〇六年の年次CG会合中にクラウス・ローランドは、二〇〇七年に任期を終えてベトナムを離れること、ハロンで予定されている二〇〇七年の中間CG会合には参加しないことを発表した。別れの演説の中でクラウス・ローランドは感極まり、この国を離れなければ

35　卵を割らずにそのまま炭火で焼く、サパの名物。

ならない日が来たことを惜しんだ。私は政府各機関を代表して別れの挨拶を述べた。詩人チェー・ラン・ヴィエンの詩の一節を借用し、クラウス・ローランドに私たちの心を贈るとともに彼のこの国に対する愛情を表現した。

「……そこにいるときは、ただの土地に過ぎない。

そこを去るとき、その地は魂となる……」

クラウス・ローランドが去った後、アジェイ・チッバアが後任となった。しかしハロン市での中間CG会合の際にチッバア氏はまだ赴任しておらず、訪越していた世銀副総裁のジェームズ・アダムズ氏が私とともに会合の議長を務めた。

二〇〇七年六月一日、中間CG会合がハロン市で開催された。私とジェームズ・アダムズ氏は前日に会合での討論内容を打ち合わせていたので、何事もうまくいった。交流しているうちに、ジェームズ・アダムズが気さくで、誠実で、協力的な人物であることがわかった。

翌日、各ドナーはプロジェクトの視察に行った。私とジェームズ・アダムズはハロン湾を訪れて、同湾の発展の可能性について検討した。私たちは車でカイゾン港に行き、そこから船でハロン市へと戻った。道中でバイトゥーロン湾から広がる島々の美しい景色を眺め、クアンラン島に寄って昼食をとった。食事は水揚げされたばかりの海老が中心だった。ジェームズはとても気に入って、こんなにおいしい海老料理はいまだかつて食べたことがない、と言った。

　それからまたハロン湾の景色を眺め、ジェームズ・アダムズはその美しさを前に驚嘆した。私たちはハロン湾地域の観光開発の潜在力についてたくさん話をした。さらに私はジェームズ・アダムズに西北地方山間部の美しさを語り、いつかそこに来てもらう機会があることを願った。私たちの関係はこれ以降、ベトナム政府の大臣と世銀の副総裁のあいだのうわべの付き合いではなくなり、親密なものとなったのだった。

　二〇〇七年、アメリカに端を発した金融危機が各国に広がっていた。世銀は、東南アジア各国政府と連携して金融危機の影響を抑制するための政策を打ち出したいと考えており、ジェームズ・アダムズが度々東南アジア諸国を訪問するようになった。二〇〇七年末にジェームズ・アダムズはベトナムを再訪し、私と一緒に二〇〇七年一二月六、七日の年次CG会合の共同議長を務めた。彼をベトナムの西北山岳地帯に招くという約束の通り、会合の締めくくりで私たちは各ドナーに対し、二〇〇八年の中間CG会合がサパで開催されることを告知した。

　二〇〇八年初頭、インフレはさらに悪化した。二〇〇八年四月一七日に政府は政府決議一〇号を発布し、インフレ対策、社会保障の維持、持続可能な開発に関する大きく八つの対策群を提示した。

中間ＣＧ会合の準備を進めるなかで、ＩＭＦはベトナム政府の対応策に強く反対した。彼らはそれらのインフレ対策、特に通貨政策と公的支出に対する対応策の「処方箋」が十分ではないと考えていた。政府が各ドナーとＩＭＦの合意を得られるよう、私たちはジェームズ・アダムズや大規模ドナーと話し合った。私たちとジェームズ・アダムズは、列車で一緒にラオカイに向かうこと、列車の中で議論してＩＭＦを説得することで意見が一致した。

六月四日の夜、私たちは列車でラオカイに向かった。列車に乗ると、私たちはジェームズ・アダムズと大規模ドナーとともに、ＩＭＦと議論した。ジェームズ・アダムズは私たちの合意形成を積極的に助けてくれた。翌日の六月五日、会議場ではすべてうまく進んだ。すべてのドナーは政府が提示したインフレ対策のための改善策を支持した。

六月七日、私たちは車でハノイに戻った。私はジェームズ・アダムズと一緒だった。彼にムーカンチャイの棚田とカウファー峠から眺めるトゥーレの田んぼの美しい光景を見せたかったので、国道三二号線を通った。ムーカンチャイに着き、車から出て田植えが終わったばかりの棚田を見ると、地に根を下ろしたばかりの稲で一面薄緑色で、このうえなく美しかった。カウファー峠に着いて再び車を止め、トゥーレを見おろすと、ここでもすばらしく美しい薄緑一色の風景が広がっていた。ジェームズ・アダムズは私にこう言った。「観光の大きな可能性を秘めている」

その日の昼にギアロに戻り、ヤンバイ省の指導部がそこで私たちを出迎えた。仕事に取りかかると省は世銀による農村開発と飢餓撲滅・貧困削減の現地での実施状況および次のプログラムに必要な資金について説明した。仕事が終わり、私たちは昼食に、ムオンロー地区ターイ族の料理を食べた。食事をしながら、西北地方で長い伝統を持つターイ族地区であるムオンロー地区の文化について話した。午後、私たちはハノイに戻った。永遠に忘れることのない旅である。

このとき、イギリスで大学院を修了して帰国したばかりの私の娘は対外経済局で契約職員をしており、会合運営にも関わっていた。娘は車での移動中に私の通訳をした。ジェームズ・アダムズは娘をとてもかわいがってくれた。二〇一〇年末に娘が男の子と女の子の双子を出産した。ジェームズ・アダムズはそれを知ると出産祝いに、それぞれの赤ん坊に新生児服を一式ずつ送ってくれた。娘がアメリカに出張した際には、ジェームズ・アダムズは彼女を家族ぐるみでもてなしてくれた。何と情義に厚いことだろう！

サパでの中間CG会合が終わり、その後の中間CG会合はブオンマートゥオット（二〇〇九年六月八日）、ラックザー（キエンザン省、二〇一〇年六月九日）で行われた。それらは国際ドナーコミュニティの協力関係を緊密化する機会となった。

チッバア氏が任期を終え、二〇〇九年からヴィクトリア・クワクワ氏が着任した。彼女は国際機関で働く人の多いアフリカの一国、ガーナ出身である。能動的で、率直で、親しみやすい女性で、政府の各機関と緊密に連携した。彼女はベトナムに来るとすぐに、世銀のプログラムとプロジェクトの実現のために速やかに私たちと調整を行った。私は彼女と二回の年次CG会合、三回の中間CG会合の共同議長を務めた。聡明で、決断力があり、協力的な共同議長であった。私たちが共同議長を務めたすべてのCG会合は成功した。国際ドナーコミュニティと私たちは常に高度な合意形成を実現した。

私の引退が近づいてきた頃のCG会合の成功に欠かせない人物がいた。それはリードエコノミストのマーティン・ラマである。かつてのデイヴィッド・ドラーと同様に彼も世銀の管理職ではなかったが、ベトナムの経済状況の評価報告提出において重要な役割を担い、CG会合の討論の基盤を作り、CG会合を成功につなげてきた。忘れることのない人物である！

二〇一〇年九月、十ヵ年開発計画（二〇一一－二〇二〇年）をめぐる議論、および今後の支援プログラムについての議論のために、私は世銀に招聘された。ヴィクトリア・クワクワ氏も一緒に参加した。どうやら世銀は私が翌年引退することを知っていたらしく、今回の訪問で彼らは大変丁重にもてなしてくれた。私は世銀総裁ロバート・ゼーリック氏と面会した。彼は対ベトナム支援プログラムを強く支持しており、何度も訪越したことがあった。私はジェームズ・アダムズとも再会し、世銀のそれぞれの領域を担当する多くの副総裁とも仕事をした。夜はたいてい世銀の指導部の方々との親密な食事会であった。この出張はうまくいった。

＊＊＊

ヴィクトリア・クワクワ氏は私の故郷がハティン省であると知っていた。二〇一一年八月、私は引退することになっていた。彼女は私に、二〇一一年の中間CG会合はハティン省で開催すると告げた。それは、そこで私に送別の言葉を送るため、また各ドナーが、伝統のある名高い地域である私の故郷を訪問する機会をつくるため、ということだった。

二〇一一年六月七日、私たちはハティン省に行った。翌日の六月八日、ヴィクトリア・クワクワ氏と大勢のドナーはハティン省での支援プロジェクトを視察した。そして私の故郷のトゥンアイン社を訪れ、それから私たちの祖先の霊廟を訪れた。なんと英国大使は一家の家系図の第一八代目の行に非常に小さく記された私の名前を見つけだした！

それから大使は私に尋ねた。「なぜ『ティ』という文字のつく子どもを産んだ人たちには後の世代が記されていないのですか」。私は説明した。「その人たちは女の子しか産まず、跡取りがいないと見なされているのです。ベトナムは厳格な父系制をとっています。娘は結婚したら違う親族に嫁ぎ、娘の後の世代はその親族の家系図に記録されていくのです。もしその娘が有名であったり、その子どもが有名になったりしたら、家譜に個別に詳しく記録されることになります」

大使は「厳密な決まりなのですね」と言った。大使通訳はこう教えてくれた。「彼は大使ですが、ベトナム文化の研究にも没頭しています。彼はいつも、それは長い伝統を持つ文化、特に村落と家系の文化なのだ、と話しています」

六月九日に中間CG会合が開催された。その日の夜には本当に感動的な送別会が開かれた。多くの人たちが歌い、語った。各ドナーは私に記念の贈り物をしてくれた。それは漆塗りの皿で、そこにはジェームズ・アダムズ、ヴィクトリア・クワクワおよびすべての対ベトナムドナーの名前が記され、さらに「We are so lucky to have had the honour to work with you」という言葉が添えられていた。

私は次のように伝えた。

「私たちこそが、皆さまと一緒に仕事ができて幸運で、光栄だったのです。それがあってこそ私たちは長期的な発展の道を築くことができました。皆さま、ドナーの皆さま。意見を異にすることもあればまだ実現できていないこともあるけれども、二国間、多国間ともに誠実なアドバイスをしてくださいました。まだ思うようにはなっていないけれども、それでも私たちが発展のための正しい方向を見定められるように助けてくださいました。皆さま、ドナーの皆さまは、大規模な支援金をもって、私たちが最初の基礎を築く力を与えてくださり、今日への急成長を実現してくださいました」

私は一九九三年に対ベトナム開発援助が再開されて以来、国際ドナーコミュニティが一八年間にわたって私たちとともに歩んでくれたことに感謝している。

愛情に満ちた送別会であった。

＊＊＊

二〇一一年に私は引退したが、機会があるたびにジェームズ・アダムズとヴィクトリア・クワクワは私を訪ねてくれる。二〇一二年にベトナムの世銀駐在員事務所は、ベトナムと仕事をしてきた世銀の人たちを集めて内部会議を開いた。ヴィクトリア・クワクワ氏は私が旧友たちに会うための会を開いてくれ、そこにはクラウス・ローランドもいた。今では多くが引退してしまった。ヴィクトリア・クワクワ氏は世界銀行副総裁になった。それでも私たちは連絡を取り合っている。マーティン・ラマとはFacebookで友達になった。私たちはお互いに「いいね」を押し、投稿にコメントをし合っている。彼は個人ページに今でもベトナムのことを書いており、ベトナムのことを忘れられずにいる！

私たちは友人たち、世銀からやってきた友人たちのことを今も懐かしく思い出している！

長期にわたってこの国で私たちと開発協力プログラムを実現させてきた、二国間、多国間援助ドナーの友人たちを懐かしんでいる。あれほどの困難と苦労を伴いながら、長い道のりをともに乗り越えてきたのだ！

一一、誠実な友人たち

一九九四年、私は政府首相からベトナム・ラオス協力分科会の副委員長に指名された。委員長はサウ・カイ氏だ。ラオス側の委員長は政治局委員で副首相のブンニャン・ウォーラチットである。分科会副委員長という立場から、国家計画委員会は分科会の常務を担った。分科会の業務を監視、調整、運営し、毎年の分科会会議の準備を行った。ある年はラオスで、ある年はベトナムで開催された。それ以外に両国の副委員長は、年度の中間に業務点検を行った。ベトナムとラオスは、経済から社会、国防、安全保障まで、あらゆる分野で包括的に協力していた。

我々の対ラオス援助は、主に交通、教育、医療、農村開発の支援に集中していた。それゆえに、業務をうまく遂行するためには足繁く通わねばならない。通うことで初めて友人を理解し、最も効果的に友人を助けられる。私はラオスの北から南まで多くの県を訪れた。サウ氏も会議でラオスに行くたびに、視察のために各省を訪問した。

私にとってずっと忘れられない訪問がある。それは一九九六年一月のことだった。両国協力委員会の会議が終わり、サウ氏は相手国にサワンナケートに案内してほしいと依頼した。サワンナケートからデンサワンに戻り、そこでクアンチ省からの車が迎えに来るという計画だ。この訪問の目的は、ドンハーからラオバオ、デンサワンからサワンナケートを横断してタイに続くアジアハイウェイ（我々側の国道九号線）を視察することであった。時間がなかったため、相手国はヘリコプターを手配してくれた。

一九九六年一月一四日朝、私たちはサワンナケートに移動するために空港へ行った。ブンニャン・ウォーラチット副首相が同行した。ヘリコプターでは二人の副首相が隣り合って座った。楽しく会話をしていた。分科会の話を一通りすると故郷の話を始めた。ブンニャン氏の故郷はサワンナケートだったため、自身の故郷の話になるととても嬉しそうだった。彼はベトナム語が達者であった。ゆっくりで穏やかな口調はサウ氏と似ていた。しばらく会話が続いていたが、それもやがて尽きた。サウ氏はその時初めてヘリコプターを観察し始め、操縦席の横に鉈があることに気づいた。柄が長くて刃先が曲がっている刃物だ。サウ氏は尋ねた。

「ヘリコプターに鉈なんて置いて、何に使うのですか」

ブンニャン氏はゆっくりと言った。
「ああ、ヘリコプターが落ちた時に道を作るためですよ！」
サウ氏は驚いて聞き直した。
「ヘリコプターが落ちるだって？　道を作る？」
ブンニャン氏は真面目に語りだした。
「一度あったんです。もし鉈がなければ死んでいました。あの時私は北ラオスに向かってい
て、それもこの種類の、ソ連のヘリコプターでした。森の真上を飛んでいるとエンジンが故
障したのですが、腕の良いパイロットでした。彼はヘリコプターをゆっくりと大きな木の
てっぺんに着地させたのです。ヘリは何ともありませんでした。しかし木の枝が扉を押さえ
つけて扉を開けられなかったんです。運のよいことに鉈があり、パイロットが枝を切り落と
してようやく、皆木をつたって降りることができたんです！　さらに鉈を使って森に道を
作って進みました。国道に出て初めて電話をかけ、車に迎えに来てもらいました。それから
私はヘリコプターに乗る時はいつも森を歩くための鉈を持って行くようにしているんです！」
その日は一日、サワンナケートで仕事をした。夜は宴会だった。副首相の故郷の訪問は、
なんと楽しかったことか！　お酒を飲み干すとラムヴォン〔輪になって男女ペアで踊るラオ
スの伝統的な舞踊〕を踊った！

翌朝は再びヘリコプターに乗ってデンサワンに行った。ヘリコプターに乗るとブンニャン氏は陽気にサウ氏に言った。

「安心してください。腕の良いパイロットなので、ヘリコプターに何があっても木の上に着陸できますから」

デンサワンで降りると、皆冗談を言った。

「鉈を使わなくて済みましたね！」

その午後、デンサワンで仕事を終え、ベトナム訪問団は陸路でクアンチに帰った。

二〇〇一年、ブンニャン氏は首相になり、二〇一六年には書記長、国家主席になった。私が大臣在任中にラオスに出張に行くと、彼は私をもてなしてくれた。私がヘリコプターでの鉈の話をすると、ラオスの友人たちはこう言った。「一度ではないですよ、彼は二度そういう目に遭っていますからね！　まさに天人です！」

一九九五から一九九六年の間、私は何度もラオスを訪れ、ラオスのごはんを食べる機会が多かったので好きになっていった。私はおこわにつけるチェオボン〔ラオスのチリディップ〕が好きだった。塩漬けにした水牛の皮で、多くのベトナム人は苦手だった。当時ラオス側ではブアソーン・ブッパーヴァン氏が分科会副委員長を務めていた。彼はサーラワン出身で、以前はカムタイ・シーパンドーン中央委員会議長の秘書だった。とても優しく、愛嬌のある方のようだった。私を食事に招くと必ずその料理を用意してくれていた。食事時を過ぎることも多かったが、そんなときはおこわと少しばかりのチェオボンがあればそれで済んだ。

一九九六年初頭、両国の党政治局が会議を開いた。両国協力委員会は五ヵ年協力について、会期中の調印を目指して議事録をまとめていた。ブアソーン氏と私が両国を代表して作業した。私たちは内容の整合性を図るために一緒に作業していたが、丸一日かけても終わらなかった。問題となったのは主にブンアン港の建設と使用管理体制だった。夜まで作業し、夜中の二時にようやく完成した。朝早くに印刷してドー・ムオイ書記長とカムタイ・シーパンドーン議長に報告し、書記長と議長が批准した。

その夜、カムタイ議長が宴会を開いてくれた。私は小鉢に入った自分のチェオボンを食べきってしまった。ブアソーン氏はそれに気がついて私のために追加注文してくれた。私がおいしそうに食べるのを見て、皆が笑っていた。カムタイ議長はこう言った。

「フックさん、チェオボンを食べられるということは君はもうラオス人だ。ここに住めばよい。土地をあげるから家や庭を作ればよい。一ヘクタールの土地をあげるよ！　ハノイで何をするっていうんだい、狭苦しいではないか！」

皆一緒に笑った。家族のような思いやりがあった。一緒に仕事をした私とブアソーン氏はますます親密になった。機会があれば会っている。二〇〇六年に彼は首相になり、私がラオスを訪れるたびに家に食事に招いてくれる。なんと親しい関係であろうか！

　ブアソーン氏の後任として、ラオス側ではピンパ・テプワンフォン氏が副委員長を務めた。ピンパ氏は局長で分科会秘書のブンマン氏とともに、私とベトナム側の秘書のレー・チー・ヒエン氏を南北ラオス各地に連れていってくれた。ピンパ氏はタイグエンに留学経験があり、ブンマン氏はハノイに留学してハンダオ通りの娘と結婚していた。私たちはまるでベトナム人同士のようであった。とても気楽だった。十分にわかり合えた。ラオス人は本当に誠実で慈悲深い。それは私がラオスという国を一番たくさん訪れ、理解を深められた時期だった。両国が二国間をつなぐ交通システムの整備を徐々に進めている時期だった。各省の民族寄宿学校システムが発展し、医療プログラムや農村開発プログラムが実現されている時期だった。一九九六年から二〇〇二年のことだ。活発だった年月だ！

　二〇〇二年に私は計画投資大臣になった。ラオスではトンルン・シースリット氏が副首相兼計画投資大臣を務めていた。協力関係を強化するため、両者は毎年の交流プログラムに合意した。ある年はベトナムで、ある年はラオスで開催した。緊密な関係が築かれていた。両大臣も親しく付き合った。二〇〇六年に彼は副首相、外務大臣になった。私がラオスに行ったりトンルン氏がハノイに来たりするたびに、私たちは再会してともに計画投資大臣を務めていた時のことを思い返している。

二〇〇七年、私は計画投資大臣の二期目に突入し、ラオス側の私のパートナーはスリウォン・ダラウォン氏、そしてその次はシンラウォン・クットパイトーン氏となった。彼らは熱心で情の深い人たちだった。この時期には「開発の三角地帯」の協力プロジェクトも開始していた[36]。私たちは「開発の三角地帯」各省で開かれた会議でより頻繁に顔を合わせるようになった。中部高原、ラオス南部、東北カンボジア東北部への共同訪問も行った。

これらの仕事のなかで私は、ソムサワット・レンサワット氏をはじめとして、ラオス政府の多くの人と出会い、知り合うことになった。何度も会っているうちに親しくなった。ラオスに行くたびに友人はゴルフに誘ってくれて、ゴルフ場では顔なじみばかりに会った。遠くから手を振って「ああ、フックさん、いつ来られたのですか？」と挨拶してくれるのだった。ハノイのゴルフ場にいるかのように親しみがあり気楽だった！

二〇〇九年二月、私は娘の結婚式を開いた。ハノイに来ていたトンルン氏はそれを知って、お祝いのために家に訪ねてくれた。彼は午後にラオスに帰らねばならず、夜までいられないのだ、と言った。少しするとサウ・フォン氏（グエン・ミン・チエット国家主席）も式に先立ってお祝いに来てくれた。それからヴィエンチャン、サイゴン、ハノイで開かれた結婚式

36　カンボジア、ラオス、ベトナム三国は国境付近各省の社会、経済を協力して発展させるため、一九九九年に「開発の三角地帯」構想に合意し、二〇〇四年に本格的に始動した。

の話をした。サウ氏がホーチミン市書記在任中ヴィエンチャンをよく訪れた、という話をした。二つの都市の固い結びつきについての話である。楽しい会話は一時過ぎまで続いた。家族のようでなければこうはなるまい。夜、ラオスの計画投資省訪問団を連れてハノイに出張していたシンラウォン・クットパイトーン氏は、訪問団全員を連れて私の部下たちと一緒に結婚式に参加してくれた。その夜は旧暦一月一六日であった。天気は良く、月が皓皓と輝いていて、結婚式は屋外で開かれ、空気はひんやりとしていた。皆楽しんで、夜一〇時までいてくれた。こんな喜びはまたとない！　実に情義に厚い人たちである。

二〇一一年八月に私は引退した。彼らはイサラ勲章受章のために私を招待した。皆に再会し、そして別れた。昔から知っている友人たちは皆参加していた。誰もが「退職して時間があるのだから、ラオスにもっと遊びに来てください」と言った。

その後私はラオスに数回行った。一番最近ラオスに行ったのは二〇一九年一〇月一一日のことである。

トンルン氏は首相になった。それでも予定を合わせてゴルフに行った。シンラウォン・クットパイトーン氏は書記長、ヴィエンチャン市長となり、私が彼を訪ねた時、彼は足を痛めていてゴルフができなかった。スリウォン・ダラウォン氏は他界してしまい、本当に悲しい！　ブアソーン氏は首相を辞任しており、家に招いてくれて昔のように楽しい時間を過ごした。

私の送別会では、引退した人から在任中の人まで、ラオスの計画投資省の指導部が顔をそろえていた。ブアソーン氏もいた。酒を何杯か飲んだ頃、ある次官が大きな声で叫んだ。

国家主席も引退した！

首相も引退した！

大臣も引退した！

専門員も引退した！

ベトナムとラオスの友情は永遠に引退しない！

皆も歓呼の声を上げ、何度も叫んだ。叫ぶたびに乾杯した。会の終わりには、私はすっかり酔っぱらってしまった！　実に感動的だった！

二〇一九年から今まで、パンデミックにより訪問できていない。そうしてもう二年も経ってしまう！　ただただパンデミックが収束して訪問できることを望んでいる。ラムヴォンが懐かしく、コンサデン酒〔ラオスの薬草酒〕が恋しい！　誠実な友人たちが懐かしい。

「付き合う友は選べ！」という言葉が思い出される。

第六章　忘れられない話

一、サウ・ザン氏は民《ザン》のために

故ヴォー・ヴァン・キエット首相生誕一〇〇周年（二〇二二年一一月二三日）を記念して以前書いた文章の中で、ミートゥアン橋建設のためにオーストラリアに援助対象の変更を要請した時の「先斬後奏」の話をした。私は既に、サウ・ザン〔ヴォー・ヴァン・キエット首相の別名〕氏の性格を彼が国家計画委員長だった時から知っていたということを書いた。民、国の益になることでありさえすれば、彼は手続きを咎めることは決してなく、時に褒めるのである。

私がこう言えたのは、私が一九八二年四月から一九八八年五月というかなり長い時間、サウ・ザン氏、つまり敬愛するヴォー・ヴァン・キエット首相と直接仕事をできる幸運に恵まれていたからである。当時サウ・ザン氏は閣僚評議会副議長兼国家計画委員長だった。私は石油天然ガス・地質副局長、一九八三年からは重工業副局長で、基盤整備を担当していた。

サウ氏の直接の指揮下で働いていた公務員だった。当時は、ホアビンやチアンの水力発電所、ファーライ火力発電所、ヴンタウでの石油天然ガス工事、ラオカイのアパタイトなど、多くの重工業建設事業が進められていたため、私には仕事のなかでサウ・ザン氏と接する機会がより多くあった。そこでサウ・ザン氏の民《ザン》のためという精神について深く印象づけられた二つの話がある！

一つ目の話。

一九七九年一一月、私たちはホアビン水力発電所建設に着手した。目標は、一九八八年一二月に第一プラントで発電することだった。そうするためには、一九八三年一月に第一次堰き止め工事、一九八六年一月に第二次堰き止め工事を完了させなければならない。住民移転は急を要し、資金には制限があり、やる業務は多く、しかもスケジュールを守るために迅速に行わねばならなかった。一九八三年に私が重工業局の基盤整備を担当する副局長の地位に就いた時、二つの方法で住民移転が実行されているところだった。集団で暮らす住民は集団で移住し、再定住地区が用意されていた。ばらばらにいた住民は、「たくし上げ」移住、つまりホアビン湖の最高水位が＋一二〇メートルであれば、住民の家を山腹に沿って「たくし上げる」かのように移動させ、＋一二〇メートルよりも高くさえあればよしとする、という方法だった。水位上昇の進度に従い、低地の世帯は先に、より高い地域は後に「たくし上げた」。まるで山岳部の住民が「ズボンをたくし上げて川を渡る」光景のようだった！　このような移転は、ただ住民の力のみに頼る、戦時の民の力を鼓舞する精神に基づいたものであった！　ある家族が移動する際は近隣住民が手伝いに来て、屋根を支え、家を担いでより高いところに運び、再び屋根を葺くのであった。このような移転は手っ取り早く、住民移転の費用を節約できたのである！

堰き止め工事とダム建設が終わり、貯水を始めた時、「たくし上げ」移転の限界点が露わになり始めた。「たくし上げ」移転で移住した住民は、水が高く満ちると小さな島々に住む羽目になり、外の世界から完全に孤立してしまったのだ。生活は極めてひどいものとなった！

同じ時期、南部のチアン水力発電所建設では住民移転が丁寧に進められていた。住民一世帯に対する費用も高かった。再定住地区は広々と建設され、移住を強いられた人々の通常の生活が保障されていた。

私たちはハーソンビン省（ホアビン省と旧ハータイ省を含む）のダー川工作委員会を訪れた。皆で二つの水力発電所の住民移転作業を比較し、ホアビンにチアンの住民移転基準を適用して「たくし上げ」移転の形式を放棄することを建議した。私たちは戻ってからサウ・ザン委員長に話した。サウ氏はこう言った。

「提案に従って直ちに費用を仮払いしてください。基盤整備の手続きは後から対応します。手続きを待っていたら時間がかかります。チアンのように住民世帯ごとの基準に従って実行してください。民に益のあることであればためらうことはありません。私たちの民は既に二つの戦争で大変な犠牲を払っており、とても苦しいのですから、民をさらに苦しめることがあってはなりません。これはまた、少数民族の同胞の地域であり、生活は困窮しています。チアンでは以前私は次のように指導しました。『新しい場所に移った民には以前の場所よりも良い環境が保障されていなければならない！　生活環境についても仕事についても！』」

大規模建設事業の実施のために住民移転が必要な時、「新しい場所は以前の場所よりも良い環境でなければならない」という精神で民のことを考えるのは、まさにその時から始まったことである！

＊＊＊

二つ目の話。

一九八八年一月、私たちはホアリエンソン省（現在のラオカイ省、ヤンバイ省とライチャウ省タンウエン県から成る）に出張に行った。当時、省計画委員会常務副委員長だったブイ・クアン・ヴィン氏は省庁で私たちと仕事をし、その後一緒に生産施設や各県を訪れた。一九八八年一月二三日、私たちはヴァンヤン県と仕事をした。県委員長のホアン・スアン・ロック氏も一緒だった（この後ロック氏は二〇〇五-二〇一〇年任期のヤンバイ省党委書記となった）。県の社会経済発展計画と各提案について説明しているとき、ロック氏は、ヴァンヤンの総人口約七万五〇〇〇人のうち、約三万人がタックバー水力発電所のための湖の底を明け渡すために、もともと住んでいたヤンビンから移転したことを教えた。以前はヴァンヤン県はなかったのである。タックバー水力発電所を建設するために、国がチャンヤン県の一部とヴァンバン県の一部を移転先とし、一九六四年にヴァンヤン県が設置されたのだ。タックバー水力発電所は一九七一年から発電をしているが、今（一九八八年一月）に至っても、タックバー湖の底になっている場所にもともと住んでいた住民たちが使用できる電力がいまだないのである！　県はコーフックから電気を持ってくる三五ｋＶの電線を作ることを要請した。私たちは話し合い、県の要請に賛同し、直ちに作ることで一致した。同行した公務員たちは気が気でなくこう言った。

「計画を提出し終えたばかりです。皆さんはあんなに思い切って決めましたが、資金や物資はどこから持ってきて行うつもりですか。『上司』たちは同意しますか」

当時三五ｋＶの電線を作るのに、資金の割り当てのほかに、変圧器からアルミニウム電線、電柱、絶縁体まで、物資の割り当てがなければならなかった。多くの部署に関わっており、本当に大変なことだった。

私はこう答えた。

「帰ったら私はレー・ザインさん（当時レー・ザイン氏は基盤整備担当の副委員長だった）とサウ・ザンさんに報告します。必ずあの方たちは賛同します！」

ハノイに戻ってレー・ザイン氏に報告すると、彼は私を西湖に連れて行き（当時サウ氏は西湖のクアンバー地区に住んでいた）、サウ氏に報告した。サウ氏はこう言った。

「すぐに進めなさい。すぐにです。一九八八年計画に補充します。とにかくやって、後から計画に書き込みます。これは本来であればもっと早くやっているべきことでした。民はすべてを犠牲にし、私たちが電気を作るために住居も田畑も寺院も聖廟も捨てたのです。何万もの住民がヤンビンからヴァンヤンへと、六〇、七〇キロメートル以上も離れたところに移転し、着いてみたらより荒れた辺鄙な土地だったのです。電気ができたと思えばその恩恵を受けられない。他の場所には電気があるのに、電気を作るためにすべてを犠牲にした人にはまだ何もない。皆さん直ちに着手してください。今年の年末にはヴァンヤンに電気が通っていなければなりません！」

一九八八年末、コーフックからマウアーにつながる三五ｋＶの電線に電気が通った！

ヴァンヤンの住民たちはタックバー湖の底深くに沈んだ故郷を手放して約二五年経ってようやく電気を持つことができたのだ！

民は言う。「サウ・ザンさんのすることはすべて民《ザン》のためである！」

ミートゥアン橋の時に私が恐れずに「先斬後奏」したのはこういうことで、サウ・ザン氏がただ民《ザン》のために動くということを知っていたからである！

二、忘れがたいある思い出

一九九〇年九月一日の午後、当時国家計画委員長だったサウ・カイ氏は私（当時副局長）を部屋に呼び、こう言った。

「明朝、俺とお前でホアンリエンソン省に行くぞ（サウ氏は年下の部下や親しい人を呼ぶときはいつも俺・お前という呼び方をした）。せっかくの休日だから山岳地帯の民族の同胞がどう暮らしているのかを見に行くんだ。お前は地理の先生のように道に詳しいそうだな（私は国家計画委員会に入った頃、地質分野の監督のために出張が多く道を記憶していたので、委員会の仲間たちはよくそう呼んでいた）。主に民衆と国境地帯の状況を見る。加えてバックハーに行ってフーを訪ねたい。俺が市で働いていた時に会いに行くと約束をしていて、今あいつはバックハー県書記になっているから。それとラオカイのアパタイト鉱山の仕事も済ませたい。小人数で行くぞ。時間の無駄だから歓迎などもいらない。俺とお前、ヴィン〔サウ氏の秘書〕だけだ。お前は一人同行する部下を選ぶとよい。UAZ車〔ロシア製の小型軍用車両〕で行く。明日早朝、六時に出発だ。その前にうちで朝食を食べなさい」

私はサウ氏に尋ねた。

「ハノイで〔建国記念〕式典には参加しないのですか」

「形だけじゃないか！　大物たちがやることだ！　俺が行っても行かなくても、誰も気づきやしない！　さあ、明朝はうちで朝食をとって六時に出発だぞ。その後のスケジュールはお前に任せた！」

翌日の朝、一九九〇年九月二日に私たちはドイカンの公務員住宅区にあるサウ氏の家に集まった。即席麺を一人一袋食べ、六時ちょうどに出発した。

車の前に来ると、サウ氏は前方のドアを開けてこう言った。

「俺は前に座る。お前たち三人は後ろに座りなさい」

車が走り出し、サウ氏はたばこに火をつけながら尋ねた。

「フック、スケジュールはどうなった？」

私は言った。

「報告いたします。一〇時頃にヤンバイに到着し、そのままホアンリエンソン磁器工場に直行して二時間視察します。一二時に昼食をとり、それが終わったらすぐにラオカイに向かいます」

「工場長は誰だい？」

「はい。キムさんが工場長です」

「お前の同志じゃないか。だらだらと出迎えないように言っておいてくれ。時間の無駄だ！」

「はい、伝えておきました」

一〇時ちょうどに私たちは工場に到着した。なんてことだ！　工場の庭に車を停めるとそこには、ホアンリエンソン省党委員会書記長のフン氏、省人民委員長のタイン氏、省副委員長兼省計画委員長のトゥエ氏、そして省計画副委員長のヴィン氏が出迎えているではないか！

サウ氏は車を降りると心地悪そうに言った。

「皆さんおそろいで」

キム氏は耳を掻きながら言った。

「フックさんからは伺っていましたが、ご理解ください。あなたがいらっしゃるのに指導部に報告しなかったとしたら、あなたが去った後どんな目にあうかわかりません！　しかし全く時間は取りません。すぐに工場にご案内します。それから状況をお聞かせし、昼食をとったらすぐに出発します！」

昼食中、私は省指導部の人たちにざっとスケジュールを伝え、九月四日にヤンバイに戻ってくること、九月五日午前中に省との仕事を行うことを約束した。

午後二時、私たちはラオカイに向かった。省指導部は省計画副委員長のブイ・クアン・ヴィン氏と役人一人を同行させた。サウ氏は大勢を同行させず、九月五日の仕事に向けて準備をしてもらうよう省と約束した。

九月二日夜、ラオカイのカムドゥオンに着き、アパタイト鉱山で一泊した。九月三日朝には鉱山関連の仕事をした。昼食を終えるとバックハーに向かい、午後三時に到着した。バックハー県書記長のザン・セオ・フー氏が出迎え、シマカイに連れて行った。当時はまだ、シマカイはバックハー県に属していた。

シマカイに着くと、私たちは国境守備駐屯地を訪れ、その後国境まで行ってから、最も辺境にあるモン族の各集落、最も貧しいモン族の同胞の家を訪れた。

その夜私たちは県の宿舎に泊まった。それはホアン・アー・トゥオン[37]の旧家でもあった。

37　仏領期にバックハー地方を統治した首領ホアン・ヤン・チャオの息子。

次の日の朝はバンフォーへ戻り、ザン・セオ・フー氏の家を訪れた。それからその集落のモン族の同胞たちの家を何軒か訪問した。

昼に県庁に戻り、フー氏が報告した。サウ氏は聞き終えると簡潔に話した。趣旨は次の通りである。

「私はドー・ムオイ同志から社会経済開発十ヵ年戦略（一九九一－二〇〇〇年）報告準備班の班長を任されている。良い戦略をもつためには国の状況を理解していないといけない。今日の訪問も状況を理解するものだ。訪問を通して、各民族の同胞たちがあまりにも貧しいことがわかった。しかし一方で、同胞たちの心はあまりにも美しい。私たちは同胞の心を裏切ってはならない」

昼食の時、フー氏はモン族の同胞の集落で実際にあった愉快な話を語った。

「ある日、私は九月二日の機会に一番辺鄙な社まで行った。社は九月二日の国旗掲揚式典に参加するため、さらに一番遠くの集落に連れていった。ここでは布がないために国旗も少ない。社の役人が式典に出向く場合には国旗を持っていくのだが、その日社の役人は持っていくのを忘れてしまった。到着すると、集落の長が役人といくつか言葉を交わした後に大きな声で呼びかけた。

『全員集合。気を付け、回れ右、国旗に敬礼、敬礼！』

皆直立不動で五分間も国旗に敬礼をしていた！　それから集落の長は前を向いて九月二日を祝う書記の演説を聞くように呼びかけた。すべて終わってから、私は集落の長に尋ねた。

『なぜ後ろを向いて国旗に敬礼するのですか？』

集落の長は答えた。

『以前、省は功績のあった集落の長たちをハノイのホーチミン廟に行かせたことがあるのだが、国旗があまりにも大きく、俺は「ああ！　なんて大きな旗なんだ！」と叫んだ。案内した役人は、「それは国全体が共有する旗だから大きいんです」と言った。俺たちの集落には国旗がなかったから、国旗に敬礼する時、集落の人たちはいつもその方向を見るようになったんだ。ハノイの方向、共有の旗の方を見るってことさ！』」

私たちは皆、それを聞いて笑い、そして涙ぐんだ。

サウ氏は私たちに言った。

「民がこうなのだ。どうして民の心を裏切れようか！」

その日の午後、私たちはヤンバイに戻った。九月五日の午前中はヤンバイで、ホアンリエンソン省指導部と仕事をした。

三、私たちは同じ血を引いている！

二〇〇三年一〇月四日から一一日にかけて、私は計画投資大臣として米国を訪問した。訪問団には工業省次官のグエン・スアン・チュアン氏と関連省庁の局級の役人が数名参加した。いくつかの企業も参加した。これは二〇〇二年の国会後に発足した新政府の経済大臣の初めての訪問だったので、相手国はかなり周到に準備していた。レイモンド・ブルクハルト在ベトナム米国大使も帰国してすべての行程に同行した。

出張先は主にワシントンDCで、その後ニューヨークでもいくつかの企業と仕事をした。ワシントンDCでは、運輸長官、国務次官、商務次官、財務大臣補佐官といった米国の関連省庁の指導者たちと会談した。アメリカ合衆国国際開発庁長官、ＥＸＩＭＢＡＮＫ、米国の企業団体、さらに世界銀行総裁やＩＭＦ専務理事など、多国間組織とも仕事をした。

この訪問では、相手国が大変関心を持って周到に準備してくれたと言わねばならない。

一〇月七日昼、私たちはネイサンフォーラムが運営する、討議しながらの昼食（ワーキングランチ）に参加した。これは毎週米国企業が開催するフォーラムで、政府の政策について政治家と対話するために組織されており、そこには外国の政治家も含まれた。この日のメインゲストは私だった。

レイモンド・ブルクハルト大使が私を紹介したあと、モデレーターは私に対する質疑を会場に呼びかけた。多くの質問が挙がり、私はそれに答えていった。討論会はとても盛り上がった。その日はダン・フイ・ドン氏が私の通訳をしており、大使は通訳が大変良いと褒めた。モデレーターは最後に一人ひとつずつ質問を許した。ある人が次のような質問を投げかけた。

「あなた方の政府は一九七五年の出来事以来ベトナムを離れ、現在故郷に戻りたいと考えている人たちにどのように対応していますか」

私はこう言った。

「直接的な返答に代えて、私の母方の祖母の家族の話をさせてください。この話の最初の半分は聞いた話、残りの半分では私自身も当事者です」

私は次の話を語った。

一九四六年一二月、フランス人がベトナムに舞い戻ってきて、私の祖母の家族は離散した。ある人は抗仏戦争の戦地に赴いた。ある人はハノイに残って商売をした。ある人は故郷に帰った。一九五四年末に抗戦に従事した者たちが戻ってきてハノイを接収すると、全員がハノイで再会を果たした。一九五五年初頭の旧正月には、祖母のいとこの家で全員が集まった。彼はベトナム民主共和国の大臣だった。父もその場に参加していた。その集いの最後に、祖母の弟たちは、ベトナム国政府に従い南部に行き、サイゴンに住むのだと告げた。ベトナム民主共和国の大臣と父は彼らに留まるように促した。彼らは、家族の生計を立てるためには留まってはいられないのだと返答した。ＢＢＣや国際メディアのラジオでロシアや中国のことを聞き、それで新政府もきっと同じようにするのだと考えた！　もし留まったら生きる手立てがないのだ！　生活のためには離れなければならなかった。彼らは商人だから去らなければならなかった。年始の再会は別れの会となってしまった！　祖母の弟たちは去ってしまった！　年寄りも、若者も、大人も子どもも皆ハイフォンに行き、そこから船で南部に行った。一九五五年の旧正月のすぐ後のことだった。

一九七五年五月、祖母のいとこである大臣と私はサイゴンを訪れた。私たちは一九五五年春に南部に移住した親戚たちに二〇年ぶりに再会した。面会のなかで祖母の弟は笑いながらこう言った。「私たちがハノイにいるときに皆さんはハノイに戻ってきて、私たちはサイゴンに行かねばなりませんでした。私たちがサイゴンに来たら、今度は皆さんがここに来ました。私たちは次にどこに行けばよいのでしょう?」

祖母のいとこである大臣はこう言った。「今や国は統一されました。何事も以前とは違い、ここに残って生活するのです。もうどこにも行かなくてよいのです！　親戚全員で再び集まるのです！」

しかし一九七六年以降、何もかもが困難で思っていたようにはならず、彼らは生活できなくなった。再び去らねばならなくなったのだ！　ある人は正規のルートで、ある人はボートピープルとして！

二〇〇〇年、親戚のうちの何人かが帰国した。祖母や年配の世代の人たちはもう亡くなっていた。後の世代、母と同世代が残っているだけだ。母は私と弟妹に言った。「あなたたちの母方のおばあさんの親戚は、おじおばが数名だけ帰郷しました。あなたたちは丁重に迎えなければなりません」。母が言ったとおり、私たちは親戚を母の弟妹のように、つまり実のおじ、おば、血のつながった家族のように迎えた。何人かは帰郷し、中にはベトナムに残った人もいる。本帰国にせよ一時帰国にせよ、私たちは彼らを歓迎した。理由はただ、「私たちは同じ血を引いている」からだ。

食堂一帯に拍手が響き渡った。

ネイサンフォーラムにて、二〇〇三年一〇月七日のランチのメインディッシュの時間に入った。

時が過ぎるのはあまりにも早い！　この話を語った日から一八年の歳月が流れた。この話の出来事があった時から、多くの人が遠くへ行ってしまった！

四、言いたいように言わせましょう！

二〇〇五年初め、ＷＴＯとの交渉に行っていたチュオン・ディン・トゥエン氏がハノイに戻ってきた。政府は会議を開いて交渉の結果報告を聞き、ベトナムのＷＴＯ加盟に先立っていくつかの約束を実現するための緊急の作業に取りかかった。各作業は米国との最終交渉が予定されている二〇〇六年五月より前に終わらせる必要があった。最大の作業は法整備、特にＷＴＯ加盟国の基準に適合した経済関連の法律の整備であった。

期限に間に合うように、政府は議論し、各作業のスケジュールを提示した。法改正については、二〇〇五年末の国会会期で表決をとって通過させなければならないことに議論の余地はなかった。通常国会が法案や改正法案を通すには二つの会期が必要である。最初の会期では草案作成機関の説明を聞く。後の会期では議論、表決、採択をする。二つの会期の間では会合、討論、有権者や関連団体、企業、企業団体などからの意見聴取を行う。

あまりにも時間がなく、中間会期での起草に間に合わないため、二〇〇五年末の会期のなかで起草と採択を完了させなければならなかった。政府常務委員会は国会常務委員会とともに準備を進め、解決方法の意見を求め、特例の対応を提案した。国会常務委員会は同意し、特例で法律を通過させること、しかし強要することなく高い賛成率を得なければならないことを要求した。

計画投資省は以下の三つの法案準備を任された。それは企業法、投資法、入札法である。

私たちは早速作業に取りかかった。どの作業も緊急だった。当時私たちには企業と投資に関連する三つの法律があった。企業法は国内の企業だけを調整するものだった。外国投資法は外国の投資家の投資と企業活動の両方を調整するもので、加えて国内における投資促進法があった。

作業はとても煩雑で、緊急で、期限と質の双方を担保する必要があった。私たちは迅速に草案を提示した。国会の経済・予算委員会とともに多くの討論会を開いた。各関連機関も意見を寄せるために討論会を開き、関連する国内外の団体・個人から意見を聴取した。大変活気づいていた！　二〇〇五年の夏中、私たちと経済・予算委員会の仲間たちはほぼ休みなく働き続けた。

とても多くの意見が寄せられた。しかし同時にそれらは多方面にわたりさまざまで、正反対の意見すらあった。というのもこれは、国内市場の開放と未熟だった国内企業の保護の問題に関連し、国有企業の役割に関連し、そして外国投資をはじめとする投資・ビジネスにおける国家の管理にも関連する非常に複雑な問題だったからだ。

すべてが煩雑を極めたがとりあえずひと段落した。二〇〇五年八月一五から一六日に私たちは国会議員からなる起草委員会に三つの法案を提出した。それから引き続き意見聴取し改善していった。二〇〇五年九月二六日、国会常務委員会が聴取して意見を述べ、政府に意見聴取と修正を要請した。

政府は意見を取り入れて修正した。二〇〇五年一一月一日、私は政府を代表して三つの法案について国会で意見書を読み上げた。後日、各国会議員は班レベルで討論した。同時に国内外の各研究所、企業団体は意見聴取会を開催した。

二〇〇五年一一月二一日、国会で討論が行われ、会場では三つの法案についての最終意見が寄せられた。議論は白熱していた。依然として異論があったのである！

そのころ国会は昔のバーディン国会議事堂で開催されていた。右側には国会常務委員会メンバーが会合を開いたり休憩をしたりするための小さな部屋があった。左側には政府メンバーのための部屋があった。私はその日の休憩時間に、国会常務委員会の部屋に入った。座って水を飲もうとしたとき、元大臣、元中央委員会委員で、党中央や政府での私の親しい先輩である国会議員が私に二つの新聞（『タインニエン』と『トゥオイチェー』）を渡してこう言った。

「大臣がなんとかして法律を成立させようとしているのに、討論会では部下の奴らが反対のことを言っている。もし私の部下だったら首を捻じ曲げているところだよ」

私はその二つの紙面をじっくりと見た。どちらもグエン・ディン・クン氏とヴォー・チー・タイン氏の意見を取り上げていた。二人とも計画投資省傘下にある中央経済管理研究所で委員長を務めていた。彼らの意見は法律草案とはいくつかの点で異なっていた。数日前に討論会で意見が挙げられたばかりだった。皆でその新聞を回し読みした。グエン・ヴァン・アン国会議長は私に尋ねた。

「フックはどう思う?」

私は答えた。

「はい、申し上げます。研究所の者たちには彼らの言いたいように言わせるのがよいでしょう。私たちがどの程度取り入れるのか、それが私たちの仕事です。彼らは研究所の幹部の立場から話しています。管理を行う私たちは多方面の意見を聞かねばなりません」

グエン・ヴァン・アン議長は言った。

「その通りだ。君のその考えは正しい。彼らには言いたいように言わせましょう。意見が多ければ多いほどよく、選択肢も多くなる。でも我々がどう絞り込むかが重要だ! 指導する者は一層耳を傾けなければならない。君はこのまま彼らに意見を出させておきなさい。ただし国会議員のなかで高い賛成率を得て法律を確実に通過させることに注意する必要がある。審査の役割を重んじなければならない、とりわけ法律を作るときには」

二〇〇五年一一月二一日と二二日の二日間、国会で議論が行われた。意見はかなり統一された！

二〇〇五年一一月二九日、国会は上述の三法案を通過させた。それから間もなく、計画投資省は会議を開いて立法作業を総括した。多くの仲間たちは過ぎた話を持ち出した。私はうなずきつつこう言った。

「研究所の幹部たちは研究者の立場から発言しています。国会議長のアン氏もそれを知っていて『彼らの言いたいように言わせましょう』と言いました」

私は付け加えた。

「皆さんも知っているでしょう。クンもタインも昔も今もよく発言する人です。会議でも討論会でもよく意見を述べていました。面白く、強い口調で、私はそれを『歯に衣着せぬ物言い』の人だと呼んでいます」

皆不問に付したのだった。

二〇〇八年、中央経済管理研究所の指導幹部が引退して多くの異動があった。副所長が二人欠け、研究所の中から数名選出することになった。クンとタインは候補者の上位にあった。所長は私に打診しに来た。私はクンとタインを支持した。

研究所はクンとタインを党幹事委員会と機関党委員会に推薦する手続きを進めた。誰もが昔の話を蒸し返していた。書類に目が向けられた時、もう一つの過失が発見された。二人とも高等政治理論の修了証を持っていないということだった。

私は再び党幹事委員会と党委常務委員会を説得しなければならなかった。昔の話は既に不問とされていたので問題にされなかった。新たな問題については多くの痛烈な意見が寄せられ、資格基準に従うように要求された。

私は再び、昔の話を持ち出して皆を説得した。

「私が次官に昇進した時の話です。当時計画投資省は三人を次官に昇格させるよう提案し、もう一つの省では二人提案しました。私たち三人とも高等政治理論の修了証を持っていましたが、あちらの省の幹部の一人が持っていませんでした。しかし仕事の状況を検討して、上級指導部は貸しを作ったのです」

私は、この話はサウ・カイ氏から聞いた話であり、一〇〇％真実である、と言った。皆笑って、高等政治理論の修了証を保留にしてクンとタインを副所長に昇格させるという私の提案に同意した。大臣、党幹事委員会書記には、任命決定が下ったら高等政治理論の学習に行かねばならないという要求をはっきり伝える任務が課せられた。クンとタインに抜擢の決定が下った時、私は党幹事委員会の意見を伝えた。クンとタインは「借り」を受け入れた。最終的にクンだけが「借り」を返し、後に所長となった。タインは「借り」を返せなかった。学習しても自分には合わないのだと言って学習しなかった。私はタインが自分には合わないと言って学習に行かないだろうということがわかっていたが、幹事委員会書記の職務として、借りについて繰り返し忠告しなければならなかった。タインは学習しても合わない、なぜなら自分の考えに適合しないことは学び得られないからだ！

私は、中央経済管理研究所が計画投資省傘下に入った一九九五年以来、クンとタインのことを知っている。仕事上での付き合いだけだ。趣味が違うので仕事外では交遊もない。私たち三人はお互いの家も知らない。

今では三人とも引退し、ますます会わなくなった。意見交換の必要があるときに電話をかけると、毎回電話先からは即座にとても親しみのあるハティン訛りの声が聴こえてくる。

「フックさんですか！　私ですよ！」

会議や討論会での「歯に衣着せぬ」声の面影はまったくない！

五、凧山とニンビン発電所

ニンビンの凧山には玉美人山という別名がある。神話によれば、一人の仙女が降生し、石と化して山になったという。北側のカオボー地方から南方を、もしくはカウヤンから北方を向くと、山は仰向けに横たわる女性の形をしている。美しい女性の全身の姿である！　山の麓には仙女を祀る仙山廟がある。

この山に「凧」という言葉がついているのは、次のような民間伝説による。九世紀末、唐代将軍高駢は我が国を支配する静海軍節度使を務め、常に凧に乗って空を飛び、我が国の帝王の龍穴[38]を除霊していた。凧は玉美人山までやってきたものの越えられず、山に落ちてしまった。それで民間では凧山と呼ばれるようになった。高駢による除霊もそこまでで終わり、ナムディンとタインホア以南の土地には帝王の龍穴が残されている。

一九七〇年頃、当時切迫していた電気エネルギーのニーズに応じるための火力発電所建設を中国が支援した。中国側は、空軍の攻撃に備えて防衛上の観点から凧山を選んだ。我々側は石炭輸送の利便性と当時のニンビンの町への空気汚染の回避のために、ダイー川の下流を希望した。

当時国家計画委員会委員だったファム・ハオ氏の取りまとめにより、建設地について多くの話し合いが行われた。私も工事に伴う地質調査に携わっていたので参加できた。内陸深くの凧山の麓に火力発電所を建設したくないというのにはもう一つの理由があった。年配者た

38　風水思想に従い、龍穴（龍脈に沿って気が流れ込み集まる地点）に拠点を置くことで国が繁栄するという民間信仰がある。

ちはただ私たち若手公務員に、霊的な理由、つまり凧山の龍穴の問題があると耳打ちした。しかしこの理由を正式に会議で挙げるものは誰もいなかった。もし挙げたとすれば迷信と見なされてしまう。当時はタブーとされていたことである。最終的に防衛の必要性が勝った。ニンビン火力発電所は凧山のすぐ麓に建てられたのである！

竣工すると、発電所の煙突は凧山より高くなっていた。第二期工事が完了すると、煙突は凧山の二倍近くの高さになっていた！　ニンビンの年配者たちに連れられて私たちはカウヤンに行き、北方を向いた。するとなんてこった！　発電所の煙突はまるで、玉美人のちょうど陰部にまっすぐ突き刺さった男性器のようではないか！　老人は、凧山が除霊されてしまった、と言った。若者はこう言った。玉美人が犯され……！

なんと悲しいことだろう！

火力発電所が稼働し始めると煙が空を覆った。石炭は燃やされてもなくならずに煙、溶滓、水の流れに乗って冷やされ、雨水に巻き込まれてサオケー川に流れ込んだ。炭が堆積した。人々はそれを、火を通した炭と呼んで、掬い上げて利用した。一時期、火を通した炭はニンビンの人々の生活を養っていた。火を通した炭と元からあった石灰岩のおかげで、サオケー川の両岸には石灰炉が林立したのである！

一九九〇年代になって各国が援助を再開すると、先進的な技術のおかげで炭塵の状態はようやくいくらか克服された。

二〇〇七年初頭、ベトナム電力公社（ＥＶＮ）は日本の有償資金協力を用いて六〇〇ＭＷのニンビン火力発電所の増設を望んでいた。増設への投資には大きな利点があった。投資額を節約しつつ迅速に実行できるのだ。両者は貸付調整のためにプロジェクト立ち上げを検討した。ニンビンの指導者たちはこれに反対文書を提出した。

政府首相が会議を開いた。商工省とベトナム電力公社はニンビン火力発電所を増設するという意見を支持した。ニンビン省の者たちは首相に対し、今後のニンビンの開発戦略は観光開発であると報告した。もしここに火力発電所が作られたら観光開発ができない。なぜなら凧山は魅力的な観光地のひとつであるからだ。私はニンビン省指導部の意見を支持した。そしてこう付け加えた。

「首相にご報告申し上げます。観光開発の理由のほかに、もう一つの理由、霊魂に関する理由があるのです……」

私はそこでようやく、一九七〇年代初頭に一〇〇ＭＷの火力発電所ができた際に私が目撃したことの全容を語った。ニンビンの年配者たちの意見はどうだったたか。竣工時に民衆は皆、ニンビンの地が除霊されてしまったと考えたこと。あるいは火力発電所の煙突と玉美人のデリケートな光景がどうであるか。首相をはじめ、全員に聞かせた。もしここに六〇〇ＭＷの新しい火力発電所を設置したら、その光景はさらに最低五〇年も続くことになる！

首相も、商工省指導部とＥＶＮも、私たちの提案の通りに発電所の移設に同意したものの、かなり長い時間をかけてともに準備してきた日本に遠慮し、躊躇していた。日本に建設地の変更を説得するのは困難に思われた。そこで私が日本側を説得する役目を引き受けた。

会議のすぐ後、私は服部則夫日本国大使と彼の同僚に会いに行った。私は現存のニンビン火力発電所に関する話、そして日本が建設を支援する六〇〇ＭＷ火力発電所を予定地から変更せねばならない理由について、すべてを話した。生活環境や観光開発のための環境を守るという理由も伝えた。特に霊的な理由、そして民衆の要望についても伝えた。

服部大使はこう言った。

「観光開発が可能な環境という理由については、現在の予定地に火力発電所を設置しても日本の技術により完全に保証されます。廃棄物が人々の生活環境に影響を及ぼすこともないでしょう。一方、霊魂の理由と民衆の要望については、私たちは厳密に検討しなければなりません。日本の援助は常に要望に沿っていることを基準としています。民衆の要請が第一義的な基準なのです！」

服部大使との会議の後、私と大使は現場に視察団を派遣して住民の意向を調査した。日本側は経済参事官、日本国際協力機構（ＪＩＣＡ）、日本国際協力銀行（ＪＢＩＣ）の駐在員事務所長を派遣した。私は対外経済局の局長と専門員を同行させた。私は彼らに、日本の方々をカウヤンに案内して橋の上から北側を見るように命じた。皆その通りにした。橋の上に立って北を向いて見えたのは、犯されている玉美人の姿であった。皆私に電話をかけてきて、写真を撮った、本当にそう見える、と言った。全員で笑った！

戻ってくると対外経済局員たちは私に、視察は順調に行われたこと、誰もが問題をはっきりと認識したこと、大使と大臣は決定に向けて動いてよいことを報告した。

後日、私と日本大使は再び会った。皆で視察団の報告を聞き、再び写真を見た。私と服部大使は現場で撮影された写真を一緒に見た。私と大使はもともととても親しかった。私はこう冗談を言った。

「どうしてこうもそう見えるのでしょう！　ただ男性の姿はどこにも見当たりませんね！」

全員で笑った！

大使は写真に映った煙突を差して私に尋ねた。

「今後皆さんはこれをどうするのですか？」

「使用期限を迎えたらすべて取り壊します。そして住民と観光客のために約五〇〇ヘクタールの緑豊かな公園を建設します。もともとの状態を取り戻すのです。そうすることで純潔な玉美人を眺めることができます！」

服部大使は言った。

「私たちはあなた方の提案を応援します。六〇〇MWの火力発電所のために新しい建設地を選定するように東京に報告しますね。日本の開発援助は常に、要請に応えることを基準としており、民衆の要望が最優先の基準なのです！　一緒に新しい建設地を選びましょう」

それからベトナムと日本の関連機関は六〇〇MWの火力発電所の建設予定地を移すことで合意した。EVNはJBICとJICAとともに調査を実施し、タイビン省タイトゥイ郡を六〇〇MWの火力発電所の新しい建設地に選んだ（現在はタイビン第一火力発電所と呼ばれている）。発電所は大変有効に機能している。

私はついこの間、ニンビンに電話をかけて近況を尋ねた。古いニンビン火力発電所は撤去される予定である。緑豊かな公園が建設される。玉美人は五〇年間を経てようやく自由の身になるだろう。

私たちを応援してくれた日本政府に感謝を申し上げる！

人民こそを最優先の目的とする日本の開発援助に感謝を申し上げる！

そうであってこそ、「民こそが礎である」と言えるのだ！

六、服部則夫大使と私

「凧山とニンビン火力発電所」の投稿のコメント欄では、皆があまりにも私を贔屓したのだが、どうかそう思わないでほしい。私は選挙で選ばれた者の任務を果たしただけだ。私が皆さんに知ってほしい人物は、二〇〇二年から二〇〇八年まで在ベトナム日本国大使を務めた服部則夫氏だ。この人物こそ、本案件に大きく貢献したのだ。

この案件では既に書いたように、発電所の建設予定地の変更という一筋縄ではいかない作業にあたって、日本政府というドナーの同意を得ることができた。その時、日本の国際協力機構（ＪＩＣＡ）は二〇〇五年以降プロジェクトの実施に向けて既に多くの準備を進めていた。場所の変更は誰も望んでいなかった。一からやらねばならないからだ。それに見合う理由が必要だった。環境問題について話すと大使は私にこう言った。「それでは東京を説得できないでしょう」。霊魂や民衆の考えの問題を話すと大使はこう言った。「厳密に検討する必要があります！」。それから、大使と私はこの問題に大変丁寧に取り組んだ。幸運だったかどうか、私は事の始まり、つまり一九七〇年代初頭の状況を把握している人間だった。私は状況を十分に説明した。大使は熱心に応援してくれて、東京に報告し、説得して受け入れさせたのだ！

服部則夫大使は一九四五年七月生まれで、私のたった三か月だけ年上である。彼は一九六八年に東京大学法学部を卒業後、彼は日本の外務省に就職した。一九九三年、彼は外務省経済協力局審議官（次長）であった。この政府部局は日本の資金協力および技術協力すべての政策立案と決定およびその実施を行い、実施のための下部機関としてＪＩＣＡがある。当時私は国家計画副委員長で、ＯＤＡを担当していた。

私たちは一九九三年に、日本の初めての援助案件のプログラムの交渉で知り合った。私たちが最初に合意に至ったプロジェクトを今でも覚えている。無償資金協力はホーチミン市のチョーライ病院だ。有償資金協力では国道五号線のチュイ橋から四七キロメートル地点までの改良事業であった。服部氏は私に言った。

「私が保証します。これは一番安い投資案件となるでしょう」

私はなぜかを尋ねた。彼はこう答えた。

「これはベトナムで最初の案件なので、各日本企業は足場を作るために落札したのです。彼らは足場が欲しいだけでまだ利益は求めていないのです！」

それから、大成建設が予想額のたった八〇％程度の価格で落札した。

それ以来、私と彼は恒常的に一緒に仕事をした。毎年二、三回、ある年にはもっと多く。ある時は東京で、ある時はハノイで。

たくさんともに仕事をしてようやくわかったことがある。外見からは冷たく、やや傲慢で、近寄りがたく見えるが、しかし実際はとても誠実で、情に厚く、仕事に関して真面目であるということだ。私たちの仲はますます深まり、良好になった。

一九九六年、服部氏は在インドネシア日本国大使館公使に着任した。それから日本の外務報道官となった。私たちの関係は数年間途切れてしまった。

二〇〇二年、彼はベトナムに来て二〇〇八年まで大使を務めた。ベトナムで最長任期を務めた日本国大使である！　二人の首相の時代を経験したのだ！　私たちの関係はますます親密になった。

サウ・カイ氏の時代、ある日服部大使との仕事を終えたサウ氏は私にこう言った。「おい、あの人は最初冷たく尊大な態度に思えたけれど、長く仕事を一緒にしていてできる人だとわかったよ！」

私は言った。

「はい、彼はそういう人なのです。私は一九九三年から彼を知っているのですから」

バー・ズン氏の時代にも、一度仕事をともにした後、バー・ズン氏は私にこう言った。

「フックさん、あの人は一見冷たく傲慢だけれど、仕事ができる方ですね」

私は再び言った。

「はい、その通りです。彼はそういう人なのです。私は彼のことを一九九三年から知っているのですから」

大使を務めた六年の間、彼は二国間の全面的な協力関係の促進に全力を尽くした。毎年の支援国会合ではいつも最大の援助国としての役割を表明し、日本からベトナムへの政府開発援助（ODA）や直接投資の促進に寄与した。この時期は両国が投資と貿易に関係する多くの協定が締結された時期でもあった。さらにベトナムの投資環境を整備することを目的とした日越共同イニシアティブの実現に向けて両国が連携した時期でもあった。

二〇〇七年一一月、グエン・ミン・チエット国家首席が国賓として訪日した。私はその訪問団に参加した。大使も随行した。すべてが細やかに行き届いていた。チエット氏は大使の日越関係に対する寄与を高く評価した。日本滞在が終わりに近づいたころ、服部大使は私に言った。

「おそらく私は来年ベトナムを去らなければならないでしょう」

私は尋ねた。

「もう延長できないのですか？」

「できません、もう六年近いのですから！」

二〇〇八年一月、服部則夫大使はベトナムを去り、パリにある経済協力開発機構（OEC

D）の日本政府代表部大使となった。
服部大使がまだベトナムにいたころの、私と彼の愉快な出来事が思い出される。

二〇〇六年一〇月、グエン・タン・ズン首相が訪日した時のことだ。私も同行した。訪問は大成功だった。日本滞在も終わりに近づいて大阪に戻り、一〇月二一日の夜、服部大使が少人数の食事会に招いてくれた。参加メンバーはベトナム側からは首相と夫人、駐日ベトナム大使と私、日本からは服部大使夫妻と杉良太郎親善大使夫妻のみだった。食事会は京都の近くにある大変上品な日本料理店で行われた。親善大使も服部大使も東京のとても「洒落た」人だった。京都料理で、実に高級なメニューだった。京都の歌手と演奏家もいた。とても楽しい食事会だった。

ほろ酔いになり、各地域の食べ物について話していた時、服部大使は悪気なくこう言った。

「私が見るところ、ベトナムの国宴と呼ばれる食事会は純粋にベトナム的ではなく、まぜこぜですね。ある時はフランス風、ある時は中華風で、純粋なベトナム料理ではありません！飲み物となるとなおさらそうです！」

悪気のない評価だったが、首相も私もとても悔しくて「鼻の奥がツンとした」のだった。大使とはとても親しいが、しかしそれでも非常に「ツンとした」のだ。一言二言「やり返し」たかったができなかった。

別れの間際、杉良太郎氏は翌月にベトナムに行くことを約束した。

ホテルへ戻る道中、首相も私も、服部氏の評価の言葉にひどく「ツンとした」のだと話していた。

「私はかっとなって、腹の虫を治めるのに一言二言「やり返し」たかったのですが、できませんでした。結局のところ彼は的を射たことを言ったのです。私は一九九三年から今まで国の歓迎会にたくさん参加してきましたが、いまだかつて純粋なベトナム料理だったことはありません。彼が言ったとおり、ある時は中華風、ある時はフランス風だったのです。酒も国酒ではなく、会食ではいつも西洋の酒でした。どこを見ても西洋の酒を好んでいます。西洋の酒を選ぶくせに西洋人の飲み方を知りません。西洋人は我々が西洋の酒を飲むのを見て笑っています！　国宴は国宴であり、酒はすべて日本酒で、純粋で、気高いのです！」

首相は私に言った。

「次に親善大使が来たときの会食は、純粋なベトナム料理にするよう指示してください。参加者は私、あなた方ご夫妻、服部さんご夫妻、親善大使で、もし親善大使がご夫人を連れてくるようなら私の妻も参加します」

良太郎親善大使は夫人を連れてこなかった。その夜食事に招待した。私が自分でオーダーせねばならなかった。前もってシェラトンのベトナム料理室の料理長にリクエストをしなければならなかった。料理長ですらどこから調達すればいいかわからない食材もあった。私は言った。

「バックア市場に行って干物売りのおばあさんたちに聞いてください。年寄りでないとわからないでしょう。若者は知りませんよ！」

その夜は素晴らしい会食だった！　水を飲んでいるときに服部氏に尋ねた。「これで純粋なベトナム料理になったでしょうか」

大使は意味を理解して頷きながら返事をした。

「これぞベトナム料理です」

二〇一〇年八月、服部大使は引退した。二〇一一年八月に私も引退した。

引退後、服部氏は投資コンサルティング会社の会長となり、引き続きベトナムを訪れた。私も観光で日本を訪れた。二人はそのたびに会った。

二〇一九年末、私たち夫妻は紅葉の季節を見計らって日本に行った。大使は食事に招いてくれた。その日は現職の駐日ベトナム大使のナム氏もいた。私は服部大使にこう言った。

「私とあなたはこれから健康に気を遣わなければなりません。なので健康コンテストを開催しましょう」

大使は尋ねた。

「どのように競うのですか」

私は答えた。

「より健康であることを競うのです。より健康である方が長生きします。長生きした方が勝者です！」

大使はこう言った。

「ではこのコンテストでは勝者だけが結果を知るのですね！　敗者が負けたことを知るためには、勝者は敗者の遺影の前に立って『私が勝ちましたよ』と告げなければなりません。となると、私もあなたも、敗者が出るまでは日本あるいはベトナムにまた行かねばなりませんね！」

私たち二人はナム大使を証人とした。

二〇一九年末から今まで、感染症のために私たちは再会できていないが、連絡を取り合い、「対戦相手」がレースのどこにいるのかを確かめあっている！

七、根室の友人たち

二〇一〇年四月半ば、私は日本に出張することになっていた。それに先立ち、仕事で長い付き合いがあった荒川研という日本の友人が私にこう言った。

「今回あなたは、日本で二番目に大きな島である北海道に行くべきです。そこにはベトナムとビジネスをしたい企業がたくさんあり、ベトナムの状況を知りたがっています。今に至るまで、そこを訪れたベトナムの高級官僚はまだ一人もいません。ベトナム人は訪日しても本州と九州にしか行かず、北海道を知らないのです！」

研氏の助言に従い、今回の出張では二日間北海道に行く予定を入れた。

二〇一〇年四月一六日、私たちは飛行機で東京から札幌に向かった。ここは北海道最大の都市で県庁所在地でもある。その時期東京では桜の花が咲き乱れていたが、こちらでは一面が雪で白く輝き、まだ冬が続いていた。桜が咲くのは五月初頭頃である。

私は北海道を訪問した初めてのベトナムの大臣だったため、相手側はかなり細やかでかつ忙しいスケジュールを用意してくれた。私たちは北海道知事、各企業や企業団体と会った。どの面会や討議においても、彼らはベトナムと協力したいという要望を示した。私たちは一九七二年の札幌冬季オリンピック大会の跡地やサッポロビールのビール博物館・工場、各生産施設や代表的な文化建築物を観光した。

四月一八日、私たちは東京に帰る準備をしていたが、空港に向かう時間の間際になって予定外の面会が入った。道内の市の一つである根室市の市長と商工会議所会頭が、ベトナムとの協力の可能性について会って話し合いたいと申し出たのだった。面会をセッティングした日本人は荒川研氏だ。彼によれば、根室は北海道の極東に位置する海辺の小さな都市で、そこでは漁業・水産加工業が発展しているものの人口は少なく、労働力が足りていないという。私たちは面会に同意した。

面会は私たちが滞在していたホテルの会議室で行われることになった。会議室に入るとそこには四人の日本人が座って待っていた。四人とも海辺の民らしい素朴で力強い容姿をしていた。私はベトナムの海辺の民と同じであると感じ取った。日本人らしい恭しい握手を交わした後、私たちが着席するとすぐに市長が手短かに紹介した。

「私は根室市長の長谷川俊輔で、こちらは根室商工会議所会頭、こちらの二人は私たちの仕事仲間です。私たちは札幌から四〇〇キロメートル以上離れた東部に住んでおり、大臣一行がいらっしゃると聞いていながらも、遠方のために共同の会合に都合をつけることができませんでした。個別の面会を承諾していただき、大臣に感謝申し上げます」

私が少し返答すると、市長は根室の協力の可能性、サンマをはじめとした根室の主要輸出商品を紹介した。市長はまた、根室における労働力ニーズと熱帯地域の水産物のニーズについても話した。根室は広い海のある水産物の豊かな地域であったが、人口が少なく労働力が極めて不足していた。

私は、ベトナムの労働力の供給能力が極めて高いこと、ベトナムは熱帯地域の水産物を日本に多く輸出し、日本の水産物を輸入してきたことを伝えた。帰国したら根室との協力の可能性について関連諸機関と意見交換することも伝えた。それから私は楽しい話題として次のことを話した。私自身、サンマの塩焼きが大好きである。私は妻にスーパーマーケットで魚を買って日本流に焼くか煮つけるかするように言っている。しかしそれは九州の魚で、根室のサンマではない、と。

ここまでくると、この面会はもはや外交的なものではなくなった。長谷川氏は嬉しそうに根室のサンマの特別なクオリティについて話した。彼が合図を出すと、彼の仲間が会議室から出ていった。数分後、それぞれ一つずつプラスチックケースを抱えて戻ってきた。彼らはケースを開けて小さくきれいな木箱を取り出し、ベトナム人にも日本人にも、目の前に一箱ずつ置いていった。ホテルのスタッフは皆にサッポロビールを持ってきた。根室商工会議所会頭は、これはサンマの塩焼きであると紹介した。ビールのアテにサンマの塩焼きを食べた。すばらしい飲み会になった。皆でサンマとサッポロビールについて議論した。まるで久しぶりに再会した友人といるような雰囲気だった。根室の人たちによるシンプルな商品紹介だった。仕事をしていたはずが、東京に戻る私たちを空港へと見送る会に変わっていた。これぞ海辺の民らしい、素朴さ、気さくさ、度量の大きさである。この送別会は決して忘れられない！　市長はハノイでの再会を約束した。

その夜私たちは東京に戻り、翌日ハノイに戻った。帰国すると私は農業・農村開発省、労働・傷病兵・社会省の者たちと議論した。彼らは根室に訪問団を派遣し、協力プロジェクトへとうまくつながっていった。

約束通り、二〇一一年一月一二日に長谷川市長が根室の企業団を連れてベトナムにやってきた。その日はちょうど、第一一回全国党大会の開幕の日だったので、私は企業団との面会を遅い時間の一八時に約束した。この機会にいくつかの契約が結ばれた。根室はベトナムから労働力を手に入れ、熱帯地方の水産物を輸入し、サンマをはじめとする水産物を輸出することになった。

二〇一一年八月に私は引退した。市長は何度も私に手紙を書いて、ベトナムの各企業との協力の結果を教えてくれた。

二〇一三年、長谷川氏は根室市長の第二期目に再選された。彼は私たち夫婦を根室に招待してくれた。

二〇一四年九月二一日、私たち夫婦は日本に行き、日本で最西南に位置する沖縄と最東北に位置する根室を訪れた。この時期私は引退して三年経っていたので時間にかなり余裕があり、九月二一日から二三日にかけて沖縄を訪問してから根室に移動した。

二〇一四年九月二四日、私たちは根室に到着し、荒川研氏が同行した。市長は市庁舎で私たちを出迎え、盛大な歓迎式典が開かれた。日本の国旗とベトナムの国旗があった。市長との討議のなかで私はこう言った。

「私は引退して三年になります。どうか観光客と見なしてください」

市長は言った。

「あなたが二〇一一年八月に引退されたことは存じています。大臣としてではなく、私たちの招待客としてお招きします。これは私たちの決まりなのです」

私はそれを甘んじて受け入れた！　彼はこう続けた。

「私が第二期目に再選されたのはベトナムとの協力プロジェクトのおかげです。それを通して労働力の補充源を見つけるとともに根室の水産物消費市場を拡大することができました。この二つは当時根室が抱えていた最大の問題です。あなた方が私たちを助けてくださったのです！」

九月二四日は根室商工会議所会頭による宴会があった。主に企業が参加していた。誰もがベトナムとの協力関係についてたくさん語った。

その翌日、彼らは私たちを漁港や水産物の生産・加工施設、ベトナム人労働者の多いところに案内してくれた。市長は二〇一四年までのベトナムとの協力状況を教えてくれた。その時根室で働いているベトナム人労働者は五〇名以上いた。ベトナム人労働者は、仕事環境にすぐに適応し、技能もあり、根室の人々と協調して生活していると評価されていた。根室のサンマもベトナムに直送されていた。

その後、私たちは北方領土に関する資料館・展望台を訪れた。そこには日本がロシアに占領されていると見なす択捉、国後、色丹、歯舞の四島に関する地図や資料が展示されていた。建物の最上階には、訪問客が歯舞島を観察できるように望遠鏡が設置されていた。根室に来た日本人全員が、外国に占拠されている領土の一部に想いを馳せるための場所だ！

資料館では、職員が北方領土の歴史について詳しく解説してくれた。現在にいたるまで、返還はいまだに実現されていないという。今も二国間の未解決問題なのである！　資料館の解説者は私たちが沖縄に行ってきたことを知っていたため、沖縄における米国の対応と比較をした！

ますますはっきりと認識するのは、領土とは常に、それぞれの国家の究極の問題であるということだ！

九月二五日の夜は市長による宴会が開かれた。この地域を選挙区とする各国会議員も参加した。皆家族のように楽しい時間を過ごした。

九月二六日、私たちは東京に向かうため、長谷川氏と別れて空港に行った。商工会議所会頭が空港まで見送りに来てくれた。根室と、そして素朴で情義に厚い根室の海の人々とのお別れだ！　それから七年が経った。訪日するベトナム人官僚が北海道を訪れることが多くなった。北海道や根室に来るベトナム人も増えた。二〇二〇年二月、北海道がＣＯＶＩＤ－19感染症の状況がひどい地域の一つであることを知った。鈴木直道知事は緊急事態宣言を発令しなければならず、根室もその渦中にあった。

パンデミック下であっても食料は必要である。漁業・水産加工業は依然として成長している。さらなる労働力が必要とされている。私は日本の友人から、二〇二一年には根室に二四〇人のベトナム人労働者がいることを知らされた。ベトナムとの経済協力はますます良好になっている。あらゆる側面で関係が発展している。根室は日本の最東北部に位置する辺境の小さな都市だが、一つの偉業に力を注いできたのである。それは昔の人々、そして今日の私たちが願ってきた、日越関係の発展である！

八、昔と今の汚職の話

私が国家計画委員会で働き始めてすぐのころ、かつての指導者層の人たちから公務員としての美徳について何度も聞かされた。当時、一九七〇年末ごろのことだが、国家計画委員会で未曽有と思われる事件が起こった。その事件は、国家計画委員会の組織内の公務員教育のための大きな教訓となったのだった。判決の日、委員会指導部は労働組合書記（現在の労働組合委員長）であるホアン・ニュー氏を傍聴に派遣した。その後、国家計画委員会指導部は私たち公務員全員を大会議室に召集し、ホアン・ニューから審理と判決についての発表を聞き、それが貴重な教訓と見なされたのだった。

事件は次のようなものである。

国家計画委員会傘下の物資設備局の副室長Ｔｈ氏はＤ．Ｈ．公私合同印刷会社社長のＳ氏から、タムダオでの休暇の招待を受けた。当時タムダオには二つの宿泊エリアしかなかった。一つは公務員・労働者用の労働組合の木造の宿泊エリア、もう一つは高級官僚のための中央政府の別荘エリアだった。高級官僚のための別荘にはＡ、Ｂ、Ｃ、Ｄという四つの建物があった。Ｓ氏はＴｈ氏に別荘Ｃを用意した。

運の悪いことに、その日別荘Ｂには大物指導者が休暇に来ていた。別荘Ｃにこれまで見たことのない客が泊まっていることに気づき、すぐに警備員に調査させた。警備員は二人の身元を明らかにした。さらに公安に調査させたところ、物資設備局の副室長という肩書のＴｈ氏が設備供給の割り当て対象にＤ．Ｈ．公私合同印刷会社を組み込み、五〇ｋＷの発電機を供与していたことがわかった。

当時は戦時中で頻繁に停電し、発電機は優先的な生産施設にのみ供給される特別な製品であった。Ｔｈ氏とＳ氏の二人は捕まった。追加調査により二人は、タムダオでの休暇のほかにも前の旧正月にＳ氏からＴｈ氏への贈与があったことを供述した。贈られたのは鶏二羽、もち米一〇キログラム、タインフォンのお茶五袋、ルアモイ酒二本だった。

裁判所は二人を贈収賄により有罪とした。それぞれ懲役七年の判決を受けた。

この事件は当時の重大な汚職事件と見なされている。公務員、特に国家計画委員会の公務員にとっての教訓と見なされ、その後の世代の指導者たちも、公務員教育のためにこの事件を引き合いに出してきた。

＊＊＊

二〇一五年一二月に、計画投資省は同省の前身である国家建設計画委員会の設立法令にホー・チ・ミン主席が署名した日から七〇年を迎え、この分野の伝統を祝して記念事業を開催した。私は定年後の公務員を代表して意見を述べた。この分野の伝統に再び言及したうえで、若い公務員たちがその美しい伝統を維持していかねばならないと説いた。上の世代から学ぶために、私もまた、上述の事件について語った。

この記念事業には各国大使や各ドナーの駐在員事務所所長なども多く参加していた。記念式典の後、親交のあったドナーたちが私のところに来て話をした。社交辞令的な会話を二、三交わした後、多くの方が、発電機ともち米、鶏二羽、酒数本の話がとても良かったと言ってくれた。そこである国際機関の駐在員事務所の所長は私にこう尋ねた。

「一九七〇年初めから、もう長い間あなた方の政府はこのような汚職に対して手厳しく対処してきましたが、なぜ今また、このように汚職が蔓延しているのでしょうか。いつからか手を緩めたのですか」

私はこう言った。

「手を緩めたことなど一度もありません。国家補助金制度時代《バオカップ》、私たちは有無を言わせぬ対応をしていました。ドイモイによって経済が開放され、市場経済が発展すると汚職が発生し、その兆候も強くなっていきました。第七期党大会では「抵抗すべき四つの危機」が策定され、そのなかに汚職の危機も挙げられました。第八期党大会後には多くの公務員が堕落、変質し、汚職は悪化の一途をたどっていることがわかりました。第八期中央委員会では中央議決第六号（第二回）を採択しました。汚職予防・対策は一層強化、断行されるようになりました。当時はタンロン水族館やラー・ティ・キム・オアインの事件が裁判にかけられていました。彼女は七一〇億ドン、つまり九三〇〇〇ドルの損失を出しましたが、死刑判決を受けました。それからヴィナライン〔ベトナム海運総公社〕やヴィナシン〔ベトナム造船産業公社」の事件がありました。有無を言わせず厳格に対処しました」

彼らはさらに尋ねた。

「しかし汚職は以前よりも大きくなり、損失額もますます増えています。ひょっとして効果が出ていないのではないでしょうか。あなたが大臣のころ、ドナーたちがこの問題について口を酸っぱくして言っていたのを覚えています。支援国（CG）会合があるたびに、議事プログラムの中には汚職予防・対策についての項目がありました。SIDA（スウェーデン国際開発協力庁）のように、政府監査局などの汚職対策機関を技術援助で支援するドナーもいました。もしかすると、それらの支援は効果が出ていないのでしょうか。皆さんも北欧、オーストラリア、ニュージーランドなど、クリーンで汚職対策が最も成功していると見なされている国々に汚職対策をめぐる調査団を数多く派遣しています。何か問題があって、調査が隅々までいきわたらず、うまくできていないために成功していないのではないですか」

私は仕方なく笑みを浮かべて打ち明けた。

「私たちはゆっくり学んでいかねばなりません。ベトナム人はよく、急がば回れ、というのですから！」

皆で一緒に笑った！

九、コロナ禍の西湖

今日、辛丑年七月一〇日（二〇二一年八月一七日）は実に悲しい日であった。朝のニュースで、五つの救急医療施設に受け入れられず、隔離所に着いて亡くなった人がいることを知った。それから四一の死体が移送されて「こっそり火葬された」というニュースを聞いた。尋常ではない！　実に心が痛む！

夕方は湖の畔で夕暮れの景色を眺めた。ハノイの多くの区域は封鎖されており、西湖の周りも完全に封鎖され、通りはがらんとしていた。一帯が静まりかえっていた。安泰《ヤンタイ》に続く道も鎮武《チャンヴー》に続く道も、人影ひとつなく、物音ひとつしなかった。静かで悲しい午後だった。

夜にはさらに、七〇〇〇人近くが感染症で亡くなったというニュースを聞いた。物思いにふけりながら湖畔に出て、月が沈むのを眺めた。湖の周りの道はますますがらんともの寂しくなっていた。打ち寄せる波の音が聴こえ、西湖府から、鎮国寺から、鎮武観廟から鐘の音が響きわたってきた！　月明かりは夜の街灯には到底かなわない。

そうしているうちにゲー・ヴァン・ディン氏の詩が思い出された。

竹の先がゆらめき月は沈みゆく
鎮武の鐘の音、寿昌の夜明け時

見渡すかぎり霧が立ち込める
安泰の米搗きの音、鏡のような西湖の水面
この詩が作られてから一五〇年ほど経つ。時が経つのは早い。人の世は移ろい、世の中は変化する。残るものもあれば、失われるものもある！
状況に、境遇に、時代にそぐうように、神聖なるゲー氏、あなたの言葉を借りて詠ませていただきます。
あの電灯が月明かりを消してしまった！
鎮武は此処に、寿昌は何処に？
今も変わりなく霧が立ち込める
失われた米搗きの音、鏡のような西湖の水面

＊＊＊

辛丑年七月一五日（二〇二一年八月二二日）
私には高校時代からの仲のいいハノイ出身の友人がいる。以前、彼の家はハンガイ通りにあった。高校卒業後、彼は文学の道に進んだ。一九七五年以降、彼はサイゴンに移住した。今はロックダウン区域に住んでいる。

私が個人ページにアップした上記の投稿をちょうど辛丑年七月一五日に見た彼は、コメント欄に漢越語の詩を投稿した。

鼓禦迷舊跡
衢路忽然寥
罛人何處去
讓影加淚漣　　〈原文はアルファベット表記〉

差し当たり次のように訳してみたい。

鼓禦通り〈現在のタインニエン通り〉に昔の面影はない
道は広いが足音は聞こえない
皆どこへ行ってしまったのか
その光景にハンカチを濡らす

私たちの旧友たちや親しい皆さんと、あの旧友、ロックダウン下のホーチミン市に住むハノイ出身のあの旧友の苦楽を共有させていただきたい。ハノイにいても、サイゴンにいても、それらの月日を忘れることはできないのである！

一〇、ヒエンルオンのアウコー聖母神社と庭園のガジュマルの木

今日は壬寅年（二〇二二年）三月一四日で、私はフート省ハホア県ヒエンルオン社にあるアウコー聖母神社にお参りに行った。二〇〇六年三月二日に私が植えたガジュマルの木の様子も見に行った。この木は植えた当時は人の頭の高さくらいで、幹はサトウキビほどの太さだったが、今ではすっかり大樹となり、枝葉が繁茂している。昔立てたネームプレートに気根が巻き付き、今ではそれが、私の身長の二倍くらいの高さになった幹の一部となっている。

時が経つのは早く、もう一六年が経った。景色は変わり、人間も変わった。年寄りは徐々に亡くなり、若者がそれに代わっていく。木を眺め、景色を眺め、心寂しく昔のことを思い出した。私が植えたガジュマルの木についての、楽しくも奇妙でもある物語を皆さんに紹介させていただきたい。それは次のような話である。

二〇〇二年八月、第一一期国会で大臣に任命された後、ダオ・ディン・ビン氏、ドー・チュン・ター氏と私はフート省人民委員長ヴオン氏の招待により、フート省に行って同省の交通・通信発展プログラムに関する仕事をした。

八月二五日、私たちはヴィエットチに行き、そこでの仕事を終えてからフン神社を参拝し

た。それからハホア橋の建設位置を確認し、船で対岸に渡ってヒエンルオン側の橋の端の位置も確認した。それが終わると、ヴオン氏と私たちはアウコー聖母神社にお参りに行った。

到着すると美しい社殿が目に入ったが、屋根の一部は雨漏り防止用の油紙で覆われていた。解説によれば、神社は後期黎朝からあるという。社殿の中に入ると多くの部分が壊れ、屋根は雨漏りし、垂木や木摺りは朽ちていた。柱や梁にも壊れているところがたくさんあった。聖母のところへ上る梯子はシロアリの被害がひどく、墜落しないかただただ怖かった。

私はヴオン氏に言った。

「どうしてこの神社はこんなにも壊れ、雨漏りをしているのですか。フン神社はあまりにも立派なのに、聖母神社はぼろぼろすぎます！　子どもは裕福で母親は貧しいなんてことがあってよいのでしょうか？」

ヴオン氏は説明した。

「フン神社には国家投資プログラムがついているのです。聖母神社にはありません。私たちもどの予算を改築費用に充ててよいのかわからないのです。フン神社の建造物群の中にアウコー聖母神社とラッククロンクアン神社も含まれると言う人もいるので、まだ誰もここへの投資に関心を向けないのです。今はフン神社に集中しているのです」

私は言った。

「母あってこその子でしょう。母親の家はぼろぼろで、子どもの家は豪華で広々としているのは、我が民の道理に適っておらず、許されません！　アウコー聖母神社は長い歴史を持っています。民間伝説によれば、ここはアウコー聖母が自身の源流である高い山の神聖な森に帰ってきて以来過ごした場所であると言われてます。ここに住み、ここで果てたのです。ベトナム人の伝統文化に従えば、この場所こそが本殿であり、他の場所はいずれも、どれだけ立派だとしても遥拝の場所に過ぎないのです」

　ヴォン氏はこう言った。

「そのとおりです。この場所こそが本殿です。ここの神社には長い歴史があり、アオ・ゾイやスオイ・ティエンのような地域の中の伝説の地名たちと密接な関係を持っています」

　私はヴォン氏に言った。

「改築計画を出すよう部下たちに指示してください。破損部分を修理するだけで、神社の建築の原型を守るのですよ。応接間、儀式殿も作り、敷地を拡張し、フン神社事業からその予算内で算出し、フン神社事業の一部と見なして、首相に説明するのです。私からも、この事業に項目を追加してすぐに実行に移す旨を首相に報告します。新規事業の承認を得るなどという面倒なことはしません。時間の無駄ですから！」

　それからビン氏、ター氏と私は神社の前の庭園に出て、ナギの木を三本植えた。

ハノイに戻ってから、私たちは言った通りに事を進めた。首相はアウコー聖母神社改築にフン神社事業の予算を使用することを承認した。聖母神社は現在広々とした景観となっている。

それからしばらくして、フート省の人たちから、私たちがあの日に植えたナギの木が三本とも枯れてしまったという連絡をもらった。彼らは口をそろえて、ナギの木が土質に合っていなかったのだと言った。

ヴォン氏は私たちに、そのままでは具合が悪いので、また神社に木を植えに来るように言った。私はフート省との仕事がある際にまた植えに行くと伝えた。

仕事次第であったため、二〇〇六年三月二日なってようやく、当時省党委書記になっていたヴォン氏との仕事でフートに行くことになった。仕事が終わり、私たちはまたアウコー聖母神社を参拝した。どの種の木を植えるか選ぶよう言われたので、私は神社のある場所の気候や土質に適した木を選ぶように彼らに頼んだ。彼らはガジュマルの木を選んだ。

聖母神社のところまで来ると、改築工事が終わり、以前より広々とした景色が広がっていた。聖母を参拝し、それからガジュマルを植えに行った。既に掘られている多くの穴から一つを選び、そこに私自身の手で木を植えた。植えた時にはネームプレートをさしておらず、二〇〇六年八月になってようやくプレートを作ったのだが、間違えて八月に植えたと記してしまった。

二〇〇六年末、フート省の役人たちが計画投資省を訪問した際に私にこう言った。「あなたが植えられた木の気根は大変太く、あなたのネームプレートに絡みついて幹に巻き込んでいるんです」。丁亥年（二〇〇七年）の旧正月、計画投資省の同僚たちが聖母を参拝して神社を眺め、それから私の友人数名が木を見に行って、やはり同じように伝えた。多くの人が、自分の目で見て聖母に御礼を伝えるべきだと言った。仕事のため、すぐに行くことはできなかった。

庭園の世話係たちによれば、プレートを立てて一か月あまり経ったころ、プレートの上の部分の幹から大きな気根が生えてきて、腕のようにまっすぐと上に伸び、それから下に垂れてプレートを巻き込んだ。プレートの足元からも二つ目の気根が生え、プレートの足に巻き付いた。下降した上の気根はプレートの足元へたどり着き、二つ目の気根と合わさって一つになり、それがプレートの足に絡んで幹へと日に日にきつく引き込んでいる。まるで木が私の名前の書かれたプレートを抱きかかえているように見えると言うのである。当時、庭園では多くの人がガジュマルを植えていた。世話係たちは不思議に思い、他の木の気根をその木のプレートの上に引っかけてみたが、どの気根も枯れてしまい、どの木でもうまくいかず、私が植えた木のようにはならなかった。

誰もが不思議に思った。神社に来た人は皆、私が植えたガジュマルの木に立ち寄った。多くの人は、聖母がこの木を植えた人を気にかけ庇護しているのだ、と言った！　少なからぬ人が写真を撮って私に送ってきた。詩を詠んでくれた人もいる。

実際に見に行って感謝を伝えるべきだと誰もが私を急かした。二〇〇七年三月、私はラオカイ省の有権者との対話集会に行った帰路で聖母に参拝し、木を見に行った。皆が言っていたとおりだった。ネームプレートには、実際は二〇〇六年三月二日なのに二〇〇六年八月二日と記されていたが、プレートに木がきつく絡みついているのでそのままにしておいた。

二〇〇七年末、副首相のチュオン・ヴィン・チョン氏がアウコー聖母神社に参拝し、私の植えた木の話を知って見に行き、やはり不思議に思った。それより前に、中央内政委員長だったチョン氏は、第一〇回党大会と国会選挙の前に私を「悪く言う」人がいると知ってこう言っていた。

「聖母はあのように庇護している。それなのにあれやこれやと並べ立てて彼を叩こうとしたところで叩けるわけがない！」（この言葉はその場にいた人から聞いたもので、私はそこにいなかったので直接聞いたわけではない）

二〇〇八年二月二三日、戊子年の旧正月の後に同郷の仲間と何人かで出かけた際に一緒に神社を訪れると、とても美しい木だ、人の心がわかってこそこうなれるのだ、と皆が褒めた。

私が定年を迎える日、ある人が写真を拡大してそこに詩を印刷したものを贈ってくれた。ときどきガジュマルの木の写真を眺め、精力的に働いていた年月を思い出している。そして神聖な聖母の地に想いを馳せている！

今日、神聖なる神社に戻ってきて、ずっと昔に自分が植えた木を眺めた。高く太くなり、枝葉が茂っていた。神社の世話係、庭園の世話係とともに、昔の話を思い返した。

因果応報はあるのだろうか。

神聖な何かがあるのだろうか。

謹んで慈悲深い聖母にこの四字を献上したい。

「安康盛旺」

一一、私の女房

私が自分の話を語っていると、こう尋ねる者がいた。

「奥さんのことはなぜ話にのぼらないのですか？」

私は答えた。

「私の女房が受け入れるのは退役大佐の夫のみであって、彼女は大臣の妻であることを認めたことは一度もないのです。だからあえて話すことはしないんです！」

　次のような話がある。

　一つ目の話。

　一九九一〜一九九二年、西洋諸国から多くの人々がやってきており、英語学習の機運が高まっていた。一九九二年の旧正月のこと。国家計画委員会には旧正月後の出勤日に各局が互いに新年の挨拶に行く風習があった。私たち工業局は農業局に挨拶に行った。そこにはロック氏とマン氏がいた。ロック氏は農業局の役人、マン氏は貿易・サービス局で働いていて、同じ職場のカオ・ヴィエット・シン氏の妻だ（カオ・ヴィエット・シン氏はその後同省の次官となった）。楽しく新年の挨拶を交わした後、マン氏はこう言った。

「私、あなたの昔の秘密を聞いてしまったんですよ。先日英語の教室に行ったら、あなたの昔の恋人に会ったんです。彼女は労働総連盟の医者でした。彼女が言うには、昔二人は大変愛し合っていたけれども、彼女から別れを切り出したというんです。私たちがなぜ別れを切り出したのかを聞くと、昔あなたは恋愛に関してだらしがなく、自分と会っている最中でも以前の恋人がやってきて話をしたりしていて、それに耐えられないので別れたと言っていました。それから彼女は自分より一三、四歳年上だけれども誠実な軍人と結婚したそうです。彼は大佐まで昇進して引退しています。彼女はあなたの近況を気にしていましたよ」

私は慌てて言葉を遮った。

「その方の名前はなんでしょう？　あなたたちは何を話したのでしょうか？」

マンは言った。

「名前はフォンです。私たちは『とても残念でしたね。フックさんは今局長、しかも優秀な局長で、聞くところによればもうすぐ次官に昇進するそうで、しかも若くてハンサムですから』と言いました。彼女は残念な様子でため息をついていましたが、しかしそれでも、あのだらしなさには耐えられないと言っていました。それから、今もだらしないのかどうかを尋ねました。私たちは、今は次官への昇進に向けて力を尽くしており、とてもまじめですよ！と伝えました」

私はこう言った。

「あなたたちは騙されているんです。それは私の妻です。私の妻は抜け目がないんです。あなたたちが私の悪口を言わなくて幸いでした！」

ロックとマンは私を信じなかった。翌日の昼、ロックとマンは新年の挨拶に私の妻を訪ねに来て、私も用事があって家に戻っていた。二人が来たのを見て私はすかさず言った。

「さて、私とあの女性のどちらを信じますか？　彼女がやり手だとは思いませんか？」

マンもロックもこう言った。

「あらまぁ、彼女はまるで本当のように話すんですから。なんというやり手でしょう！」

COVID－19感染症が流行る前は、マン氏と私の妻は時々会っていた。昔の話を持ち出しては、マン氏は私の妻にこう言っていた。

「一九九一年のあの時、あなたは本当のこと以上に本当らしく嘘をつきましたね！」

＊＊＊

二つ目の話。

二〇〇七年、私の娘はイギリスで修士を修了して帰国したばかりで、就職活動をしているときのことだった。母娘で中国旅行ツアーに申し込んだ。ツアー団体には二〇名ほどいた。その中に妻と同い年くらいの男性がいて、母娘の二人だけで参加しているのを見て、挨拶に来て話をし、自分はハノイで韓国企業の駐在員事務所で働いているNという者だと自己紹介した。彼は私の妻の家族について尋ねた。

妻は、自分は定年後の教員、夫は退役大佐で、息子が外国企業で働いていて、妹がよく勉強したことのご褒美に母娘に中国旅行のチケットをプレゼントしてくれたのだと話した。そして娘は大学院を修了したものの就職先が決まっていないので心配していると言ったのである！　するとN氏は、自分は計画投資大臣のヴォー・ホン・フック氏と親しいから手を貸すように彼に伝えておく、心配する必要はない、と言った。彼が住所を尋ねたので妻は教えた。

帰国後、妻は私に、韓国企業で働いているNという名前の人と親しいかを尋ねた。私は、一年に数えきれないほどの外国企業の客に会うのにどうしてすべてを覚えていられようと言った。妻は、自分が定年後の教員で、退役大佐の妻であると自己紹介をしたらツアー団体の誰もが信じたこと、N氏ときたらさらにリー（娘の家での呼び名）に仕事を探してくるとまで言ったことを私に話して聞かせた。ただ一人、ある老婆だけが信じず、妻にそっとこう言ったという。

「私の目は欺けませんよ。あなたの姿を見れば、あなたがどういう方か私にはわかります！」

私は妻に言った。

「また同じことを言ったから、今回は『泥棒と老婆』が出会ったんだね！　老婆の目は欺けないってことだね！」

後々話を聞いていると、その老婆は、多くの人が知るある人物の生みの親であることがわかったという。

それからしばらくして、N氏が我が家に遊びに来て、妻は私を呼んだ。

私が応接間に降りてくると、N氏は声をあげた。

「なんてことでしょう！　でもあの方のお話では……」

＊＊＊

三つ目の話。

私の妻はよくデーウーホテルのジムで運動をしている。情報通信大臣ドー・チュン・ター氏の妻と、病院の同じ科の医者である何人かの友人と一緒だ。ある日運動していると、隣にいたA氏が妻にこう尋ねてきた。

「お仕事は何をされているんですか。旦那さんのお仕事は何でしょうか?」

妻は再び同じことを言った。

「私は教師でしたがもう定年を迎えており、夫は退役大佐です」

A氏は続けて言った。

「あら、それでこのジムのチケットを買えたのですか」

妻は言った。

「韓国企業で働いている息子がいて、割引価格で買えるんです。母親が弱っているのを見かねて健康でいるようにとチケットを買ってくれたんです」

A氏からも、夫が計画投資省の高級官僚で、自分は経営者であると自己紹介があった。子どもは留学中で、家は裕福な方だと言った。数日後、A氏がジムに入ってきて私の妻に気づくと頭を下げて挨拶をし、ドー・チュン・ター氏の夫人と運動を始めた。ター氏の夫人はこう言った。

「すれ違ったのに夫の上司にそんな挨拶の仕方ですか！」

A氏は尋ねた。

「誰のことですか？　どこにいるんですか？」

ター氏の夫人は私の妻を指して言った。

「あそこにフック氏の奥さんのフォンさんがいるでしょう！」

A氏は妻のところに走ってきて尋ねた。

「あらまぁ！　私に嘘をついたのですね！」

その夜、妻はA氏に会った話を私にした。

A氏の夫であるT氏は計画投資省の局長で、数日後、私のところに仕事の報告にやってきた。扉を開けて入ろうとした瞬間、私は笑いながら言った。

「こんにちは、計画投資省の高級官僚さん！」

T氏も笑いながらこう言った。

「うちの非常識な妻の言ったことではありませんか！」

＊＊＊

これらの話をした後、私は計画投資省の仲間たちにこんな冗談を言った。

「自分のことを定年を迎えた教員で、夫は退役大佐だと名乗る人に会ったら、それがどのような人でも気を付けなければなりませんし、親しい人にも気を付けるように念を押しておかねばなりません。自分の素性を明かしてはなりませんし、大臣についても何も話してはいけませんよ！」

ここでは一番おもしろいと思う話を三つだけ取り上げた。私がまだ局長だった一九九一年の英語教室以来、妻が築いてきた退役大佐像は、今の今に至るまで私にしっかりと定着している！

＊＊＊

妻はフエのフーヴァン県アンチュエン村のホー・ダック家の娘である。一九四九年に生まれ、一九五四年に両親についてハノイに移住した。彼女は眼医者だ。私たちは一九七六年に結婚した。一九七七年に息子を、一九八四年に娘を産んだ。現役時代から引退後まで、彼女は義母、夫、そして子ども、今ではさらに孫まで、常に家族の面倒を見ることに関心を注いできた。父方、母方の親戚との関係も気にかけている。私が在職中には、私の公式訪問に一緒に来たことは国内外ともに一度もない。私が政府機関で四三年間働いているあいだ、私の職場に来たのは二度のみで、国家補助金《バオカップ》制度時代の旧正月に労働組合が職員に購入した米を運ぶためであった。その時も配給場所に来ただけで、私の仕事部屋には来ていない。彼女は親戚や親しい友人でない人が家に来るのを好まなかった。仕事に関することは職場で済ませた。急ぎの用があって誰かが家に来ないといけない時は、夫だけで出迎えた。彼女は気を利かせてお茶を持ってきたが、会話を交わすことはなかった。だから、私の下で働く役人の多くは私の妻の顔を知らないのである。

妻は、自分が大臣の妻であることを受け入れないのは、皆に普通の人と異なる態度をとってほしくないから、特別扱いをされたくないからだ、と言った！　皆に違う目で見られたくないのである！　ただ普通の人でいたいのだ。定年後の教師で退役大佐の妻であれば、当時、高い身分でもないが貧しくもなかったのである！

夫が大成したのも妻のおかげである！

一二、東京で古き友たちに再会する

日本の大手グループである双日が私を日本に招き、現役時代にともに仕事をした人々と再会させてくれた。COVID－19によりもう三年近く日本に渡っていない。今日、二〇二二年九月二六日に私は戻ってきた。東京は以前と変わりなかったが、空港の様子は違っていた。以前のように人は多くなく、人々は距離を保ちながらくねくねと列を作らねばならず、検疫を通過する際には体温検査もあったため、入国手続きには時間がかかった。日本ではまだ厳重な感染症対策が行われており、人の多い場所に入る際には皆マスク着用と体温検査が求められていた。

初日から、双日株式会社社長の藤本氏が私たちを温かく迎えてくれた。私は二〇一九年の訪日の時に彼を初めて知ったのだが、そこにはまるで日商岩井時代からの知り合いのような親密さがあった。私たちは双日の前身である日商岩井がベトナムに来た当初のことについて語り合った。ベトナムが苦境にあった一九八六－一九九〇年という時期から付き合いのある日商岩井の友人たちのことを話した。私は彼に、旧友たち、米国の経済封鎖により長い間停滞していた日越両国の経済関係が正式に再開して以来の友人たちと日本で再会する機会を作ってくれたことへの御礼を伝えた。

九月二六日、服部則夫元大使と会った。今回彼は二〇一九年一一月に再会した時とは違う形で私を迎えてくれた。前回は、彼が大使在任中の頃からそうしていたように、握手と笑顔での再会だった。今回彼は私を抱きしめ、こう言った。

「三年の間、誰にも会わず、どこにも行かず、とても寂しい思いをしていました。日本に友達が少ないのです。外交という仕事ゆえに海外にばかりいた人生です。私の友人は海外にいて、その大半はベトナムにいるのです。あなたに再会できて本当に嬉しいです。今日はこの三年で一番嬉しい日です！　あなたのことをとても恋しく思っていました！」

席に着くと、服部氏は私たち夫婦を温かな目で見て、笑いながらこう言った。

「あなたは変わりませんが、奥さんは若返ったようですね。以前よりお若く見えます。あまりにお若いのでまるでお父さんが子どもを連れているようですね！」

皆で一緒に笑った。

私たちは昔のこと、一九九三年以来一緒に仕事をしてきた初めのころのこと、彼がベトナムで大使を務めていたころのことなど、たくさん話をした。ニンビンに設置される予定だった火力発電所の移転のこと。支援国会合や日越共同イニシアティブについての会議のような、私たちがともに参加したり共同議長を務めたりしたときのこと。北部の山岳地帯や中部各省、メコンデルタ地域を訪れた時のこと。そして服部氏はカントー橋崩落事故のことも話した。

「今日で事故からちょうど一五年です。私は誰かに責任を問いたいとは思いません。誰にとってもつらい事故だったのです。五〇名以上が亡くなり、本当に心が痛みます。今でも、あの悲惨な事故の知らせを受け取った時のことを忘れることはできません！」

ここまで話すと、彼は涙をぬぐいに部屋から出ていったのだった！　かつて冷淡に見えた彼は、年を取って感情豊かになっていた！

私は話題を移し、現在のことを話した。ベトナムのこと、日本のこと、ＣＯＶＩＤ－19感染症のこと、翌日に控えた安倍晋三氏の国葬のこと。

服部元大使は言った。

「安倍氏の国葬のために訪日しているグエン・スアン・フック国家主席が今日、歴代の在ベトナム日本大使を招いていました。私はその集まりに参加しませんでした。グエン・スアン・フックさんが、なぜ来なかったのかと私に電話をかけてきたので、そのように大勢が一度に集まる場では何も話せない、と返事をしました。彼は九月二八日の朝に私と会おうと約束をしたので、明後日フックさんに会います。私は彼がクアンナム省人民委員長だった頃から知っています。彼が首相になってからは、私がベトナムに行くたびに会っています。パンデミック以来再会できていません。私は彼と個別に会っていろいろとお話ししたいのです」

私の古くて親しい友人は昔の性格のままだった！

別れの時間となり、服部氏はこう言った。

「今日はこの三年で一番嬉しい日でした。最近はずっと寂しく生活していました。日本は感染症ゆえに閉鎖されていました。ベトナムの友人たちはやってこず、私もベトナムに行けませんでした。誰にも会わない日々でした。東京には友人はいません。ベトナムに大勢いるのです。どうか身体に気を付けてください。私たちの競争では私に勝ってくださいね！」

服部氏は私たちの競争、どちらがより長生きするかを競う健康コンテストのことを思い出させようとしたのだった！

＊＊＊

九月二八日夜、与党である自由民主党元幹事長で日越友好議員連盟の元会長の武部勤氏に再会した。私と武部氏との最初の出会いは、彼が渡辺美智雄氏訪問団のメンバーとして一九九〇年五月にベトナムに来た時のことで、当時彼は政治の道を歩み始めてまだ四年目、四九歳で、一方私は国家計画委員会の局長を務め、四五歳だった。それ以来私たちは何度も会い、一緒に多くの仕事をしてきた。彼は日本からベトナムへのＯＤＡと直接投資の促進に大きく貢献した。ＰＣＩ社の事業で汚職事件が発生し、日本政府が対ベトナム援助を中断した際、武部氏は日越友好議員連盟会長として、その状況を打開して早期に対ベトナム援助を再開する方法を私たちとともに模索してくれた。現在武部氏は八〇歳を超え、私はU－80、どちらも後は長くない年齢になってきている！

年寄り同士が会って楽しいのは、昔の話を語り合う時である。武部氏はベトナムに来たばかりの頃の話、グエン・ヴァン・リン書記長とドー・ムオイ閣僚評議会議長に会った時の話をした。それから一九九六年に自由民主党代表団の一員としてベトナム共産党第八回大会に参加した時の話になり、ベトナム訪問時の話へと移っていった。ドイモイ初期にベトナムへの援助と投資を働きかけた話もした。私はと言えば、訪日時のことを話し、今ではもう亡くなってしまった友人も含め、日本の友人たちとの思い出を話した。亡くなった人の話をすると、武部氏は九月二六日でカントー橋の橋げた崩落事故から一五年経ったことに触れ、日本の援助プロジェクトで起きた大事故である！と言って亡くなった人々への追悼の意を表したのであった！

酒を飲めば飲むほど、ますます夢中で話し込んだ。北海道の話に移り、武部氏の故郷が私も訪れたことのある根室市の近くの北海道斜里であることを話した。それから日本について、ベトナムについて話した。一般的な話題が尽きてプライベートな話が始まった。武部氏が語った話の中には、彼と親しい日本の友人たちも初めて聞くようなことが多くあった。

武部氏はこんな話をしてくれた。

「一九八六年、私は初めて衆議員に当選しました。私は中曽根派で、渡辺美智雄氏の門下でした。衆議員に当選すると、私には事務室として衆議院議員会館四二五号室を割り当てられました。この部屋はある衆議院議員が使用していたのですが突然死し、空いていたので私がそこに割り当てられたのです。私が辞退しようとすると、渡辺美智雄氏が私に、受け入れなさい、私の知り合いにお祓いのできる神主がいるから来てもらおうと言ったんです。彼のおかげでお祓いも済み、私は四二五号室を自分の事務室として受け入れました。私の事務室は師匠である渡辺美智雄氏の四二六号室と小渕恵三氏の四二四号室の間にありました。小渕氏は私より四歳年上で先輩でしたが、田中派という異なる派に所属していました。私はこの二人の間の部屋にいたので、二人より先に帰宅するなんてことはできませんでした。両部屋の電気が消えて少ししてから帰宅していたんです！　私と小渕氏は派が違いましたが、ベトナム関連の政策を討論する際には意見が一致していました。私たちはベトナムについて話すために部屋を行き来し、それで親しくなったのです。自由民主党のすべての派はベトナム関連の政策では意見がそろっていたのです。ベトナムについて話す時、皆が固く結びついたのです！」

それから彼は、日越協力関係の戦略的な重要性について次の世代により深く理解させることについても多くを語った。彼の子どもたち、政治の道で彼の後に続く者たちも、何度もべトナムに行き、ベトナムを愛している。

皆で夢中になって話し込み、楽しくて時間も忘れてしまった。一〇時になってようやく解散した。夕食は四時間にも及んだのだった。

武部勤氏は引退後も、日越友好議員連盟会長の二階氏の特別顧問を務めている。彼はいまだに頻繁にベトナムを訪れている。彼はハノイでの日越大学の設立と発展を働きかけてきた人物である。現在は北部に同じような学校を建設しようとしている。日本企業に対して対ベトナム投資を積極的に働きかけている。年齢を顧みず、いつもベトナムの発展のために活動を続けているのだ！

別れる前に彼は、一〇月半ばにハノイで再会しようと私に約束した。

＊＊＊

今日は九月三〇日。日本有数の建設会社である大成建設元会長の葉山氏に会った。私は、大成建設が日本の海外経済協力基金（ＯＥＣＦ）の資金による最初のプロジェクトを落札した一九九三年に彼のことを知った。その後、大成建設は日本の有償資金援助による交通関係の多くのプロジェクトを落札した。その中にはカントー橋のプロジェクトもあった。カントー橋の施工中に橋げたが崩落した二〇〇七年九月二六日の事故後、彼は辞職、引退した。

それ以来、彼は毎年九月末に訪越し、九月二六日当日にカントーを訪れて事故の被害者たちに線香をあげている。最後に線香をあげに来たのは二〇一九年九月だ。彼は訪越のたびに、訪問の結果報告をしたいかのように私に会いに来てくれた。私の引退後もそうだった。二〇二〇年から今まで新型コロナウイルス感染症パンデミックにより渡航できていない。そして今日、私は東京で彼に再会したのだった。

会って間もなく、葉山氏はこう言った。

「この二年はパンデミックのために、私はベトナムに行けず、カントー橋を訪れられず、命を失った方々に線香をあげることができていません。近々日本政府が通常の生活に戻す政策をとったら、私は二〇二二年一一月にベトナムに行ってカントーを訪問し、線香をあげに行こうと思っています。私は今年で八六歳になります。高齢で身体も弱り、おそらくこれが最後の訪越になるでしょう。来年以降はもし元気があれば行きますが、前もって約束することは控えたく、その時になったら考えます」

彼はこうも言った。

「大成建設がベトナムでこれからも発展し、建設以外では物資製造分野にも事業展開して発展することを願っています。大成建設は大成ロテックベトナムという現地法人を設立しており、会社が発展し、両国関係に貢献してほしいと思っています」

私は彼を励ました。

「あなたが命を失った方々にそのように寄り添い続けてもう一五年になります。帰らぬ人はもう帰ってきませんが、償いの心は彼らもよくわかっているでしょう。高齢では行き来も大変ですし、何事も徐々に手放して、後の世代に任せましょう。私も大成ロテックが今後もベトナムで発展することを願っています。年齢に関係なく、ともに二国間関係を育んでいきましょう。ベトナム人はよくこう言います。『竹が老いればタケノコが生える、心配することは何もない！』」

私は、二〇二二年一一月に彼がカントーを訪れた後にハノイで会うことを約束した。

＊＊＊

今回の訪日の最終日、双日株式会社副社長の平井龍太郎氏とお別れの夕食会があった。彼はもともと日商岩井にいたので、ここでまた、日商岩井以来の旧友たちやベトナムにおける日商岩井、双日の発展について語り合う機会ができた。ドイモイ初期以降のベトナムの発展と固く結びついた、たくさんの思い出が詰まった発展の道のりである。

たくさんの日本の友人たちと仕事をしてきて、彼らには尊い徳性があることがわかった。それは、決して自画自賛せず、自身の成功に満足しない一方で、過ちや失敗についてはずっと忘れずに何度も思い出すことである。日本人にとって、何らかの業績を誰かが褒めた時の返答は「私たちはまだまだ頑張らなければなりません！」なのである。アジアの龍、日本の奇跡といった言葉も、外国人が日本という国について語る時のものである。日本人自身がそのように言うことはない。しかし、カントー橋崩落事故については、日本人関係者はずっと忘れず何度も何度も思い出すのである。親しい何名かの日本の友人は私にこう言った。

「誰もが成功したいと思っています。成功は誰もが目指すべきで当然のことです。誰も過ちと失敗をしたいとは思っていません。私たちはずっと忘れず何度も思い出すことでそれを繰り返さないようにするのです！」

一三、昔の記録

昔、つまり一九七〇年代から書き残してきた手帳の山を数日前に見返していた。日本の友人たちと初めて一緒に仕事をした時の記録の部分まで読むと、その部分が大変興味深かった。ここで再び語り、ある時代の記憶について皆さんと共有させていただきたい。

一九七二年初頭、パリにおけるベトナムの和平交渉は終盤に差し掛かろうとしていた。戦後の発展計画の研究も始まっていた。一九六七年の中東戦争以来、原油価格が高騰していたため、鉱物資源、特に石油の開発が重視されていた。南部ではベトナム共和国政府が、南部の大陸棚における石油天然ガスの探索・調査のために米国のモービルとペクテンとの交渉を進めていた。北部では、政府が日本の経済専門家団を招待し、石油天然ガスを中心とする鉱物領域での協力の可能性について、そして戦後日本の発展の経験について意見交換をしようとしていた。機密保持のため、当時は「特別経済専門家団」と呼ばれていた。

一九七二年五月頃（機密業務だったために私は月日を書き残していない。手帳を見ると、一九七二年五月一一日の記録の後、一九七二年六月二日の記録の前に書かれているので、私は一九七二年五月末頃と言っている）、私は委員兼重工業局長のファム・ハオ氏と国家計画副委員長のグエン・ヴァン・カー氏から、地質についての資料作成の任務を言い渡された。私は当時の国家計画委員会の指導者たちが私に言ったことをはっきりと書き残している。

――特別経済専門家団がもうすぐ来る。話し合う内容は技術についてのみ。彼らは資金や設備については供給しない。地質総局は次の諸問題についての説明資料を準備する。

――石油天然ガスについて、今までに実施できた研究結果を説明する。彼らに対し、収集できた地質資料を通して、ベトナムの石油天然ガスの展望について評価するよう要求する。

――稀少・放射性の土地について、既存の地質資料の状況、埋蔵量の見通しを説明する。

彼らに対し、国際市場の現在のニーズ、発展の見通し、消費能力を教えるように要求する。

――コバルト、ニッケルについても上と同じく説明し、彼らに対し、クロム鉄鉱からコバルト、ニッケルを採取する技術力について追加で教えるように要求する。

――地質総局に彼らとの作業案の作成を要請する。三日間で資料準備を終える。機密保持のため、資料は手渡しとし、三日後に取りに来てコンさん（グエン・コン氏。政府副首相、国家計画委員長）に直接渡す。

当時、機密業務に対しては通常、「口諭（口頭で勅諭を伝えること）」という伝達方法がとられていた。政府官房や党中央事務局、国家計画委員会の専門員が来ると、各省・総局の指導部はどれだけ忙しかったとしても即座に出迎えた。なぜなら「勅諭」があるとわかっていたからだ。

地質総局指導部に伝えた後、三日後に私は地質総局に封のされた資料を直接取りに行き、グエン・コン氏に直接渡した。

その後、特別経済専門家団がやってきた。私は地質調査の各報告会、および日本の経済発展の歩みと日本を成功に導いた要因を紹介する場に参加した。上級指導部と行われたその他の場には私は参加できなかった。

最も興味深かったのは、彼らが一九五〇年から一九七〇年の二〇年の間における日本経済の発展を紹介した時だった。日本の経済専門家たちは私たちに、「日本の奇跡的発展」と称される第二次世界大戦後から一九七〇年までの日本の発展の歩みについて詳細に話してくれたのである。

戦争終結後、日本は敗戦国として新しい体制を建設する時代に突入した。一九四七年五月に新憲法が施行され、その直後に、体制を定着させ、第二次世界大戦で破壊された経済を復興させる時期に突入した。一九五〇年から日本は野心に満ちた発展期に足を踏み入れた。この時期に彼らは、工業生産と輸出それぞれの分野において先進国に追いつき追い越すという目標を打ち出した。一九五一年から一九五九年の間、GDP成長率は年平均九・二%で、一九六〇年には一〇%となった。国内総生産については世界有数の先進国を追い越すことを目指し、時期ごとに目標を打ち出した。一九七〇年に一九八五年の目標を達成し、当時世界第二位の経済を有していたソ連を追い抜いたのである！

成功の要因を説明する際、特別経済専門家たちはこの二〇年で日本を成功に導き、今後も継続して実現していく二五の要素を強調した。それは以下のとおりである。

一、国家諸機関と民間セクターの緊密な協力

二、日本の国家公務員が西洋各国の同業者よりも経済問題について深く理解していること

と。彼らは責任感の強い者たちである。

三、生産者の社会。政府の計画立案者たちは常に生産者を優遇することを志向する。

四、平和主義。安全保障費は最小限にとどめる。

五、貿易保護制度

六、創造的投資の重視、遅れた技術の破棄

七、リスクを顧みない投資、大胆な借入れ

八、民衆における節約の呼びかけ

九、民族主義の精神を発揮する。日本人はこの世界の誰にも劣らない！

一〇、教育の発展を重視する

一一、能率が高く腕の良い労働者の役割

一二、技術を輸入し、発明・考案する

一三、開放的で公開性があり、信頼を生み出す社会、社会のあらゆる成員との情報共有、生産者と商業流通網の結合

一四、高い地位と競争性を志向する、信用ある企業、信用ある学校をつくる

一五、長期的な視座で将来を予測する

一六、海に浮かぶ島国の強み：安価な運輸

一七、重点的投資

一八、対外投資を少なくする

一九、輸出補助

二〇、国家の各計画における柔軟性、運営における柔軟性

二一、農民の都市移住、労働力の創出

二二、開発経済についての多くの研究者を持つ

二三、土地の資産価格の急上昇が民、国家にとっての収入源になる

二四、輸出志向の価格

二五、開かれた世界市場への志向

当時の私たち公務員はこの話を聞いて、深く印象づけられ、興味を掻き立てられた。日本の奇跡的発展に夢中になり、感服したのだ！

＊＊＊

特別経済専門家団の訪問の後、政府は、トンキン湾大陸棚の石油天然ガスの探索・調査の契約交渉のために日本企業の組み合わせを選出した。それは日本の石油公団（ＪＮＯＣ）と日商岩井の連名だった。一九七三年一月二六日、契約が締結された。私は契約交渉・締結の場には参加できなかったが、締結された契約に従い、石油天然ガスの探索・調査の遂行のための準備業務を割り当てられた。

残念なことにその契約は、外的要因により、開始直後に終了しなければならなくなった。何も実を結ばなかった。しかし、ともに仕事をしたそのわずかな時間が、私の若かりし時に強い影響を与えたのである。それ以来、私は日本の友人により感服し、接近していくようになったのである。

もの寂しく座っていると、つい昔のことを語ってしまう！

第七章　愉快な話

一、遅い入党

一九九〇年一〇月に工業局長（国家計画委員会）の任命決定が下った際、委員長のサウ・カイ氏が私を部屋に呼んでこう尋ねた。

「お前はどうして入党がそんなに遅かったんだ？　三一歳を過ぎてようやく入党が認められている。条件は整っていたし、公務員の家の子どもで、父親は長年の党員だ（私の父は一九四六年に入党した）。遊びふけっていたんじゃないのか」

　私は答えた。

「そんなことは全くありません。私が一九六九年にこの委員会に就職して以来、並外れた努力を重ねてきたと言ってもいいことをご存知でしょう！　青年同盟にも参加して副書記も務めました。当時サウ姉さん（サウ・カイ氏の妻）は委員会の党委常務で、大衆工作の責任者でもあり、彼女は私のことをよく知っていて応援してくれていました。しかしC．V．S．さんに邪魔されたのです！」

サウ氏は話を遮った。

「またC．V．S．のやつだって？　話を続けてくれ！」

私は続けて語った。

「一九七一年、私は党についての理解度も認められ、その後は入党許可の対象になっていました。しかし党支部に提出されて入党許可についての討論、検討になるたびに、C．V．S．氏はこう言ったのです。『彼は全てよくやっているが、髪型から服装、話し方や挨拶の仕方など、振る舞いがプチブルすぎる。さらに克服するよう求める必要がある！』。しかしつらいのは、話し方や振る舞いをどうして直すことができましょう。幼い頃から成長するなかでできあがったのです。生まれて以来、祖父母、父母が教えた通りに身に付けたのです。髪型も自然なものです。服装については、私はハノイ育ちの学生なので外に出れば友人に出くわすのに、粗末な格好をすることには耐えられません。彼は完全に反対していたわけではなく、あらゆる側面においてよくやっていると褒めていました。しかしプチブルのレッテルを貼ってきたのです。それをどうすれば直せるというのでしょうか。家がもともとそうなのです。そうやってずっとはっきりしない態度でした。支部がさらなる努力を要請してきたため、応援してくれていたサウ姉さんもどうにもできませんでした。一九七五年の解放後に彼が南部に戻り、ようやく私は彼から逃れられました。そして一九七六年に入党が許されたのです」

サウ・カイ氏は笑いながら言った。

「お前も俺と同じで、C．V．S．のやつにいじめられたんだな。お前は俺の字がきれいだと思うか？」

私は言った。

「あなたの字はきれいです。サウ姉さんがハノイで党委常務をされていて、労働組合を担当していた時、年末の表彰にあたっていつもあなたに賞状を書いてもらっていましたね！」

「そうだろ。まさに字がきれいなせいで、俺はC．V．S．に苦しめられたんだ。俺はあいつと一緒に北部に集結した。あいつは党員で俺はまだだった。支部が俺の入党を検討する時、あいつは俺の入党申請書を念入りに見た。それからこう言ったんだ。「文字がとてもきれいなのに家族の階層は貧農だ。貧農は身を粉にして働くのだから字を書く練習の時間があるわけがない！　履歴書に問題がある！　調べ直す必要がある！」わかるだろうが、当時俺の故郷に行ったり証人を見つけたりすることは全く容易ではなかった！　二年近くかかってようやく履歴書を再確認できたんだ！」

私は尋ねた。

「ではなぜそんなに字がきれいなのですか」

「故郷で就学してすぐの幼い頃、俺の先生は字がとてもきれいで、俺に書き方を教えてくれたんだ。先生が書く通りに俺も真似して書いた。先生は俺の字がうまいと褒めてくれて、その先生に教えてもらえたんだ！」

それからサウ氏は長いため息をつき、憂鬱そうに言った。

「天罰が下ったようだがね！　C．V．S．のことは哀れでもあるんだ！　俺がホーチミン市計画委員長を務めていた時、ハノイの国家計画委員会から一緒に移ったあいつがかわいそうで手助けしてやりたいと思い、副室長にしたんだが、性格は変わらずいちいち詮索していた。同じ職場の者たちはそれに耐えられなかった。それでビンタインに遣らなければならなかった。ビンタインに行っても性格は変わらない。そこの同僚たちが抗議した。彼らはあいつを陥れたんだ。私は助けようとしたができなかった！　処罰を受けて早期退職した。考えるだけで哀れだよ」

私は笑って冗談を言った。

「あなたも私も同じような災難に遭っていたのですね。あなたは字がきれいなために、私は身なりがきれいなために！　どちらもC．V．S．氏に押さえつけられていたのですね」

二、サウ・カイ氏と「ボ」さんたちの訪日

いくつかの文章を投稿して、多くの人にコメントをさせてしまい、いろいろと考えさせられ、さらに疲れてしまった。ここで息抜きに、懐かしいところも多い愉快な短い話を書きたい。

一九九三年五月一〇日、一九九三年春のヴォー・ヴァン・キエット首相による初訪日直後にサウ・カイ氏が訪日した時のことだ。サウ・カイ氏にとっては二度目の訪日だったが、副首相としての訪日は初めてだった。私にとっては、カイ氏の初めての訪日後に何度も日本に来ていたとはいえ、次官としては初めてだった。

関係省庁の指導部数名と私が同行した。各日本企業と長年のビジネス関係を持つ企業もいくつか同行した。東京に到着すると、グエン・タム・チエン大使が訪問団に加わった。首相訪日のたった数か月後に副首相が訪日したのであり、二国間関係は実に特別だった！　一九八九年以来すさまじく発展していた！

五月一一日、サウ氏は武藤外務大臣と仕事をした。その時間は厳粛でありながら親密で、まさに日本風だった。ホストとゲストが着席すると、武藤外務大臣は次のように言った。

「副首相の訪日を歓迎いたします。日本側では、年始にヴォー・ヴァン・キエット首相が訪

日された際に両首相が合意した事項の実現に努めているところです」

武藤氏は日本とベトナムの外交関係樹立二〇周年記念を受けて、二国間の外交関係について多くのことを語った。

サウ・カイ氏は言った。

「私たちは越日関係が近年急速に発展したことを高く評価します。日本政府に対し、四五〇億円のブリッジローンを通して対ベトナム政府開発援助を再開くださったことに感謝いたします。日本政府に対し、ヴォー・ヴァン・キエット首相の手紙をビル・クリントン米国大統領に届けてくださり、心より御礼申し上げます。私たちはアメリカとの関係正常化を早期に実現できることを願っています。アメリカが禁輸措置を解除してベトナムとの関係正常化を早期に実現するよう日本政府が協力してくださり、感謝しています」

サウ氏は一九九三年一一月にパリで行われる対ベトナム支援国会合について日本に通知し、日本政府の積極的な支援への期待を示した。

この訪日でサウ・カイ氏は、大蔵省大臣、運輸省大臣、建設省大臣、開発援助関係機関と面会、討議した。訪問団は企業や企業団体とも仕事をし、投資と貿易の促進を図った。

私たちは五月一五日に東京を発ち、広島やその他の地方都市を訪れた。グエン・タム・チエン大使も同行した。訪問団はホテルを少し早く出たため、羽田空港でかなり長い時間待たねばならなかった。私たちは座って楽しく話をしていた。

するとチエン氏は訪問団のメンバーを見て、急に大声をあげた。

「なんと！　ボ地方[39]の者が勢ぞろいとはどういうことでしょう！」

まさにその通りだった。訪問団を見渡すと半分以上がゲアン省、ハティン省出身だった。私、サウ氏の秘書、さらに他の省の数名、そしてチエン大使まで！

チエン氏は言った。

「いいでしょう、サウさんは日本が好きだからボが好きで、ボを集めたのでしょう。なんていったって、日本語とボ弁は似ていますから！」

サウ氏は言った。

「おいおい、日本語とボ弁が同じだなんて、そんな出まかせを言うなよ」

チエン氏が言う。

「では、私とフックさんが会話をするので、日本語かどうか聞いてみてくださいね」

「ガーニーガーチー《この駅なんて駅かね～》？」

「ガーニーガーシー《この駅シー駅だがねー》」

39　「ボ」とはゲアン、ハティンの方言の言葉で「お父さん」の意。転じてこの地域を指す表現としても用いられる。

彼は私に、サウ氏に通訳するように言った。

私はすぐに「通訳」した。

「このやりとりは、二人のゲアン出身者がハノイからヴィンに帰る道中で会話をしているところです。列車はシー市場駅に停車し、一方が尋ねます。「ガーニーガーチー?」つまり「この駅は何駅ですか?」もう一方が答えます。「ガーニーガーシー」つまり「この駅はシー駅です」」

サウ氏は笑いながら言った。

「お前らゲアンの者どもは皆デタラメだな!」

その日、三菱石油会長の山田老君が同社の製油所を案内するために同行していた。その年、山田氏は七三歳(かつて彼がドー・ムオイ書記長に挨拶した際、書記長より三歳下、つまり一九二〇年生まれだと言ったことがあった)だったので、私は老君と呼ぶ。彼の会社は南部の大陸棚の一五鉱区で投資し、石油精製業への参入を検討中だった。私が工業局長だった一九九一年から、彼は私のことを知っている。何度も訪越しており、そのたびに私に会いにきた。とても親しい仲だ。

皆が笑うのを見て何が起こっているのかと思い、山田氏は通訳に訳させた。通訳がどう訳したかわからないが、彼は「ボ」という言葉が私たちゲ地方出身の人々の親しみを込めた呼び方だと理解した。その旅程中、彼は日本人の呼び方に倣って「フックさん」「チエンさん」と呼ぶ代わりに、私たちをずっと「ボさん」と呼んだのだった。

なんと楽しい年月だったことだろう！

三、水牛の顔を眺めている方がましだ

暇をもてあます夏の日には、昔の夏のことを思い出してしまう。ある年の夏の愉快な話をさせていただこう。

二〇〇二年五月初頭に私はラオカイ省に選挙運動に行った。その日はシマカイ県カンカウ社に行った。社の人民委員会庁舎の外で出迎えてくれたのはスン・セオ・ニャー社党委員会書記だったのだが、今に至るまでその名前を忘れることは決してできない！　スン・セオ・ニャーは当時五〇歳くらいだった。体格は小柄で身長は私の肩くらいまでしかない。しかしとてもてきぱきとして熱心な人だった。モン族の同胞たちの素朴な話し方であった。会場に近づき、国会議員候補者の写真と経歴が掲示されている場所を通り過ぎるとき、スン・セオ・ニャーは突然私の肩を叩いてこう言った。

「印刷業者の奴らはあんたにいたずらしたんだ。あんたは実際には若くてハンサムなのに写

真がひどすぎる！」

社の小学校の前を通り過ぎるとき、大きく掲げられたスローガンが目に入った。

「これから祖国ベトナムが五大陸の強国と肩を並べられるかどうか、それはカンカウ社の子どもたちがどれだけ一生懸命勉強するかにかかっている」

当時ラオカイ省党委書記だったザン・セオ・フー氏は笑って言った。

「スン・セオ・ニャーが作ったんですよ！」

スン・セオ・ニャーは私を見て笑った。

「あのように書き直して初めて、うちの民衆は理解できるんだ！」

その日の昼、私たちはスン・セオ・ニャーの家に昼食に招かれた。スン・セオ・ニャーは私に尋ねた。

「あんたは『タンコー〔モン族の伝統的なシチュー料理〕』を食べられるか？」

私は言った。

「人が食べられるものでしたらなんでも食べられます。私は青菜と一緒に煮込んだ鼠肉のスープも食べたことがありますよ！」

昼食にはタンコー、「カップナック《脇に抱えて運べる》」豚〔山岳地帯に多い小型の豚〕、エンマコオロギだった。バックハー酒を飲んだ。

何杯か酒を飲み、楽しい談笑の時間となった。スン・セオ・ニャーは私の背中を叩いてこう言った。

「フック、あんたは顔立ちがとてもよいし、今日の演説も素晴らしく、とてもよかった。しかし我がモン族の民衆はこう言う。『顔立ちがよいからといってよい人とは限らない、よい演説をするからと言ってよい人とは限らない。顔立ちと演説がよくても為すことが悪ければ、我がモン族は水牛の顔を眺めている方がましだ！』」

皆で一緒に笑った。

その任期中、国会議員団の仲間と有権者との対話集会に行くたびにその話をし、「民衆に水牛の顔を眺めさせてはならない！」と戒め合っている。

任期終了にあたり、私たちは有権者との対話集会に行き、送別の挨拶をした。シマカイ県カンカウ社にも行った。送別のスピーチでフー氏はこう言った。

「次期、フックさんはラオカイから立候補できないでしょう。なぜなら我々の省の国会議員団には党中央委員があまりにも多いからです。今日はフックさんとのお別れの日でもあるのです！　次期、フックさんは違う省から立候補するでしょう」

その日はひたすらバックハー酒を飲んだ。スン・セオ・ニャーは私たちをバックハー県との県境まで見送りに来た。別れの握手を交わすだけかと思えば、また別れの杯を交わすことになった！　また酒を飲み、スン・セオ・ニャーは私に言った。

「今では我が民はあんたの顔を眺めたがっている。俺らはあんたに残ってほしいのに、上が認めてくれないんだ！」

時が経つのはあっという間で、もう二〇年になる。ザン・セオ・フー氏は故人となった。私は七七歳、スン・セオ・ニャー氏も七〇歳を過ぎた。シマカイ県に電話をかけてみると、スン・セオ・ニャー氏はまだ元気で、畑仕事に行き、とうもろこし酒を飲んでいた！

四、民はずっと覚えている！

これは私がラオカイ省の有権者との対話集会に行った時の話だ。当時私は計画投資省の役人の者たちにこの話をした。ラオカイ省の昔の指導者たちもこの話を知っている。もう語らないつもりだったが、多くの人から、「民」が「国家公務員」のすることに対して何を考えているのかを皆が知ることができるよう再度語るべきだと言われた。なのでもう一度語らせていただきたい。

二〇〇二年に私はラオカイ省の国会議員候補者に推薦された。私はムオンクオン県、バックハー県、シマカイ県、バオヤン県、バオタン県から構成される選挙区に割り当てられた。

推薦者数は四人、選挙で三人が選ばれる。予測では省党委書記ザン・セオ・フー氏、同省司法局の副局長ラン氏、そして私の三人が当選すると言われていた。こうであれば当選は確実だった。しかし省は私たちを高い得票率で当選させたがっていた！　有権者との対話集会に行き、最後がバオタン県だった。その前の四県での対話集会はいずれも楽しく、成功した。というのも大半が少数民族、中でも大部分がモン族で、フー氏の勢力圏だったからだ。

バオタン県フォールーまで来ると、フー氏はやや心配していた。彼は私にこう言った。

「フックさん、明日会場に着いたら、私たちはきっちりと丁重に演説しなければなりません。他の四県のようではいけません。なぜならここでは平野部から新経済区に移住してきた同胞が多いからです！　民度が高く、意見も多様なのです！」

翌朝、会場で手続きをすべて済ませ、有権者からの演説の時間がきた。県祖国戦線委員長が話し終わり有権者をスピーチに招いたとき、進行台本に従わず、最後列に座っていた一人の有権者がまっすぐやってきて演壇に登り、そのまま演説を申し出た。彼は他の有権者とは違って質素な身なりで、やや「頭がくらくらする」ような声だった。フー氏は少し心配していた。その有権者はゆっくりと話した。

「演説させていただきます。私はフックさんを一八年前から存じ上げています！」

皆が私を見た。

フー氏はそっと私に尋ねた。

「あの人を知っていますか？」

私は知らないと答えた。

その有権者は、一九八四年の夏に私と会った時のことをゆっくりと語り始めた。彼が社で建設関係の業務についていた時のことだったという。社の民衆のための再定住先の家屋建設にあたり、彼は材料調達のためにハノイに行かねばならなかった。多くの関連機関を訪れたものの解決できず、最終的にある人が私に会いに行くよう紹介した。そこで私は職責に従い、迅速に、手を煩わせることなく問題を解決した、とのことである。当時私は国家計画委員会工業副局長だった。その有権者は話し終えると、私を応援するように会場に呼びかけた。皆喜びにあふれ、まるで危地を切り抜けたかのようにほっとして笑顔で話していた。

集会の後、フー氏は私に尋ねた。

「あの話を覚えていますか」

私は言った。

「覚えていません、一八年前のことですから！　仕事の立場上、私は幾多の人々に会い、幾多の問題を解決してきたので、すべてを覚えていることなど到底できません」

各県での有権者との対話集会が終わり、私たちは省都に戻った。省は国会議員候補者と省の指導部のためのパーティーを開催した。誰もがフォールーでの話を繰り返した。聞いてみると、あの人のことを知っているのは省人民委員長ブイ・クアン・ヴィン氏だけだった。彼の名前はスンと言い、両親はハノイ出身でどちらも第一級（現在の小学校）の教師だった。ヴィン氏の家族と同様に、一九六〇年代に山岳地帯の新経済区開拓プログラムに従い、一家そろってハノイからバオタンに移住したのだった。教師の両親を持ったスン氏は学生時代勉強がよくできて、建築分野で外国の大学に国費留学した。留学先でできた恋人との恋愛事情により帰国を余儀なくされた。帰国すると大学には通えず、建築分野の専門高校修了にとどまった！　彼は周囲にお構いなしの人間である！　言いたいことがあれば言う。ザン・セオ・フー氏は笑って私に言った。

「あなたにとって幸運だったのは悪いことをしていなかったことです。もし悪いことをしでかしていたら彼は今日のようにその話をしたでしょうし、そうとなれば大迷惑です！」

この話からわかるのは、民はずっと覚えているということだ！　よいことも、悪いことも、民はすべて記憶にとどめている。必要に応じてそれを公言するのだ！

五、よく記憶し長く根に持つ

コメント欄では、私の記憶力がよく、昔のことをよく覚えていると褒められた。そこで皆さんを楽しませるために、記憶力のよさについての愉快な話をしよう。計画投資省の昔の多くの仲間たちの多くはこの話を聞いたことがある。聞いたことがある人も、どうかしつこいと咎めないでほしい！

二〇〇一年半ば、タイグエン省の党委書記と人民委員長が、私と計画投資省の役人たちをタイグエン省との仕事のために招いた。朝は省と仕事をし、状況報告を受け、午後に現場に行った。省からの説明の中で要請事項の話になった時、省道の整備要請にあたり、省計画投資局の指導者はいつまで経っても地図上で省道二五四号線を見つけられなかった。そこで私はすかさず指差してこう言った。

「知っていますよ、その道を行くとソー峠に着きます。ソー峠を過ぎると三叉路があり、右に曲がるとバックカンです。左に行くとディエン市場に着きます」

皆が驚いて、なぜ私がそんなにはっきりと知っているのかを尋ねた。私は言った。

「私はこの道を一度通ったことがあるんです。一九七一年に、私は地質部門の同僚と訪れてディエン市場の地質調査団と一緒に仕事をしました。当時、往路は国道二号線でトゥエンクアンに行き、さらにチエムホアに向かいました。というのもランヴァイとチエムホアを通って仕事をし、それからようやくディエン市場に向かったからです。帰路ではソー峠を通りました。バックカン側の峠の麓には小川があり、ゾンの葉がたくさんありました。あの時は旧正月が近かったので、私たちはそこでゾンの葉を摘み、帰ってからバインチュン[40]を作ったんです。だからずっと覚えているんです！」

皆が私の記憶力がよいと言った！

その日の昼は省党委員会の宿舎で休んだ。昼食を済ませると、局級の役人たちが先に宿舎に移動した。私は残って書記と話をしたので後から向かった。当時タイグエン省党委員会の宿舎は小口積みと長手積みを併せたれんが造りの平屋だった。省党委事務局長が私を真ん中の部屋に案内した。部屋に入ってテーブル横の椅子に腰掛けると、隣の部屋から二人の話し声がはっきりと聞こえてきた。それが計画投資省の局級の役人、グエン・ゴック・フックとグエン・テー・フォンであることがわかった。それから私は、テーブルの横のあたりの小口積みのれんが部分の壁が剥がれ落ち、そこのれんがに縦向きの二つの穴があることに気が付いた。話し声はそこを通って響いていたのだった。二人は話を続け、私のことを話し始めた。

40　旧正月に食べるベトナムの伝統的なちまき。もち米、緑豆、豚肉などをゾンの葉で包んで茹でる。

ゴック・フックが言った。

「あの人の記憶力がいいと改めて思いましたよ！　一九七一年に行った時のことをまだ覚えているんですから！」

テー・フォンが答える。

「本当に記憶力がよいですね。しかしあれほどまでに記憶力がよいと、長く根に持ちませんかね？『よく記憶し長く根に持つ』と言いますからね。根に持たれたら、私たちは疲れてしまいますよ！」

ゴック・フックがさらに続ける。

「根に持たれたら大変ですね。根に持つ上司はたくさんいますから！」

ここまで聞くと私はすかさず机の上にあったトゥオックラオ〔ベトナムで昔から親しまれている水たばこ〕のパイプをれんがの穴に尽き通し、声を響かせた。

「確かに記憶力はよいけれど、根には持たないよ！　安心しなさい！」

フォンとフックは声を合わせて言った。

「なんと、フックさん！　そこにいたのですね！　申し訳ありません！」

私は言う。

「謝ることはない、事実を言ったまでではないか！　しかし今後何か話す時には、部屋がしっかり防音されているか確認するんだよ！　もし僕が早くに現れていなかったら、あなた方は何を話していたことか！」

三人一緒に笑った！

数年後、グエン・ゴック・フックは次官に昇格し、その後グエン・テー・フォンも次官となった。任命決定を告げる際、私は尋ねた。

「さて、これでも根に持つと言うかな？」

皆でまた笑った！

不憫にもグエン・ゴック・フック氏は長生きできず、次官になって数年で亡くなってしまった。グエン・テー・フォンはもう引退したが、私たちは「心の通う」仲間でよく集まっている。そこではいまだに「よく記憶し長く根に持つ」話を話題にしている。

六、一番嬉しいお世辞

二〇一一年八月、私が定年退職する際、ブイ・クアン・ヴィン氏と計画投資省の同僚たちが送別会を開いてくれた。私は一九六八年一二月に大学を卒業して一九六九年一月に国家計画委員会、現計画投資省に採用された。所属機関の名称が変わったのであって、私が所属機関を変えたわけではない。専門員から徐々に昇進して大臣になった。一階から三階に上がり、それから二階に降りて、一九九三年一月から二〇一一年八月一日までそこにとどまった。

ひとつの機関に勤め続けたので職場には多くの友人がおり、長年深い付き合いのある人がたくさんいる。ヴィン氏は大勢招待し、中には既に引退したが仕事で強い結びつきのあった人もいた。とても楽しいパーティーだった。親密で気楽で、昔のことから今のことまで話し尽くした。ある人が私に尋ねた。

「あなたは次官を一〇年、大臣を二期務めましたが、お世辞が好きですか?」

私は答えた。

「指導者を務める誰もがお世辞を好むものです。年をとればとるほどそうです。しかしお世辞の種類を見分けないといけません。私はお世辞を二種類に分けて考えています。媚びることと煽てることです。媚びることは羞恥心に欠け、品格を安売りし、仕事に害を与えるもので、私は大嫌いで、軽蔑しています。煽てるのは無害で、しばしば皆に喜びを分け与え、爽快に笑い、互いに精神を高めあう。私は何度も、多くの人にお世辞を言ってもらいましたが、私はこれを煽てることだと思っていて、今でもそれが好きですよ!」

私はパーティーに参加していた方々に、最も気に入っているお世辞をいくつか話した。

先生があまりにも輝いているので目が眩んでしまいました

計画投資省の若手公務員たちの中には私を先生と呼ぶ人がいる。彼らによれば、年齢的にはチューかバックにあたるが[41]、そう呼ぶと家族のようになってしまう。それではアイン[42]と呼べばよいと言うと、上下関係がはっきりせず、聞こえがよくないという。では同志と呼ぶのはどうかと聞くと、それだと会議で対決して互いに批判しているときのようだという。そこで彼らは、私が彼らの先生であったことは一日もないにもかかわらず、先生のように仕事を指導してきたことから、先生と呼ぶことに決めたのだった。受け入れざるを得ない。今に至るまで彼らは私をそう呼んでいる。

私にまだ体力があった頃はいつもテニスをしていた。省の同僚でクラブを結成し、「八月一九日テニスクラブ」と名付けた。このほかに他の省庁からも数名参加した。そこにはレー・フイー・ゴ氏がいた。

二〇〇一年初頭、第九回党大会の準備を進めていた頃、テニスをする前にはいつも党大会について議論していた。ある人が言った。

41 チューは自分の親よりもやや年下の男性に対する呼称詞、バックは自分の親よりもやや年上の男性に対する呼称詞。それぞれおじを指す親族名詞としても用いられる。

42 アインは自分よりもやや年上の男性に対する呼称詞。

「今期のフックさんは輝いているので、大臣は確実でしょう」

皆が私のことを「輝いている」と言った。

テニスでは、年配の者はいつも、「展昭[43]」、つまりダブルスのペアの相手として若者を「後方」に立たせ、コートを守らせた。その日私はゴ氏と対戦した。

「タインホアとハティンの戦いだ」

ゴ氏はタインホア省出身のH．M．を、私はハティン省出身のD．B．を「展昭」に選んだ。どちらの「展昭」も計画投資省の役人だった。

試合開始前にゴ氏は言った。

「誇り高き故郷代表だな、H．M．！」

試合は激戦となった。ゴ氏がボレーを打ち、私もボレーで打ち返した。D．B．がとても良いロブを打ってそれがゴ氏の頭の上を通過した。H．M．はロブを返せず、ネット際で私に打ち返されてしまった。タインホアペアは負けそうだった。H．M．は私が打ち返せないようにとても強く打たなければならなかった。運悪く、球が私の顔面に向かってきた。私は素早くラケットで顔を覆い、球はラケットに命中し、コートに落ちて外に出た。周りで見て

43　中国清代の小説『三侠五義』の登場人物で、北宋の政治家・包拯を助ける侠客の一人。

いた者たちはあまりにも危険だと思い、怒鳴った。

「おまえはそんなやり方をするのか！」
H．M．はラケットを放り出して私の方に走ってきて、手を上にあげて大きな声で言った。
「申し訳ありません、先生。先生があまりにも『輝いている』ので目が眩んでしまい、何も見えなくなってしまったんです！」

私は笑いながら言った。

「お前の目が眩んで、もう少しでお前の先生は失明するところだったよ！」

そのセリフは今思い出しても気分がよい！ H．M．の頭の回転に幸あれ！


小石は留まり、山が動く！

二〇〇三年六月末、私はサパで開催された中間CG会合に参加した。帰路では、ディエンビエンフー市でライチャウ省（当時はディエンビエンフー省と分割されていなかった）との仕事を済ませた。それが終わり、次はソンラー省に寄って仕事をした。私はトゥアンチャウ県との仕事に向かう省人民委員長トゥック氏と道中で待ち合わせ、歓迎なしにすぐに出発することを約束していた。ファーディン峠まで来るとトゥック氏の車と省計画投資局の車が待っていた。トゥック氏は私の車を見つけると、車を降りて私の車の方へやってきた。助手席に座っていた私は振り返り、後部座席の三人の部下に言った。

「君たちは降りる必要はない。ここで待っていてくれ。私一人だけ降りてトゥック氏に挨拶したらすぐ出発する。降りてお互いに挨拶するのは時間の無駄だ」

私は扉を開けて車から降り、トゥック氏と握手を交わした。トゥック氏は私の車の後ろの扉を開け、座っていた三人に言った。

「移動中に状況報告を済ませたいので、皆さんには私の車に移っていただき、私と大臣がこの車で行きますね」

私は言った。

「そんな必要はないでしょう。私一人があなたの車に移動しますよ。彼ら三人が残った方が時間を食いませんから」

車の中から、対外経済局専門員のV氏が言った。

「フックさん、委員長のおっしゃることがわかっていないのですね。泰山〔中国五大名山の一つ〕を一つ動かすのは大変ですが、小石を三つ拾い上げるのは簡単だということですよ！」

私は笑って、歩きながら振り返ってこう言った。

「いいよ、小石はそこに留まっていなさい、山が動きましょう」

私とトゥック氏はトゥック氏の車で移動した。

今でも思い出すと嬉しいものだ！

あなたがそうあってこそ私は心から喜べるのです！

私は「ターラー」、別名「フォーム」[44]で遊ぶのが好きだ。これは頭を鍛えるトレーニングと言える。国外出張中の空港での待ち時間や、国内出張中の夜に仕事がない時など、いつも遊んでいた。引退した今でも、時々頭を鍛えるために遊んでいる。

二〇〇四年に山岳地帯の省に出張に行った時のことだった。夜に仕事が入っていなかったので、私、K．V．H．氏、N．S．氏、そしてP．H．氏は「フォーム」で遊んだ。一勝負目の最終周になり、K．V．H．氏が先に二組の「フォーム」を出し、たったの七点となった。P．H．氏が山札からカードを引く番になり「モム」（フォームが出来ずにゼロ敗となること）だった。N．S．氏の番も「モム」だった。

自分の番が来たので、私は「私はまだ一つもフォームがない！」と言って、フォームが出

44　二〜四人で遊ぶトランプ五二枚を使ったラミー系ゲーム。一人九枚の持ち札から開始し、捨て札・山札からトランプを引いて「フォーム」（三枚以上の同数値もしくは連番のカードの組み合わせ）を作る。終了時の「フォーム」以外の手札の合計点数が失点となり、最も失点の少ない人が勝者、それ以外は敗者となる。

来るように天に祈るしぐさをした。K．V．H．氏は笑いながらこう言った。

「お天道様、どうか三人全員が『モム』となって私が三人を打ち負かせますように！」

それと同時に私は二のカードを引き、二のカードが三枚集まってフォームが出来た。

私はこう言った。

「僕にもフォームができたが、点数が高いのでK．V．H．にはまだかなわない！　二位だ！」
K．V．H．は即座に立ち上がって大声で叫んだ。
「なんと！　あなたがそうあってこそ私は心から喜べるのです！」

これを思い出すたびに嬉しく思いつつも、K．V．H．を想って心が痛む。
K．V．H．は私の弟と大学の同級生で、二人とも引退するや否や亡くなってしまった。
思い出すたびに二人を不憫に思う。人生があまりにも短すぎた！

おまけの話

テニスをしていた頃、私は仕事が終わると車でトゥイクエ通りの端にあるココ・テニスコートに行った。帰宅時はH．M．が私をバイクで送ってくれた。一〇年近く、いつもそうだった。H．M．の乗るスパイシーというモデルのバイクは、後部シートが前部より高くなっていた。私は一・七六メートルあり、H．M．は約一・六メートルだった（H．M．は一・六メートルと言うが、D．B．や他の人は健康診断で測った時に一・五九メートルしかなかったと言うので、私は「約」と言っている）。私がH．M．のスパイシーの後部シートに座るとさらに高くなり、H．M．の頭はせいぜい私の顎につくくらいの高さだった。

ある日テニスを終え、座っておしゃべりをしていた。その時初めて、D．B．がある話を聞かせた。

「先日ゴックハー通りを通り過ぎた時、フックさんがスパイシーに乗って走っているのを見かけたのですが、両手をズボンのポケットにしまってハンドルを握らないまま、バイクはビュンビュンと走っていて、さらに白いTシャツにはH．M．の形がプリントされているので、とても恐ろしかったんですよ！　引き返してどうなっているのか見に行ったところ、近づいてようやく、H．M．がフックさんを後ろに乗せているのだとわかったんです！」

七、ゴルフに行った時の愉快な話

二〇〇七年末、私は六二歳で、年が年なのでテニスはふさわしくないと皆は考えた。さらに、テニスコートで年寄りによる事故がいくつか起こっていた。当時はゴルフが流行り始めたころでもあった。テニスコートでいくつかの事故があった後、皆は八月一九日テニスクラブを八月一九日ゴルフクラブに改名すると決めた。

当初は皆でお金を集めてハノイのゴルフクラブの先生を招いたが、じきに自分たちで互いに教え合うようになった。何回か練習をした後、二〇〇八年初頭にゴルフ場へと繰り出した。めちゃくちゃなショットを打ち、ゴルフ場でも教え合った。そうしているうちにできるようになった。

以下は、私がずっと忘れることのない、ゴルフ場での最も愉快だと思うエピソードである。

それだけ無鉄砲だったら師弟ともにいつ命を落としてもおかしくない！

当時は皆貧しかった。大半の人がバイクで移動し、ある程度裕福であれば中古車やＫＩＡのモーニングや〔トヨタの〕ヤリスのような安価な種類の車を購入できた。ゴルフ場に行くときは、私はたいていＴ．Ｂ．氏の中古のフォード車に乗っていった。車はとても古かったが、Ｔ．Ｂ．はかつて長距離運転手で運転の腕がよく、とても安心だった。Ｈ．Ｍ．もいつもその車で一緒に通っていた。

ある日ルオンソン・ゴルフ場に行くとき、Ｈ．Ｍ．は同じ車では行かず、買ったばかりのちっちゃなヤリスに乗っていった。私とＴ．Ｂ．、Ｎ．Ｔ．はＴ．Ｂ．の中古車で向かった。

帰る際、H．M．が車に一人だけで乗っているのが見えたので、私を乗せて帰るように言った。私たち師弟はゴルフクラブを後ろに載せ、私はH．M．の隣に座った。私はてきぱき動くのが好きなので、車に乗るなりH．M．にすぐに出発するように言いつけ、もう一台の車を待たなかった。

帰り道、私はH．M．の運転がとても遅いことに気が付いた。ただただ歩道に沿って走っていた。ヴァイレオ橋まで来ると、H．M．はフーカット工業団地を通る近道があるからと言って入っていったが道はなく、元の道に戻らなければならなかった。H．M．はUターンができず、工業団地を一周してようやく向きを変えられた。師弟二人でなんとかしてようやく元の道に戻る道を見つけた。私は速度を上げるように言ったが、H．M．はゆっくり走ってあちらの車を待つのだと言った。ホアラックに着いたとき、D．B．が電話をかけてきて私がどこにいるのかを尋ねた。私はH．M．と一緒に帰っていると伝えた。T．B．の車は私がまだクラブの建物にいると思って待っていたのだった。T．B．の車が後を追うことになった。私は、私の家に寄って頭脳トレーニングをしていくようD．B．と約束した。D．B．は一〇分に一度私に電話をかけてきた。私はかんしゃくを起こして言った。

「なんでそんなに電話してくるんだ！」

D．B．はこう言った。

「あなたの車がどこにいるかと思って電話しているんです。遊ぶ時間に間に合うように追いかけているので」

私はH．M．に速度を上げるよう急かした。H．M．は道路が込んでいると言った。当時、タンロン高速道路は拡張されておらず、二台の車がすれ違えるだけの狭さだったうえにトラックが多かった。しかし道が空いても、H．M．の車は何かに抵抗されているかのようにのろのろと走っていた。

ホアンカウ通りの私の自宅に着き、T．B．の車もちょうど到着した。私はT．B．に言った。

「なんであんなに電話してきたんだ？」

T．B．は言った。

「ご存知ですか、H．M．は運転の練習をしたところで、まだ免許証を持っていないんです。免許取得試験の準備のために、今回初めて郊外を走ったんです。あいつはちっちゃなヤリスの車ですし、私は道中に事故か何か起こらないか心配で、電話して様子を見ていたんですよ！」

私は、H．M．の車が何かが引っかかっているかのように速度が上がらなかったことを伝えた。T．B．が確認したところ、なんと、ずっとサイドブレーキを引いたままだったのだ！　私はさらに、フーカット工業団地で道に迷ったがH．M．が車の向きを変えられず、工業団地を一周してようやく外に出られたことを話した。皆頷き、T．B．は言った。

「あいつはまだバックで車の向きを変えられないいんです！」
N．T．がアハハと笑った。
「ひどいなあ、そんな運転で遠出するんだから！　しかも大臣を乗せるだなんて！　それだけ無鉄砲だったら師弟ともにいつ命を落としてもおかしくない！　大臣ですらぽっくりいってしまうよ！」
H．M．は言った。
「先生は私の車で帰ると言って、車に乗るなりすぐ出発するよう急かしたんです。口答えする暇がなかったんです！」

私は言った。

「いいんだよ、生きるか死ぬかは運次第さ！　何事もなかったんだ。さあ、ゲームを始めよう！」

野菜の卸売市場に行くんです

ゴルフを始めたばかりのころ、皆すっかり夢中だった。会議がない土日には誘い合ってゴルフ場に通った。たいていルオンソン・ゴルフ場に行ったが、新規オープンしたばかりで、料金が安いために人が大変多かった。皆朝早くから行った。夏はいつもホアンカウ通りの私の家を早朝三時三〇分に出発した。私は到着し次第すぐに開始したい性質なので、いつも家からゴルフウェアを着ており、ややだらしない姿だった。

ある日、家を出てすぐに大雨が降ってきた。私は皆に、気にせず行って明るくなれば雨も止むだろうと言った。フイントゥックカン通りの端にあるフォー屋に着き、朝食をとった。当時フイントゥックカン通りの端には、夜勤の人や野菜売りで早くから市場に行く人のための早朝専門のフォー屋があった。私は、さっさと食べて行こうと皆を急かした。食べ終わって会計に行くと、急いでいる様子でやや「埃っぽい」身なりの私たちを見て、店の主人が尋ねた。

「皆さんこんなに朝早くからどちらに行かれるのですか？　どうしてそんなに急いでいるのですか？」

私は笑って陽気に答えた。

「チャムチョイ[45]に野菜を仕入れに行くところなんです」

45　ハノイ市ホアイドゥック県の町。略してチョイともいう。

それから仲間たちに言った。

「さあ行こう、でないと雨で道が浸水してしまう！」

フォー屋の主人は私たちが本当にチャムチョイに野菜を仕入れに行くのだと信じ、こう言った。

「皆さん市場に早く行ってください。雨が長引くとチョイに続く道はすぐに浸水しますよ！」

朝五時過ぎに私たちはゴルフ場に到着した。太陽が昇りいい天気だった。ゴルフ場に行くにあたって、私は何度も正しく天気を予報した。皆は私が天文学に通じていると言ったので、私は天のご加護だよ、と返した！


あなたが皆の目を欺くかを確かめてみたんです！


ある日私はD．H．氏と一緒にルオンソン・ゴルフ場に行き、チャンピョンコースでゴルフをした。パー四の二番ホールで私がワンショット打つと、ボールは左方の水路に落ちてしまった。見てみるとボールは水面に浮かんでいたのですくい出せそうだった。一度目は失敗し、もう一ショットしてようやくボールが地上に上がった。それから私はパットでホールに入れた。D．H．氏は言った。

「ボギーですか？」

私は言った。

「いいや、ダブルボギーだよ。二回目のショットではボールをすくえず、もう一ショットしてようやく地上に上がった。四オン二パットで、ダブルボギーさ」

するとD．H．はこう言った。

「あなたが正しく計算するか、確かめていたんですよ。私たちは大物の上司とよくゴルフをしますが、このような場合には多くの人が失敗したショットをカウントせずにボギーというんです！　私はあなたが皆の目を欺くかを確かめてみたんです！」

なんと、彼らは遊んでいるときでさえ、上司が率直、正直にふるまうかどうかを試していたのだ！


それなのにあなたときたらおいしいと褒めるのですから！

数年前の在任中や引退直後の頃、旧正月休暇の最終日には必ず、私たちは誘い合ってルオンソンに行き「初打ち」をした。「初打ち」が終わると省党委書記C氏の家に遊びに行き、お酒を飲み、ムオン族の料理を食べた。私は若い頃から地方各地をたくさん訪れていたので、北部山岳地帯の民族の食べ物にはなじみがあった。どんな料理でも食べられたし、好きな料理もあった。

その日C氏とホアビン省の者たちはムオン文化空間博物館での昼食に連れて行ってくれた。メインディッシュは焼いた山羊をナムピア〔ターイ族の伝統的な煮込み料理〕につける料理だった。私はその料理の苦い味が大好きだった。私はおいしいと褒めて仲間たちを急き立てた。

「食べな、おいしいよ。半焼きの山羊肉と一緒にナムピアを食べれば、山羊の血のスープを飲んでもお腹が痛くなる心配はない！　抗生剤になるんだよ！」

ムオン族の女性たちは私がたくさん食べ、おいしいと褒めるのを見て、私や仲間たちをますますもてなしてくれた。私はおいしく食べて飲んで、すっかり満足した！

午後の帰り道、外務省のB氏は言った。

「私たちはどうしてもナムピアを食べられないので、ここ数日は旧正月で肉をたくさん食べたと嘘をつかねばならなくて、バインチュンを数口食べただけで肉は食べませんでした。今はお腹が空いています！　それなのにあなたときたらおいしいと褒めるのですから！」

おじいちゃんさん

二〇一一年九月三日、D．B．と八月一九日ゴルフクラブの仲間たちは、私の引退に合わせてルオンソン・ゴルフ場で送別ゴルフコンペティションを開催してくれた。その日はH．

B．の親しい仲間も招いた。三連休（九月二、三、四日）だったので、とても楽しい会となり、ゴルフ場に宿泊した。試合開始前には記念に集合写真を撮った。写真を撮り終わると私のキャディが、丁寧な言い方で私を一打目に招いた。

「アイン、どうぞ打ってください！」

キャディの女性は若く二〇歳前後のようだったが、アインとエム[46]と自然に呼んだので、私は尋ねた。

「あなた《エム》は何年生まれですか」

キャディの女性は答えた。

「一九九〇年生まれです」

私は続けて尋ねた。

「お父さんは何年生まれですか」

キャディの女性はこう答えた。

「一九六九年生まれです」

私はさらに尋ねた。

46　アインは自分よりやや年上の男性に対する呼称詞、エムは自分よりやや年下の男女に対する呼称詞。

「ではあなたのおじいさんは何年生まれですか」

キャディの女性は答えた。

「一九四七年生まれです」

私は笑ってこう言った。

「おお、では私《アイン》はあなた《エム》のおじいさんより二歳年上ですね！」

ゴルフ場に笑い声が響き渡った。

私のキャディも笑ってこう言った。

「ではこれからは『おじいちゃんさん』と呼ばせていただきますね！」

それ以来、多くの人が私のことを「おじいちゃんさん」と呼ぶようになった！　ルオンソン・ゴルフ場から広がり、レジェンドヒル・ゴルフ場にまで伝わった！

あるホールで私が打とうとしていた時、前方にはゴルフ場の清掃車があり、掃除をしている人がいた。仕事中のスタッフが危険に遭わないよう、キャディは前方にいるスタッフがボールを避けられるように「ボール」と叫んだ。叫び声があまりにも小さく、一方で車の音は大きい。スタッフには聞こえず、普通に仕事をしていた。キャディは何度も叫んだが、スタッフに変わりはなく、何も聞こえていないかのように仕事を続けていた。私はそれを見てとても大きな声で「ボーーーール」と叫んだ。叫び声はルオンソン岩山に長く大きく響き渡った。前方のスタッフはボールを避けるために慌てて走っていった。一緒にホールを回っていた人の一人が笑いながら言った。

「まるで虎が吠えているような叫び声ですね！『一に声、二に肌の色』と言いますが、そのような声を持っていればまだまだ長く遊べそうですね！」

私のキャディはこう言った。

「『おじいちゃんさん』は声も肌の色もよいですよ！」

あとがき

双日株式会社は、一九八六年に前身である日商岩井が西側諸国で最初となるハノイ駐在員事務所を設立する以前から、長年にわたりベトナムとともにあろうとし、ベトナムとともに発展してきた歴史があります。

一九八六年の共産党第六回党大会で「ドイモイ政策」が打ち出され、今日まで至るベトナムの飛躍的な発展につながっております。当社もハノイ駐在員事務所の開設以来、木材チップや高度肥料といった第一次産業関連事業から始まり、発電所・工業団地のような第二次産業と続き、現在はコンビニ事業・消費財の卸販売事業・家庭紙／段ボールの製造販売事業等の第三次産業までベトナムの経済発展のステージに合わせる形でベトナムでの事業を拡大していきました。現在も、ベトナムの食文化の多様化による新たな食へのニーズを受け、安心安全で高品質な牛肉製品を提供するための事業を推進しています。

当社のベトナムへの貢献を評価いただき、二〇〇六年には、ベトナム政府より日本企業で初となる「ベトナム国友好勲章」を受領、さらに二〇一八年末には、ベトナムのＦＤＩ（Foreign Direct Investment）三〇周年を記念し、外国直接投資に貢献した団体に贈られる表彰を受けました。大変名誉なことに、これは外資系企業としては製造業以外で唯一の表彰でした。また、個人としましても、二〇一九年六月から「経団連・日本ベトナム経済委員会」の委員長に就任しており、ベトナムの発展とともに当社は歩みを続けてきたと言えます。

昨年五月、二〇二三年に日越外交樹立五〇周年を迎えるにあたり、元計画投資大臣のヴォー・ホン・フック氏の回想録の日本語版を出版する話が社内で持ち上がりました。私は同氏のお名前は古くから耳にしておりました。特に日商岩井が、ベトナム政府から「ベトナム国友好勲章」を頂いた際、その勲章を授与された方が同氏であったことを記憶しておりました。ＯＤＡ（政府開発援助）案件が盛んな二〇〇〇年初頭、当社はベトナムにおいてインフラや電力案件の推進に注力していました。当時日越の架け橋として活躍した同氏が執筆する回想録であれば、当社にとっても、日本にとっても価値あるものになるだろうと思い、出版することに賛成しました。

二〇二二年九月、本書制作のためにフック氏が来日され、東京で食事をご一緒しました。これが私にとって、フック氏との最初の出会いでした。会話の中でフック氏がたぐいまれな記憶力の持ち主であることがすぐわかりました。歴代関わった日本国大使や、当社の役職員の名前、性格や癖まで鮮明に記憶されていました。この記憶力の持ち主が執筆する内容であれば、この回想録は日越経済外交のアーカイブとしても十分意義のあるものになると確信しました。

フック氏の回想録出版に際し、武部勤《つとむ》元農林水産大臣、服部則夫《のりお》元日本国大使、山田滝雄《たきお》在越日本国大使、古田元夫《もとお》日越大学学長、そして元ベトナム商工会議所（ＶＣＣＩ）の副委員長であったファム・チー・ラン女史に寄稿文を執筆いただきました。特に服部元大使の寄稿文にある「日越共同イニシアティブ」という枠組みの設立経緯に興味を持ちました。「ベトナム政府は思い切った投資環境改善策を取らないとドイモイは成功しないのではないか」という同氏の提言にフック氏が賛同し、設立されたという経緯を初めて知りました。

この「日越共同イニシアティブ」というのは、日本からベトナムへの投資を拡大するため、ベトナムの投資環境を整える枠組みです。具体的には、法律、政策、運営組織の改善を日越双方の代表者が集まって実行していくものです。服部元大使の言葉によれば、「フック大臣の誠実で強力な指導力で一〇〇項目に及ぶ合意事項の大半が実現した」ようです。なお、この「日越共同イニシアティブ」は今なお続いており、今年で二〇周年を迎えます。私が委員長を務める経団連の日本ベトナム経済委員会が民間企業の代表として関わっておりますが、フック氏が設立し、育て上げた枠組みにこのように関わっているのも、ご縁のつながりと感じております。

『私たちの物語』は、ヴォー・ホン・フック氏が、幼少期から計画投資省の大臣として第一線で活躍し、引退を迎えた二〇一一年八月まで、さらにコロナ禍を経て来日を果たしたエピソードなどを綴った回想録です。同氏の個人的な経験や記憶を軸としながらも、家族や親戚、故郷、学校、ベトナム国内外にいる友人、そして彼らとの交流を描きだす「私たちのストーリー」であり、近現代ベトナムの歴史を一当事者の視点から照らしだす著作でもあります。

ぜひ皆さんもこの本をお読みいただいた上で、日越国交樹立五〇周年を振り返り、さらに次の五〇年がどうあるべきか、お考えいただければ幸いです。

二〇二三年四月吉日

双日株式会社　代表取締役社長　経団連　日本ベトナム経済委員長　藤本昌義

1. 私の村に入る道

2. 一九世紀初頭に建設された私の親族の霊廟

3. 中学卒業直後(1964年5月)

4. 鉱山･地質大学卒業後の私（前列中央）と友人との記念写真（1969年1月）

5. メキシコ出張（1975年11 - 12月）

6. 韓国出張（1990年9月）

7. インドネシア出張（1990年6月）

8. 池田行彦外務大臣との面会（1996年11月）

9. 経団連との面会（1996年11月）

10. 久間章生氏との面会（1996年11月）

11. タンソンニャット空港で渡辺美智雄氏を迎える（1990年5月6日）

12. ヴォー・ヴァン・キエット首相とヨーロッパに向かう飛行機で（1993年6月）

13. ハノイへの帰路でドー・ムオイ書記長に業務報告を行う（1995年4月）

14. アメリカ出張（2003年10月）

15. アメリカ出張(2003年10月)

16. ヴァチカンにて教皇に謁見する（2007年1月）

17. 16年前にアウコー聖母神社に植えた私のガジュマルの木(2022年4月)

18. ジェームズ・アダムズと私、クアンラン島にて（2007年6月）

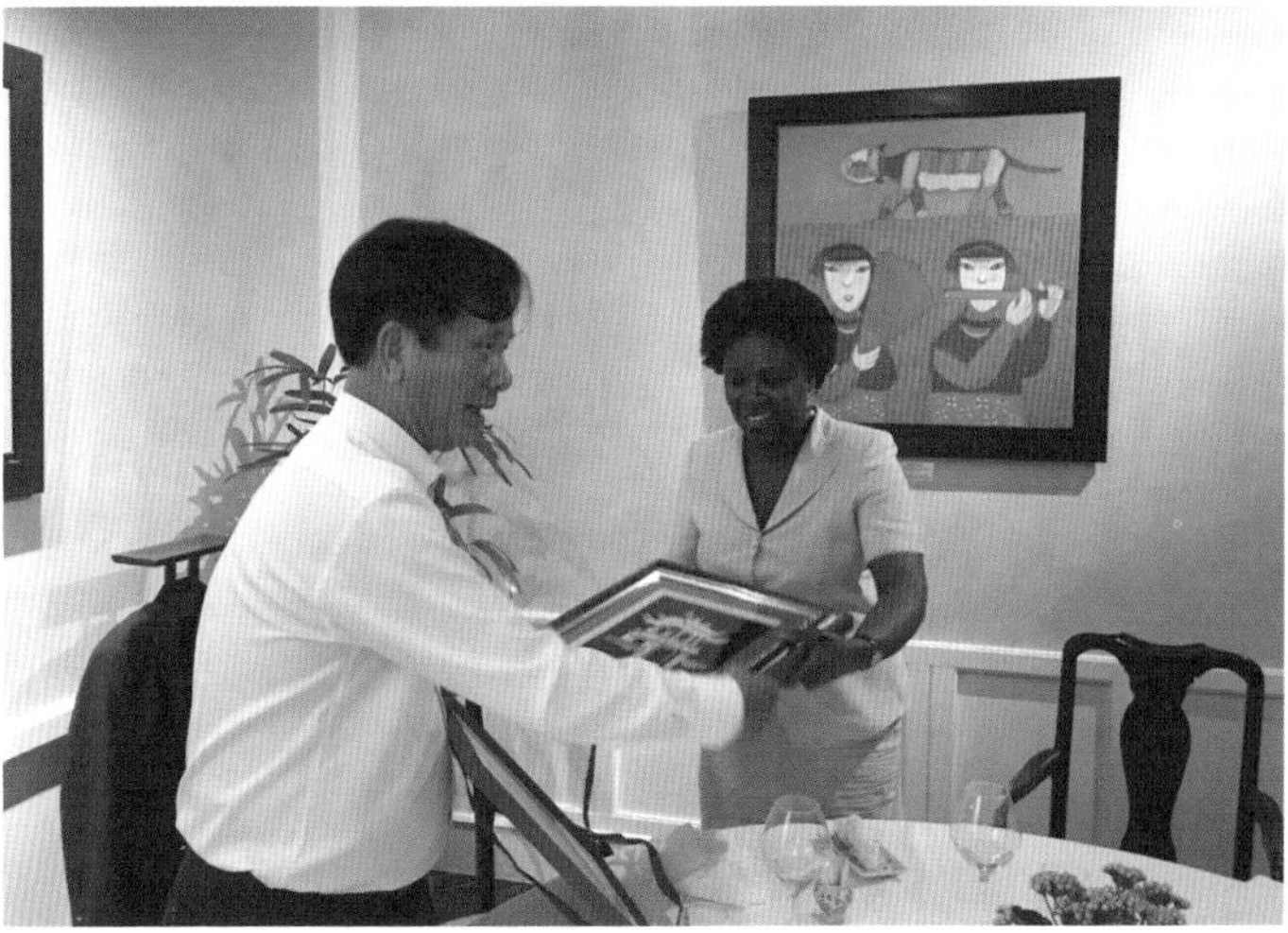

19. ヴィクトリア・クワクワ氏との別れ

20. 一等独立勲章授与式(2012年)

21. 根室で友人たちと会う(2014年9月)

22. 根室で友人たちと会う(2014年9月)

23. 服部大使と私(2016年)

24. ブアソーン・ブッパーヴァン氏と私、ヴィエンチャンにて（2019年）

25. シンラウォン・クットパイトーン氏と私、ヴィエンチャンにて（2019年）

26. 我らが「8月19日テニスクラブ」。私の左隣に立っているのがレー・フイー・ゴ氏

27. 私たち夫妻と服部大使、友人たち。日本にて(2022年9月26日夜)

28. 私たち夫妻と大成建設元会長の葉山氏、友人たち。日本にて（2022年9月30日）

29. 私たち夫妻と武部勤氏、友人たち。日本にて（2022年9月28日）

30. 私の大家族。女房の72歳の誕生日に

本作品は、VO HONG PHUC『CHUYEN CUA CHUNG TOI』（alpha books、二〇二二年一一月発行）をもとに、日本語版として翻訳したものです。

双日株式会社の考えや立場を表すものではありません。

翻訳にあたっては、明らかに事実と異なる部分は、著者の同意を得られた範囲で修正しました。

また、本作品中には、今日からみれば不当・不適切な語句や表現を含むものがあります。これらのことについては、当時の時代状況を鑑み、そのままといたしました。

私たちの物語
日越をつないだベトナム元大臣の回想録

2023年5月30日　第1刷発行

著　者　ヴォー・ホン・フック

訳　者　加納遥香

編　集　双日株式会社

企画協力　双日ベトナム会社

発 行 者　太田宏司郎

発 行 所　株式会社パレード

大阪本社　〒530-0021　大阪府大阪市北区浮田1-1-8
TEL 06-6485-0766　FAX 06-6485-0767
東京支社　〒151-0051　東京都渋谷区千駄ヶ谷2-10-7
TEL 03-5413-3285　FAX 03-5413-3286
https://books.parade.co.jp

発 売 元　株式会社星雲社（共同出版社・流通責任出版社）
〒112-0005　東京都文京区水道1-3-30
TEL 03-3868-3275　FAX 03-3868-6588

装　幀　藤山めぐみ（PARADE Inc.）

印 刷 所　創栄図書印刷株式会社

ISBN 978-4-434-32115-3　C0023